公路施工技术与管理研究

索军利　杨　强　赵泽远　主编

吉林科学技术出版社

图书在版编目（CIP）数据

公路施工技术与管理研究 / 索军利，杨强，赵泽远
主编． -- 长春：吉林科学技术出版社，2021.8（2023.4重印）

ISBN 978-7-5578-8688-2

Ⅰ．①公… Ⅱ．①索… ②杨… ③赵… Ⅲ．①道路施
工－工程技术－研究②道路施工－施工管理－研究 Ⅳ．
①U415

中国版本图书馆 CIP 数据核字（2021）第 175251 号

公路施工技术与管理研究

GONGLU SHIGONG JISHU YU GUANLI YANJIU

主　编	索军利　杨　强　赵泽远
出 版 人	宛　霞
责任编辑	穆思蒙
封面设计	李　宝
制　版	宝莲洪图
幅面尺寸	185mm×260mm
开　本	16
字　数	380 千字
印　张	15
版　次	2021 年 8 月第 1 版
印　次	2023 年 4 月第 2 次印刷
出　版	吉林科学技术出版社
发　行	吉林科学技术出版社
地　址	长春净月高新区福祉大路 5788 号出版大厦 A 座
邮　编	130118

发行部电话 / 传真　0431—81629529　　81629530　　81629531
　　　　　　　　　　81629532　　81629533　　81629534

储运部电话　0431—86059116

编辑部电话　0431—81629520

印　　刷　北京宝莲鸿图科技有限公司

书　　号　ISBN 978-7-5578-8688-2

定　　价　60.00 元

编者及工作单位

主　编

索军利　乌兰察布市公路工程质量监督站

杨　强　烟台市招远公路建设养护中心

赵泽远　云南交投集团投资有限公司

副主编

郭　凯　山东绿达景观工程有限公司

李艳飞　湖北老河口经济开发区管理委员会

刘晨希　河南省交通运输厅高速公路濮阳至鹤壁管理处

王维佳　山东绿达景观工程有限公司

杨震邦　烟台市莱山公路建设养护中心

喻荣稳　河南长安公路工程有限公司

张爱利　河南长安公路工程有限公司

前　言

进入 21 世纪以来，随着我国国民经济水平的快速发展，我国的公路交通事业的发展也是越来越迅速。同时伴随着公路行业的高速发展，公路工程建设施工的竞争也是日益激烈，公路工程管理的核心工作就是公路工程的技术管理工作，若想公路工程在竣工后能够最大限度地满足其使用的舒适性以及安全性，并确保公路的高效的使用运行，加强公路工程施工的技术管理工作就显得尤为重要了。真正的建立并健全了公路工程施工的技术管理的体系，公路工程才能够顺利的施工并且正常的运行使用，做好施工技术的控制和管理工作，工程的施工单位才能在激烈竞争的环境中有一席之地。

为更好地促进国家经济发展，公路工程施工建设逐步增多，由于公路工程施工涵盖内容较多，不同部分需要使用不同的施工技术，管理与控制方式也不相同。由于公路工程施工项目具有工期长、路段多等特点，对公路施工技术与管理有着更高的要求，随着我国近年来，对公路工程项目质量重视度越来越高，为了满足国家的需求，适应国家的发展行情，公路施工企业要加强技术管理与控制，提高工程项目整体质量，强化自身在公路产业中的竞争力，发挥公路工程项目的积极作用和有效价值。

公路工程施工项目属于一次性工程，其特点是规模大，变动因素多、施工单位流动性强、行业竞争激烈，这些特性要求必须加大项目的管理工作，使公路施工企业根据项目管理要求设置施工组织机构，组建施工队伍，对工程项目实施过程组织。同时，又要保证工程进度、质量、劳动、机械、材料、成本、安全、环境、资料、竣工验收等方面能相互协调，并得到很好的控制，以保证项目顺利完成。

同时，新技术，新工艺、新设备、新材料的不断涌现，对公路工程人员的要求越来越高。公路工程基层施工组织中的技术人员的业务水平和管理能力的高低，已经成为公路工程建设项目能否有序、高效，高质量完成的关键。针对这种情况，我们下半部分编写了关于公路工程项目管理的章节，以方便公路工程人员使用。

由于这里包罗内容较多，涉及知识较烦琐，编写人员较多，各章节内容的格式、深度和广度可能并不一致，且谬误无可避免，敬请广大读者批评指正。

目 录

第一章 总论

第一节 公路基本建设程序

一、基本建设及其内容构成

基本建设是指国民经济中建造新的固定资产，进而扩大生产能力或工程效益的过程，在西方国家，相当于国家"资本投资"（Capital Investment）。例如，为了增加社会生产能力，新建工厂、学校、公路、桥梁、码头、矿井、电站、水坝、铁路等；为了扩大生产和提高效益而扩建生产车间、提高路面等级、修建永久性桥梁；为了提升生产效率，改进产品质量，对原有设备及工艺进行整体性技术改造，原有公路的全面改建等，都属于基本建设的范畴。由此可见，凡是固定资产扩大再生产的新建、改建、扩建、恢复工程的建筑、添置、安装等活动及其与之连带的工作称为基本建设。

在我国，基本建设是发展国民经济，增强综合国力，迅速实现社会主义现代化，提高人民物质文化生活水平和加强国防实力的重要手段。因此，党和国家历来都十分重视基本建设事业，并制定、颁布了一系列政策、法规。全国范围的大规模基本建设，初步形成了比较完整的工业、交通运输体系和国民经济体系，使历史悠久的中华大地发生了天翻地覆的变化，为我国的改革开放事业和构建社会主义的和谐社会提供了坚实的物质基础。

基本建设工作应包括以下内容：

（一）建筑工程

指消耗建筑材料，使用工程机械，通过施工活动而建成的工程实体，如，路基路面、桥梁、隧道、厂房、水坝等构筑物。

（二）安装工程

指基本建设项目需用的各种机械和设备的安设、装配、调试等工作，如，工业生产设备公路及大型桥梁所需的各种机械、设备、仪器的安装及调试等。包括生产设备和生活设施。

（三）设备、工具及器具的购置

指属于固定资产的机器、设备、工具、器具等用品的购置，如，渡口设备、隧道照明、消防、通风的动力设备；高等级公路的收费监控通信、供电设备、路面养护用的沥青混合料拌和设备、摊铺机械和工具、器具等。

（四）勘察、设计及相关工作

指编制建筑安装工程施工依据的勘察设计文件所进行的工作，如，公路工程的可行性研究、初步设计、施工图设计等，以及勘察、设计过程中必须进行的地质调查、钻探、材料试验和技术研究工作、评价、评估、咨询、招标、投标、造价编制、试验研究工作等。

（五）其他基本建设工作

指为确保基本建设工程的顺利实施和正常运行而进行的基础工作，如，土地征用、拆迁安置、人员培训工程质量监督、监理、工程定额测定、施工机构迁移工作等。

二、基本建设项目的划分

基本建设工程规模有大小之分，但无论大小都有其自身的复杂性，要进行若干项技术的、经济的和物质形态的工作。为了加强对基本建设工作的管理，便于编制设计文件、概预算文件和施工组织设计文件，同时便于工程招投标工作和施工管理，必须对基本建设项目进行科学的分解和合理的划分。基本建设工程可以划分为建设项目、单项工程、单位工程、分部工程和分项工程。

（一）建设项目

建设项目也称基本建设项目，是指经批准在一个设计任务书范围内按同一总体设计进行建设的全部工程。建设项目由一个或几个单项工程所组成，经济上实行统一核算，行政上实行统一管理，通常以一个企业（或联合企业）、事业单位或独立工程作为一个建设项目。公路工程以单独设计的公路路线、独立桥梁作为基本建设项目。

（二）单项工程

单项工程也称工程项目，是指建设项目中具有独立的设计文件，建成后可独立发挥生产能力或使用效益的工程。如工业建筑中的生产车间、办公楼、仓库，民用建筑中的教学楼、图书馆、实验室、住宅，公路工程中独立合同段的路线、大桥、隧道等属于单项工程。

（三）单位工程

单位工程是单项工程的组成部分，是指在单项工程中具有单独设计文件和独立施工条件，而又单独作为一个施工对象的工程。如，生产车间的厂房修建、设备安装，公路工程中同一合同段内的路基、路面、桥梁、互通式立交、交通安全设施等属单位工程。由此可见，单位工程一般不能独立发挥生产能力和使用效益。

（四）分部工程

是按工程结构、构造或施工方法不同所做的分类，它是单位工程的组成部分。如，房屋的基础、地面、墙体、门窗，公路路基的土石方、排水、涵洞、大型挡土墙，桥梁的上、下部构造、引道等均属分部工程。

（五）分项工程

是指通过较为简单的施工过程就能生产出来，并且可以用适当计量单位计算的"假定"的建筑或安装产品。如 10 m³ 块石基础、100 m³ 水泥混凝土路面，一台某型号龙门吊的安装等。必须指出，分项工程只是建筑或安装工程的一种基本构成因素，是为了确定施工资源消耗和计算工程费用而划分的一种假定产品，以便作为分部工程的组成部分。因此，分项工程的独立存在是没有意义的，它不像上述项目那样是完整的产品。

三、公路基本建设程序

基本建设程序是指基本建设全过程中各项工作必须遵循的先后顺序。这个顺序是由固定资产的建设过程，即基本建设发展进程的客观规律所决定的。科学的基本建设程序能正确地处理基本建设工作中，制定建设规划、确定建设项目、勘察设计、组织施工、竣工验收等各阶段、各环节之间的关系，指导基本建设工作有计划、按步骤地进行。

公路基本建设程序，是指公路基本建设项目从规划立项到竣工验收的整个建设过程中各项工作的先后顺序，公路基本建设涉及面广，既受地质、气候、水文等自然条件的制约，又受物资供应、技术水平等物质技术条件的影响，同时还需要建设单位与设计、施工、监理、质量监督等单位和部门的协作配合。因此，公路基本建设项目必须严格按照规定的程序实施，依次进行各个方面的工作，才能达到预期的效果，否则，将可能给国家造成严重的经济损失或给工程带来无法弥补的缺陷。

根据原交通部颁布的《公路建设监督管理办法》的规定，我国公路建设应当按照国家规定的建设程序和有关规定执行。政府投资公路建设项目实行审批制，企业投资公路建设项目实行核准制。

政府投资公路建设项目的实施，根据下列程序进行：

（1）根据国民经济长远规划及公路网建设规划进行预可行性研究，编制项目建议书；

（2）根据批准的项目建议书进行工程可行性研究，编制可行性研究报告；

（3）根据可行性研究报告和可行性研究报告批复编制项目设计招标文件；

（4）根据批准的项目设计招标文件、资格预审结果和公路建设计划，组织项目设计招标投标；

（5）根据可行性研究报告和可行性研究报告批复编制初步设计文件；

（6）根据批准的初步设计文件，编制施工图设计文件；

（7）根据批准的施工图设计文件，编制项目施工招标文件；

（8）根据批准的项目施工招标文件、资格预审结果和公路建设计划投标；

（9）根据国家有关规定，进行征地拆迁等施工前的准备工作，编制项目开工报告，并向交通主管部门申报施工许可；

（10）根据批准的项目开工报告，组织项目实施；

（11）项目完工后，编制竣工图表、工程决算和竣工财务决算，办理项目交工验收、竣工验收和财产移交手续；

（12）竣工验收合格营运一段时间后，组织项目后评价。

企业投资公路建设项目的实施程度，在编制施工图设计文件之前，与政府投资公路建设项目的建设程序有所不同：

（1）根据规划，编制工程可行性研究报告；

（2）组织投资人招标工作，依法确定投资人；

（3）投资人编制项目申请报告，按规定报项目审批部门核准；

（4）根据核准的项目申请报告。编制项目设计招标文件、组织项目设计招标设标编制初步设计文件，其中涉及公共利益、公众安全、工程建设强制性标准的内容应当按项目隶属关系报交通主管部门审查；

（5）根据初步设计文件，编制施工图设计文件；

（6）根据批准的施工图设计文件，编制项目招标文件；

（7）根据批准的项目招标文件、资格预审结果和公路建设计划，组织项目施工招标投标；

（8）根据国家有关规定，进行征地拆迁等施工前准备工作，并向交通主管部门申报施工许可；

（9）根据批准的项目施工许可，组织项目实施；

（10）项目完工后，编制竣工图表、工程决算和竣工财务决算，办理项目交工验收和竣工验收；

（11）竣工验收合格后，组织项目后评价。

为加强公路基本建设项目管理，公路建设还应当根据国家和交通运输部的有关规定实行项目法人制度、招标投标制度、工程监理制度和合同管理制度（通常称为"四项制度"）。现将公路基本建设程序各阶段的主要内容分别叙述如下：

（一）前期阶段

1. 项目建议书阶段

项目建议书是建设单位（业主）向国家提出的要求建设某一项目的建议文件，是对建设项目的轮廓构想，这种构想可来自国家、部门和地方的发展规划与计划安排，或来自市场调查研究，或来自某种资源发现。项目建议书应对拟建项目的社会需求进行分析研究，明确为满足此需求所要达到的建设目标，包括：经济目标、社会目标和环境目标，并考虑可能承担的风险。

2. 可行性研究阶段

项目建议书批准后，由政府交通主管部门组织项目的可行性研究。可行性研究是对拟建项目在技术上和经济上是否"可行"进行科学分析和论证工作，为项目决策（即该项目是继续实施还是放弃）提供依据。可行性研究的主要任务是通过多方案比较，提出评价意见，推荐最佳方案。

按可行性研究的工作深度，划分为预可行性研究和工程可行性研究两个阶段。预可行性研究应重点阐明建设项目的必要性，通过路勘和调查研究，提出建设项目的规模、技术标准，进行简要的经济效益分析。工程可行性研究应通过必要的测量（高速公路、一级公路必须做）、地质勘探（大桥、隧道及不良地质地段等），在认真调查研究、占有必要资料的前提下，对不同建设方案从技术上和经济上进行综合论证，提出推荐方案。可行性研究报告的文件应符合《公路建设项目可行性研究报告编制办法》的规定。

可行性研究报告经审查批准后，项目才能正式"立项"。大中型项目和限额以上项目的可行性研究报告经批准后，可根据实际需要组成筹建机构，即组建项目法人。通常改建、扩建项目不单独设置机构，仍由原企业负责筹建。

（二）设计阶段

1. 设计招投标及任务书阶段

根据可行性研究报告及可行性研究报告批复编制项目设计招标文件，进行项目设计招标，选择确定项目设计单位。

设计任务书是项目确定建设方案的决策性文件，是编制设计文件的主要依据。设计任务书可由建设单位自行提出，也可由工程咨询公司代为拟定，或由建设单位与设计单位协商确定。

设计任务书的内容包括：建设依据和建设规模；路线走向和主要控制点，独立大桥桥址和主要特点；地理位置、自然条件和社会经济现状；工程技术标准和主要技术指标；设计阶段及完成时间；环境保护、城市规划、抗震、防洪、防空、文物保护等要求和采取的措施方案；投资估算和资金筹措；经济效益和社会效益；建设期限和实施方案。

2. 公路设计阶段划分

公路基本建设项目通常采用两阶段设计，即初步设计和施工图设计。对于技术简单、方案明确的小型建设项目，也可采用一阶段设计，即一阶段施工图设计。对于技术上复杂、基础资料缺乏和不足的建设项目，或建设项目中的特大桥、互通式立交枢纽、地质复杂的长大隧道、高速公路和一级公路的交通工程及沿线设施中的机电设备等，必要时采用三阶段设计，即初步设计、技术设计和施工图设计。

3. 各阶段的设计依据

初步设计应根据批复的可行性研究报告、测设合同及勘测资料进行编制。一阶段施工图设计应依据批复的可行性研究报告、测设合同及定测、详勘资料进行编制。两阶段设计时，施工图设计应根据批复的初步设计、测设合同和定测、详勘资料（含补充资料）进行编制。三阶段设计时，技术设计应根据批复的初步设计、测设合同和定测、详勘资料进行编制；施工图设计应根据批复的技术设计、测设合同和补充定测、详勘资料进行编制。

4. 施工图设计文件组成

不论按几个阶段设计，其中的施工图设计文件由以下十三篇及附件组成：总说明书，总体设计；路线；路基、路面及排水；桥梁、涵洞、隧道；路线交叉；交通工程及沿线设施；环境保护，渡口码头及其他工程；筑路材料，施工组织计划；施工图预算，附件。其中，第二篇总体设计只用于高速公路和一级公路，附件内容为补充地质勘探、水文调查及计算等基础资料。

（三）施工阶段

项目在开工建设之前，要做好以下前期准备工作：

1. 预备项目

初步设计已经批准的项目可列为预备项目。国家的预备项目计划，是对列入部门、地方编报的年度建设预备项目计划中的大中型项目和限额以上项目，经过对建设总规模、生产力布局、资源优化配置以及外部协作条件等方面进行综合平衡后安排和下达的。

2. 建设准备的内容

建设准备的主要工作内容有：征地、拆迁和安置；完成施工用水、电、路工程；设备、材料订货；准备施工图纸；监理、施工招标投标。

3. 申报项目施工许可

完成了规定的建设准备和具了开工条件以后，应申报项目施工许可。年度大中型项目和限额以上项目须经国务院批准，国家发展与改革委员会下达项目计划，其他项目可由部门和地方政府批准。

建设项目开工报告一经批准，项目便进入了建设施工阶段。本阶段是项目决策的实施、建成投入使用、发挥效益的关键，因此，建设单位、施工企业、监理单位都应认真做好各自的工作。

公路项目开工建设的时间以开始进行土石方施工的日期作为正式开工日期。分期建设的项目，分别按各期工程开工的日期计算。施工活动应严格按照设计要求、技术规程、合同条款、预算投资、施工程序和顺序、施工组织设计，在确保质量、工期、成本等计划目标的前提下进行，达到竣工标准要求，经验收后移交使用。

（四）竣工验收及后评价阶段

1.竣（交）工验收交付使用阶段

竣（交）工验收是建设全过程的最后一道程序，是投资成果转入使用的标志，是建设单位、设计单位和施工单位向国家汇报建设项目的生产能力或效益、质量、造价等全面情况及交付新增固定资产的过程。验收工作在建设项目按施工合同文件的规定内容全部完成后进行。

公路项目验收分为单项工程交工验收和整体项目竣工验收两个阶段。竣工验收由建设主管部门主持，依据国家有关规定组成验收委员会，根据原交通部《公路工程竣（交）工验收办法》的要求组织验收。在工程验收前，建设单位要做好以下准备工作：组织设计、施工等单位进行工程初验，并向主管部门提出验收报告；整理技术资料，包括各种文件；绘制竣工图，必须准确、完整、符合档案管理的要求；编制竣工决算。

验收合格的工程，应移交使用，并按有关规定办理交接手续。

2.项目后评价阶段

公路建设项目正常运营一段时间后，再对项目的立项决策、设计施工、竣工验收、生产运营等全过程进行系统评价的技术经济活动，称为项目后评价，它是固定资产投资管理的最后一个环节。通过后评价可以肯定成绩、总结经验、探讨问题、汲取教训，并提出建议，作为今后改进投资规划、评估和管理工作的参考。

项目后评价应经过建设单位自评和投资方评价两个阶段，包括以下内容：评估项目的实际成效，确定项目是否达到了预期目标和设计要求；检查设计、施工各个环节的实际质量；重新计算实际财务效益和国民经济效益。

第二节　公路施工项目管理过程

施工企业通过投标承揽施工任务后，公路施工项目管理要依次经历施工准备阶段、施工阶段、竣（交）工验收阶段、用后服务阶段等，按工程施工承包合同的要求完成施工任务。对于不同规模、不同性质的具体工程项目，施工过程各阶段的具体工作内容也不尽相同。

一、投标与签订合同阶段

在社会主义的市场经济条件下，施工企业通过投标竞争，中标后与建设单位签订工程承包合同，承揽施工任务。在工程承包合同中，建设单位为发包人，称为业主；施工企业称为承包人。

建设单位的拟建工程项目具备了招标条件后，便发布招标广告（或邀请函），施工企业见到招标广告（或收到邀请函）后，从做出投标决策至中标签约的过程，实质上是在进行施工项目管理第一阶段的工作。

（一）投标决策

公路施工企业获得工程项目施工招标信息后，从本企业经营战略的高度并结合当前的施工任务情况，由企业决策层做出是否投标争取承包该项目的决策。

（二）收集信息

如果决定投标，就要力争中标。因此，应从当前工程市场形势、施工项目现场状况、竞争对手的实力、招标单位情况，以及企业目前的自身力量等几个方面大量收集信息，为投标书的编制提供可靠资料。

（三）编制投标书

依据招标文件的规定和要求，充分发挥本企业自身的优势，编制既能赢利，又有竞争力，可望中标的投标书。

（四）签订工程施工承包合同

如果中标，则在规定期限内与业主单位进行谈判，依法签订工程施工承包合同。

二、施工准备阶段

工程施工承包合同正式生效后，施工企业便应组建项目经理部，然后以项目经理部为主，与企业经营层和管理层配合，进行施工准备，致使工程具备开工作业和连续施工的条件。

（一）成立项目经理部

施工企业根据工程施工承包合同规定的基本条件确定施工项目经理，成立项目经理部，根据施工项目的规模大小和施工管理工作的实际需要建立管理机构，配备管理人员。

（二）制订施工项目管理实施规划

施工项目管理实施规划由施工项目经理负责组织编制。施工项目管理实施规划是整个工程施工管理的执行计划，在施工项目中它还要进一步分解，由施工项目经理、经理部各部门、各工程小组、分包人等在项目施工的各个阶段中执行。

（三）进行施工现场准备

施工现场准备包括：组织准备、技术准备、物资准备等项工作，主要有：熟悉和核对设计文件，补充调查资料，编制施工组织设计，建立临时生产与生活设施，施工测量、放样，劳务人员培训，材料试验、备料等。通过施工现场准备，促使现场具备施工条件，有利于文明施工和场容管理。

（四）编写和提交开工报告

各项施工准备工作完成，并具备连续施工作业的条件后，根据施工承包合同规定的期限向监理工程师提交工程开工报告。开工报告的主要内容应包括：施工机构的建立，质量检测体系、安全体系的建立和劳动力安排，材料、机械及检测仪器设备进场情况，水电供应，临时设施的修建，施工方案和总体施工组织设计等。

监理工程师对开工报告进行审查后，将在投标书附录规定的期限内发布开工令。

三、施工阶段

这是一个从工程开工至竣（交）工验收的实施过程。在这一过程中，具体负责施工项目现场管理工作的项目经理部既是决策机构，又是责任机构。企业管理层、建设单位、监理单位在这一阶段中的作用是支持、服务、监督与协调。这一阶段的目标是完成工程施工承包合同规定的全部施工任务，达到竣（交）工验收的要求。

（一）组织施工

收到监理工程师发布的工程开工令之后，施工项目应在投标书附录中规定的开工期内开工。根据工程设计图纸，根据施工项目管理实施规划的安排，精心组织施工和管理，使整个施工活动连续、均衡、协调地进行，直到施工项目竣工。

（二）对施工活动实施动态控制

实现施工项目的质量、进度、成本、安全等目标，是施工项目管理的根本目的。在施工项目的目标控制过程中，经常会受到各种客观因素的干扰，各种风险因素也可能随时发生，为确保按计划实现施工项目的阶段性目标和最终目标，对施工项目的各项目标都必须实施动态控制。

（三）管理好施工现场

良好的施工现场是实现施工项目的目标以及安全生产和文明施工的保障条件之一。管理好施工现场，使场容清新美观、材料放置有序、机械设备整洁、施上有条不紊，进而为施工项目提供一个能使相关各方都满意的作业环境。

（四）严格履行施工承包合同

开工后的整个施工过程中，项目经理部应严格履行施工承包合同，并认真做好工程分包、合同变更、费用索赔从工程延期等工作。为顺利履行合同，还应协调和处理好内部与外部的各种关系。

（五）做好施工记录

施工记录包括：施工原始记录、工序检查记录、隐蔽工程验收记录、材料试验与施工测量记录等。同时还应做好根据施工记录进行的协调、检查、整理、分析等工作，并按时编写和提交各项施工报告。

四、竣（文）工验收阶段

本阶段与建设项目的竣（交）工验收阶段协调、同步进行。目标是对施工项目的最终成果进行检查、总结、评价。公路工程验收分为交工验收和竣工验收两个阶段，小型工程或简易工程项目，经主持竣工验收单位批准后可合并为一次竣工验收。

（一）工程收尾与自验

工程施工承包合同规定的施工任务基本完成后，施工项目应及时进行工程收尾，并为施工项目验收时应提交的资料做好准备，项目经理首先要安排好竣工自验工作。

竣工自验又叫初验，是在施工项目按照承包合同的要求建成后、由项目经理组织各有关施工人员，按照正式验收的标准和要求进行的内部检验。对检查出的缺陷或不符合要求的部分，务必采取措施，定期修竣。全部问题处理完毕之后，项目经理应提请上级主管部门（如公司）进行复验，彻底解决所有遗留问题，为交工验收做好准备。

（二）交工验收

交工验收由建设单位主持，主要是检查施工承包合同的执行情况和监理工作情况，提出工程质量等级建议。

承包人在全面完成所承包的工程并经监理工程师同意后，向建设单位提出交工验收中申请。建设单位组织设计、监理、施工、质量监督、接管养护、造价管理等单位的代表组成交工验收组，对工程项目进行全面验收。交工验收的，施工单位要提交验收项目的竣工图表、施工资料、工程施工情况报告等文件供交工验收组审议。验收组将提出交工验收报告，由建设单位报上级交通主管部门核定。

交工验收不合格或有缺陷的工程以及未完工程，由原承包人限期修复、补救、完成。交工验收合格的工程，监理工程师应及时向承包人签发交工证书，同时办理工程的移交管养工作。

（三）竣工验收

根据建设项目的大小，竣工验收由交通运输部或地方交通主管部门主持，主要是全面考核建设成果，总结经验，综合评价建设项目，确定工程质量等级。

经过交工验收各标段均达到合格以上的工程，由建设单位向竣工验收主持单位提出竣工验收申请。竣工验收委员会由验收主持单位、建设单位、交工验收组代表、质量监督、接管养护、造价管理、环境保护、有关银行等单位的代表组成。施工单位要向竣工验收委员会提交关于工程施工情况的报告。

验收委员会将对工程建设、设计、施工、监理等单位进行综合评分，并评定工程质量等级和建设项目等级。验收委员会对合格以上的建设项目签发《公路工程竣工验收鉴定书》，项目所在地的公路工程质量监督部门签发各标段的《工程质量鉴定书》。

（四）竣工结算与总结

工程经竣工验收合格后，业主与承包人之间根据监理工程师签发的"最终支付证书"办理竣工结算。

施工项目总结包括技术总结和经济总结两部分。技术总结的内容是：施工中采用的新技术、新工艺和重大革新项目，以及在合同管理、施工组织、技术管理、工程质量、安全生产等方面采取的措施、取得的成绩和存在的问题。经济总结主要是进行成本分析和经济核算，计算各种经济指标，通过与企业和同类施工项目的有关数据对比，总结经验教训，以利进一步提升施工项目的管理水平。

五、用后服务阶段

这是施工项目管理的最后一个阶段，主要包括施工项目在缺陷责任期和保修期的工作。其目的是确保使用单位正常使用，发挥效益。

交工验收合格的工程，在合同规定的期限内移交业主，施工项目即进入缺陷责任期。在缺陷责任期内，应尽快完成在交工证书中写明的未完成工作，对本工程存在的缺陷、病害或其他不合格之处按监理工程师的指令进行修补、重建及复建。

缺陷责任期终止后，施工项目即进入保修期。在保修期内承包人应对由于施工质量原因造成的损坏进行自费修复。还应进行工程回访，听取使用单位意见，观察项目的使用情况，开展必要的技术咨询和服务活动。

第三节　公路施工项目管理的方法与内容

一、施工项目管理及其特点

施工项目是指由建筑企业从施工投标开始到工程保修期满为止的施工全过程中完成的项目。施工项目的任务范围由施工合同界定，可以是一个建设项目的施工活动，也可以是一个单项工程或单位工程的施工活动。

施工项目管理是建筑企业管理的组成部分，是建筑企业运用系统工程的概念、理论和方法对施工项目通过计划、组织、指挥、控制、监督、协调、核算、信息反馈等一系列活动进行的全过程的全面管理。施工项目管理有以下特点：

（一）施工项目管理的主体是建筑企业

施工项目管理由建筑施工企业独立实施。建设单位和监理单位在工程施工阶段对施工项目进行的管理（如征地、进度和质量控制、验收等）属于建设项目管理的范围，不能算作施工项目管理。设计单位不进行施工项目管理。

（二）施工项目管理的对象是施工项目

施工项目管理工作针对特定的施工项目开展，管理工作的周期从工程投标开始到项目保修期结束时止。施工项目管理的特殊性主要表现在：生产活动与市场交易活动同时进行；先有交易活动，后有产品（竣工项目）；交易双方都要进行生产管理，生产活动和交易活动很难分开。

（三）施工项目管理的内容是按阶段变化的

从施工投标开始到工程保修期满为止的各个阶段，施工项目管理的内容差异很大，因此，必须针对不同阶段的具体情况进行动态管理，优化组合施工资源，提升施工效率和效益。

（四）施工项目管理要求强化组织协调工作

公路施工项目是必须一次完成的单件性土木产出物，一旦发生工程质量不合格、影响环境或其他问题，则难以补救，将产生严重后果。此外，施工项目工期长、大量的野外露天作业、施工人员流动性大、需要巨额资金和种类繁多的资源，加之施工活动还涉及复杂的经济、技术、法律、行政和人际等关系，因此，施工项目管理中的组织协调工作就显得十分重要。

施工项目管理与建设项目管理是两种平等的工程项目管理的分支。建设项目管理是站在投资主体（即建设单位）的立场对建设项目从可行性研究开始，经过勘察、设计、施工等阶段的全部建设过程进行的综合性管理；而施工项目管理是由建筑企业在项目的施工阶段对项目的施工活动进行的管理，两者之间各自独立而又密切联系。从工程项目的招标、投标至竣（交）工验收这一阶段（即建设项目的施工阶段），建设项目管理和施工项目管理同步平行进行，彼此交叉，相互依存和制约。

施工项目管理也不同于建筑企业管理。建筑企业管理的对象是整个企业，自然包括对施工项目的监督和指导，而施工项目管理以施工承包合同确定购内容为最终管理目标，由施工企业的法定代表人授权的项目经理负责的项目经理部为管理主体，对施工项目实施管理。

二、施工项目管理的基本方法

施工项目管理的基本方法是"目标管理法"。目标管理法是现代科学管理方法之一，广泛应用于经济领域和管理领域。为了实现各项具体的目标，还有其他适用的专业方法，如，在施工项目管理中，控制进度目标用"网络计划方法"；控制质量目标用"全面质量管理方法"；控制成本目标用"可控责任成本方法"；控制安全目标用"安全责任制"。

（一）目标管理法

目标管理以被管理活动的目标为中心，将经济活动和管理活动的任务转换成具体的目标，运用现代管理技术和行为科学，借助人们的事业心、能力、自信、自尊等，实行自我控制，促成目标实现，进而完成经济活动的任务。目标管理的全体成员要亲自参加工作目标的制订，并以目标指导行动。因此，目标管理是面向未来的管理，是主动的、系统性的整体管理，是特别重视人的主观能动性、参与性和自主性的管理。

（二）网络计划方法

网络计划方法是控制施工项目进度最有效的方法，尤其对复杂的大型项目的进度控制，更显其不可替代的优越性。随着计算机在网络计划技术中的应用日益普及，网络计划方法将在项目管理的进度控制中发挥越来越大的作用。

应用网络计划方法应注意以下几点：认真执行网络计划的有关标准，使网络计划规范化、进度管理集约化；遵循网络计划应用的一般程序，即准备、绘制网络图、时间参数计算与确定关键线路、优化并正式编制网络计划、实施与调整网络计划、总结与分析；采用先进的网络计划应用软件，对施工项目进度进行快速、准确的有效控制；不断总结和积累应用网络计划的经验，提升进度控制的水平，处理好网络计划技术与流水作业计划的关系，应根据项目的具体情况选用适合的进度控制方法。

（三）全面质量管理方法

全面质量管理方法自 20 世纪 60 年代诞生以来，对实现质量管理科学化和促进产品质量水平的提高都发挥了重大作用，至今仍然是控制施工项目质量员有效的方法。简而言之，全面质量管理是"全员参与施工项目全过程和全部要素的质量管理"，通过各种层面的 PDCA（计划—执行—检查—处理）循环，在全员范围开展"QC 小组"活动，最终确保实现质量目标。

（四）可按责任成本管理方法

成本是施工项目中各种消耗的综合价值体现，也是施工项目管理效果的重要指标，因此，施工项目管理必须进行成本控制。可控责任成本方法是成本控制的主要方法。施工项目的操作者和管理者都有控制成本的责任，可控责任成本是指责任者可以控制住的那部分成本，可控责任成本方法是通过明确每个责任者的可控责任成本目标，从而达到对每个生产要素进行成本控制，最终实现有效控制施工项目总成本的方法。该方法的本质是成本控制责任制，也是"目标管理法"责任目标落实的方法。

可控责任成本方法的关键是责任制，因此，要建立和落实每个责任者（操作者和管理者）、各部门和各层次的成本责任制，项目经理部全体成员概莫能外。在实施过程中要加强各级各类成本核算，确保可控责任成本取得实效。

（五）安全责任制

安全责任制是通过制度规定每个施工项目管理成员的安全责任，是施工项目安全控制的主要方法。安全责任制是岗位责任制的组成内容，项目经理、管理部门的成员、作业人员都要承担相应岗位的安全责任。安全责任制中还包含承担安全责任的保证制度，即进行安全教育，加强安全监督、检查与考核等。

三、施工项目管理的主要内容

施工项目管理由以项目经理为首的项目经理部负责实施，管理的客体是具体工程项目的施工活动及其相关的生产要素。

（一）建立施工项目管理机构

1. 选聘称职的施工项目经理

施工项目经理是经承包人的法定代表人授权对工程项目施工过程全面负责的项目管理者，是承包人在施工项目上的委托代理人。施工项目经理由企业采用适当的方式选聘或任命。

2. 建立施工项目经理部

根据施工项目管理的组织原则，结合工程规模和特点，选择合适的组织形式，建立施工项目经理部，并明确各部门、各岗位的责任、权限和利益。项目经理部是项目经理领导下的施工项目管理机构，负责对施工项目全过程的施工生产经营活动的管理。

3. 制订管理制度

在符合企业规章制度的前提下，根据施工项目管理的需求，制订施工项目经理部管理制度。

（二）编制施工项目管理规划

1. 工程投标前编制施工项目管理规划大纲

在工程投标前，由企业管理层按招标文件要求编制施工项目管理规划大纲，对施工项目管理自投标到保修期满进行全面的纲领性规划。

2. 工程开工前编制施工项目管理实施规划

在工程开工前，由项目经理负责组织编制施工项目管理实施规划，作为施工项目从开工到竣（交）工验收整个工程施工管理的执行计划。

（三）施工项目的目标控制

在施工项目管理的全过程中，务必对项目的质量、进度、成本和安全目标进行控制，确保实现整个施工项目的管理目标。控制的基本过程是：①确定各项目标的控制标准；②在实施过程中，通过检查、对比，分析目标的完成情况；③将分析结果与控制标准进行比较，若有偏差，找出原因，采取措施以确保目标的实现。

（四）生产要素管理

施工项目生产要素管理是指对施工中使用的人工、材料、机械设备、技术和资金等施工资源进行的计划、供应、使用、检查和改进等管理过程，目的是降低消耗、减少支出、节约物化劳动和活劳动。

1. 人力资源管理

人力资源不是简单的劳动力，而是指能够推动经济和社会发展的劳动者的能力，是关系到企业生存和发展的一种重要战略资源。作为施工项目的人力资源管理，主要是指对体力劳动者进行的劳务管理。对脑力劳动者的管理，纳入项目经理部的管理范围。

人力资源管理是一个动态管理过程。项目经理部对施工现场的劳动力管理应做到：按施工进展进行劳动力跟踪平衡，根据需要进行补充或减员，向企业劳动管理部门提出申请计划，实行有计划地作业，向作业班组下达施工任务书，依据执行结果进行考核、支付费用和奖励；加强对劳务人员的教育、培训、思想管理工作，对作业效率和质量进行检查。

2. 材料管理

材料管理对节约现场费用、降低工程成本具有重要意义。材料管理应满足以下要求：编制材料需用量计划；按计划供应材料，优选临时仓库地址；严把材料进场关，确保计量设备质量，材料的试验、检验必须符合质量要求；做好材料库存管理；建立限额领料制度和材料使用台账、实施材料使用监督制度、退料和回收制度。

3. 机械设备管理

机械设备的使用是管理工作的重点，而使用的关键是提高效率，要提高效率就必须提高机械设备的完好率和利用率。机械设备管理的职责是：编制机械设备使用计划，并报企业管理层审批；对进场的机械进行安装、调试、验收；做好机械设备的维护和管理；采用技术、经济、组织、合同等手段保证机械设备合理使用。

4. 技术管理

技术管理包括：图纸审查与会审；工程变更洽商；编制施工方案，技术交底；对分包人的技术管理进行服务和监督；参加施工预验收、隐蔽工程验收、分部分项工程验收、结构验收、交工验收和竣工验收；实施技术措施计划；技术资料管理。

5. 资金管理

项目经理部通过对资金的使用管理，实现确保收入、减少支出、防范风险、提高经济效益的目的。资金管理工作有：编制资金收支计划，并上报审批，配合企业财务部门及时进行资金计划；控制资金使用；做好资金分析。

（五）合同管理

合同管理的内容包括与施工项目有关的施工合同、分包合同、买卖合同、租赁合同和借款合同等的订立、履行、变更、终止，以及解决合同争议。项目经理作为承包人在施工项目上的委托代理人，应根据施工合同认真完成所承接的施工任务，承担合同约定的义务，并行使相应的权利。

项目经理部合同管理的主要任务是实施和履行施工合同。项目经理部应向各职能部门的管理人员进行合同交底，落实合同目标，用合同指导工程施工和项目管理工作，按规定进行合同变更、索赔、转让和终止。

（六）信息管理

对工程施工中发生的信息进行收集、整理、分析、处理、储存、传递、应用的过程称为施工项目的信息管理，是现代项目管理的一大支柱。信息管理务必适应施工项目管理的需要，建立信息管理系统，及时收集和准确、完整地传递信息，并配置信息管理人员。

施工项目应建立以项目经理为中心的信息管理系统。信息管理系统要满足项目经理部全部管理工作的需要，应做到目录完整，层次清晰、结构严密，信息齐全，表格自动生成，方便输入、处理、修改、储存、发布，与建设备阶段和各有关专业有良好的接口，相关单位、部门和管理人员能信息共享。

（七）现场管理

施工项目的各项施工作业活动和相关管理工作，是以施工现场为平台进行联系和实施的。因此，施工现场管理不仅直接关系到施工作业任务的完成，而且对文明施工、安全生产、环境保护等都具有极其重要的意义。施工现场管理的依据是国家颁布的有关法律、法规、规定和项目经理部编制的施工平面图。

施工现场管理的总体要求是：文明施工，安全有序，整洁卫生，不扰民，不损害公众利益；现场入口处设立有关公示牌；项目经理部应经常巡视施工现场，发现问题及时整改；用施工平面图规范场容管理；按规定做好环境保护、防火保安、卫生防疫等工作；进行施工现场的综合考评。

（八）组织协调

施工项目的组织协调，就是按一定的组织形式、方法和手段，疏通项目管理中的各方关系，排除施工过程中产生的各种干扰的过程。组织协调的内容包括人际关系、组织机构之间的关系、供求关系和协作配合关系等。

施工中需要协调的关系有三种：企业内部关系，属于行政关系；近外层关系，是由合同确定的关系，如承包人与业主、监理单位之间的关系；远外层关系，是由法律和社会公德确立的关系，如，企业与政府监督部门、地方行政管理部门等之间的关系。

第四节 公路工程施工监理

一、施工监理的作用

工程监理制度是交通部规定的公路建设管理四项制度之一，它是随着我国经济体制改革的深化和社会主义市场经济的形成，自 20 世纪 80 年代中期以来在工程建设中逐步实施的一种与国际接轨的工程建设管理的新体制和新模式。工程监理通过对工程建设参与者的行为进行监控、督导和评价，并采取相应的管理措施，确保工程建设行为符合国家法律、法规和有关政策，制止建设行为的随意性和盲目性，促使工程建设费用、进度、质量按计划（合同）实现，确保工程建设行为的合法性、科学性、合理性和经济性。根据交通部的规定，公路工程的监理目前在公路施工阶段实施，因此，也称为"施工监理"。

公路工程施工监理制度，是以国际通用 FIDIC 土木工程施工合同条件为基础，形成建设单位、施工单位、监理单位三方相互制约，以监理单位为核心的管理模式。实行施工监理制度，使建设各方的权利、义务和责任更为合理、明确，有利于克服随意性，增强合同意识，提升管理水平；突破了建设单位事无巨细统揽一切的小生产管理方式的局限性，有利于积累经验，促进建设项目管理向专业化、社会化方式转变；突出了监理单位的管理作用，有利于预防和减少建设单位与施工单位双方发生的纠纷，促使建设活动顺利进行。

由于公路工程与国民经济的发展和人民生活的关系十分密切，公路建设又受到各种条件的限制，施工难度是很大的。为了确保公路工程的质量，控制工期和工程费用，提高投资效益及工程管理水平，凡列入基本建设计划的公路工程项目，都应实行"政府监督、社会监理、企业自检"的质量保证体系。政府监督，指承包人（施工单位）和施工人员、监理单位及监理人员、业主（建设单位）的项目管理人员等均应接受政府交通主管部门和公路工程质量监督部门的管理和监督检查。社会监理，指建设单位委托监理单位对施工项目实施全面的监督管理，监理单位和监理人员应根据"严格监理、热情服务、秉公办事、一丝不苟"的原则认真做好监理工作。企业自检，即施工企业在公路施工过程中应加强管理，自行把好质量关。

二、监理工作的组织过程

（一）选择监理单位

监理单位是在工程施工招标之前由业主（建设单位）确定的。业主对监理单位的选择，可通过招标、聘请、委托等方式进行。

承担公路工程施工监理业务的单位，必须是经交通部审批，取得公路工程施工监理资格等级证书，具有法人资格的社会监理单位，并按批准的资格等级承担相应的施工监理业务。

（二）签订监理服务合同

监理单位确定之后，业主与监理单位双方必须签订监理服务合同，即用书面形式确定双方的责任和权利。监理服务合同是一个对业主和监理单位双方都具有法律约束力的文件。

监理合同文件由合同协议书、合同通用条件、合同专用条件和附件组成。主要内容应包括：委托监理工程的概况；监理服务的形式、范围与内容；监理单位的职责；建设单位的职责；监理服务的费用与支付办法；违约责任及赔偿等。

（三）组建监理机构

监理单位承接监理任务后，应考虑项目组成、工程规模、难易程度、合同工期、地理位置、现场条件等因素，根据不同情况设置现场监理机构，对公路工程施工的监理工作实行统一管理。

现场监理机构通常按工程施工招标合同段设置基层监理机构，可视工程的具体情况分别设置一级、二级或三级监理机构。一级监理机构设置总监理工程师办公室，适用于特大桥、隧道等集中工程项目或小型公路工程项目；二级监理机构设置总监理工程师办公室和高级驻地监理工程师办公室，适用于一般大中型公路工程项目；三级监理机构是当建设项目为两个以上独立工程项目或跨省、直辖市、自治区时，在上述二级监理机构中间再设置项目监理部。

（四）确定监理人员

监理人员由以下三部分构成：①监理工程师，包括：总监理工程师、总监理工程师代表、高级驻地监理工程师、专业监理工程师；②监理员，包括：测量、试验人员和现场旁站人员；③其他人员，包括：文秘、翻译、行政、后勤人员。

各级监理机构中的人员构成及数量，根据被监理工程的类别、规模、技术复杂程度，以能够对工程实施有效监理为原则进行配备。

（五）实施工程监理

监理的主要依据有：国家有关公路工程建设的政策、法律和法规，政府批准的建设计划、规划、设计文件，以及公路工程的有关技术标准、规范、规程等；业主和承包人签订的施工合同文件，监理单位与业主签订的监理服务合同文件；公路施工过程中，监理工程师与承包人围绕工程实施的有关会议记录、纪要、函电和其他文字记载，以及经监理工程师批准的图纸、签发的指令等。

监理工作贯穿在公路工程施工的各个阶段,各监理阶段的划分及相应的监理任务如下:

1. 施工准备阶段的监理

监理合同签订后,即进入施工准备阶段监理。在这一阶段,监理工程师应熟悉合同文件;制订监理程序,了解现场用地占有权和使用权的解决情况;核查设计图纸,复核定线数据;审查承包人的自检系统,以及工程总进度计划、现金流动估算、临时用地计划,准备第一次工地会议;发布工程开工令等。

2. 施工阶段的监理

工程开工后,监理工程师应集中力量,严格依据合同要求对工程施工的质量、进度和费用实施监理,做好合同管理和信息管理等工作。

3. 竣(交)工及缺陷责任期阶段的监理

在工程竣(交)工或部分(单位工程、分部工程)交工后签发交接证书,对未完成的工程进行监理和对工程缺陷的修补、修复及重建进行监理。本阶段应视同施工阶段监理一样,认真做好各项监理工作。

(六)提交监理报告

在工程施工期间要做好监理记录和工程监理月报。在工程结束后,监理工程师应提交监理工作报告,报送建设单位和上级主管部门。

工程监理报告的内容通常为:工程概况,监理组织机构及工作起、止时间;关于工程质量、进度、费用的监理及合同管理的执行情况,分项、分部、单位工程质量评估;工程费用分析;对工程建设中存在问题的处理意见和建议;监理过程中的照片或录像等。

监理工程师与业主、承包人或指定分包人之间有关工程质量、进度和费用的一切往来函件和报表,以及监理工作的各种文件、记录、报告、图纸、资料等、都应分类整理、编号,建立档案,按规定保存。

三、施工监理的内容

公路工程施上监理的主要内容,可分为:工程质量监理、工程进度监理、工程费用监理、合同管理、信息管理、组织协调。通常称为"三监控、两管理、一协调"。

(一)工程质量监理

工程项目的质量控制分为业主的质量控制、承包人的质量控制和政府的质量控制。业主的质量控制是通过合同形式委托社会监理单位而实施的监理工程师质量目标管理,即工程质量监理。承包人的质量控制,靠承包人的质量自检体系来实现。政府的质量控制,通过行政主管部门及各级质量监督站来实现。因此,工程质量不是单一的技术管理,而是技术、经济与法律在公路工程质量上的统一体现。

质量监理的依据是：合同条件、合同图纸、技术规范和质量标准。监理人员应对施工全过程进行检查、监督和管理，制止影响工程质量的各种不利因素，使承包人提交的工程项目符合合同图纸、技术规范、使用要求和验收标准。

监理工程师应建立完整的质量监理组织体系，以确保对所有施工环节进行有效的控制。质量监理组织体系中应根据工程规模的大小和复杂程度，设置材料、试验、测量、计量及各工程项目的专业技术岗位，并明确其名称和职责。

从开工报告到工序质量检查，都要技规定程序进行控制。对现场质量的控制、质量缺陷与质量事故处理，都是质量监理的工作内容。

（二）工程进度监理

每个工程项目，通常情况下在合同文件中对工期都做了明确的规定。承包人应根据合同规定的工期进行计划安排，制订出切实可行的工程施工进度计划。监理工程师的主要任务是审批承包人编制的施工进度计划，并对已批准的施工进度计划的执行情况进行监督，从全局出发，掌握影响施工进度计划所有条件的变化情况，对施工进度计划的执行进行控制。当可能发生工期延误时，监理工程师应及时要求承包人采取加强施工计划管理和技术管理的措施，重新修订或调整施工进度计划，增加施工机械或人力，进而以确保在竣工期限内完成工程施工任务。

（三）工程费用监理

工程费用包括合同文件中工程量清单内所列以及因施工单位索赔或建设单位未履行义务而涉及的一切费用。监理工程师应在质量符合标准、工期遵循合同要求的基础上对工程费用进行监理。

费用监理工作中，应尽可能合理地减少工程量清单中所列费用以外的附加支出，达到控制费用的最佳效果。为此，要求监理工程师必须熟悉技术规范、工程量清单及工程量清单说明的内容，掌握工程具体项目的工作范围和内容、计量方式和方法等。

（四）合同管理

公路工程施工涉及建设单位、设计单位、材料设备供应单位、施工单位、工程监理单位等。为使建设项目各有关单位之间建立起有机的联系，相互协调、默契配合、共同实现工程项目的进度、质量、费用三大管理目标，一个重要的措施就是通过合同，利用经济与法律相结合的方法，将各单位在平等互利的原则上建立起密切的权利义务关系。

公路工程施工监理必须熟悉合同，掌握合同，利用合同对工程施工过程的进度、质量、费用实施有效的管理。合同管理的主要内容包括工程分包、工程变更、工程延期、费用索赔、工程计量与支付、工程保险、业主违约、承包人违约等。理解和熟悉合同的主要内容，对监理工程师、建设单位代表和施工人员都是十分必要的。

（五）信息管理

公路工程监理的实施过程中，在工程费用控制、质量控制、进度控制、合同管理等方面，以及在试验、环境、监理工作有关各方之间都将产生大量的信息。信息管理包括信息的收集、传递、处理、存储、发布等内容。

由于公路工程投资巨大、建设期长、质量要求高、涉及各种合同，同时使用的机械、设备多，材料消耗数量大，因此，信息管理采取人工决策与计算机辅助管理相结合的手段，达到工程监理的高效、迅速、准确。信息管理的基本方法是建立信息的编码系统，明确信息流程，制订信息采集制度，利用高效的信息处理手段分析和处理信息，进而科学地为监理工程师的决策提供准确可靠的依据。

（六）组织协调

监理处于建设单位和施工单位之间的第三方，又处于工程建设过程中实施监督和管理的核心地位，因而，具有组织协调工程建设参与各方的能力，这也是公路工程施工监理的一项主要内容。

第二章　土质路基施工

第一节　路基施工方法及施工准备

一、施工的重要性

路基是支承路面的土工构筑物，在挖方地段，路基是开挖天然地层后形成的路堑，在填方地段，则是用土石填筑、压实后形成的路堤。由于路基在使用过程中要承受由路面传递而来的行车荷载作用并抵御各种环境因素的影响，因此，要求路基必须具有足够的强度、良好的水温稳定性和耐久性。所谓路基施工，就是以设计文件和施工技术规范为依据，以工程质量为中心，有组织、有计划地将路基设计文件转化为工程实体的建筑活动。

路基施工的重要性，突出地表现为对工程质量的高标准要求。强度高、稳定性和耐久性良好的路基将成为路面结构的良好支承体系，有利于提高路面整体强度和使用性能，延长路面使用寿命；同时，还可以降低路面工程造价和公路养护维修费用。反之，若路基工程质量低劣，将给路面和路基自身留下许多隐患，路面的使用品质和使用寿命会因此而降低，严重的路基或路面破坏甚至会中断交通，致使产生重大经济损失。尤其严重的是，路基自身存在的问题将后患无穷，难以根治，这会极大增加公路建成后的养护维修费用。因此，必须重视路基施工，确保路基工程质量，为提高公路建设的经济效益和社会效益提供切实的保障。

路基施工过程中需要处理大量技术问题。虽然路基施工主要是开挖、运输、填筑、压实等相对简单的工序，但由于在路基施工过程中存在着施工条件变化大、工程数量大、施工难度大、施工方法多样等特点，增加了保证路基工程质量的难度。特别是在进行工程地质不良地段路基、结构物或隐蔽工程较多地段的路基施工时，常会遇到复杂的技术问题和各种突发性事故需要处理，进一步增加了确保路基施工质量的难度。可以说路基施工是简单的工序中蕴含着复杂的技术问题。

路基施工的重要性还在于工程质量受到多种因素的不利影响。在与公路沿线构造物的关系方面，路基自身的施工与公路排水、防护及加固等工程的施工相互制约，有时还与桥梁、隧道、路面等分项工程的施工相互交叉、相互影响，这无疑增加了组织管理的难度。在其他如气候、交通条件等方面，由于公路施工为野外作业，工程质量受气候条件影响很大，雨季时土质路基往往无法施工；交通运输的不便会使物资、设备和施工队伍调遣困难。所有这些因素的不利影响，都必须采取必要的组织措施和技术措施加以克服，才能确保路基工程的质量。

二、施工方法

路基工程通常主要为土石方工程。主要的施工方法有：人工施工、简易机械施工、机械化施工及爆破施工等，施工时应根据工程性质、岩土类别、工程规模、施工期限、施工条件等19选择一种或几种。

人工施工是传统的施工方法，施工时主要是工人用手工工具进行作业。这种方法劳动强度大、工效低、进度慢，且工程质量难以得到保证，已不适应现代公路工程施工的要求，只能作为其他施工方法的辅助和补充。

简易机械施工是在人工施工的基础上，对施工过程中劳动强度大和技术要求相对较高的工序用机具或简易机械完成，以利加快工程进度、提高施工效率和工程质量。然而这种施工方法工效有限，只能用于工程量较小、工期要求不严的路基或构造物施工，特别不适宜高速公路和一级公路路基的大规模施工。

机械化施工是通过合理选用施工机械，将各种机械科学地组织成有机的整体，优质、高效地进行路基施工的方法。若选用专业机械按路基施工要求对施工的各工序进行既分工又联合的作业，则为综合机械化施工。实现机械化施工是我国公路路基施工的发展方向，特别是对于工程量大、技术要求高、工期紧的高速公路和一级公路路基工程，必须采用机械化施工。组织机械化施工时，应使机械合理配套、科学组织，最大限度地发挥各种机械的效能。

爆破法施工是利用炸药爆炸的巨大能量炸松土石或将其移到预定位置。这种施工方法主要用于石质路堑的开挖，特殊情况下也用于土质路堑开挖或清除淤泥。在施工时若采用机械钻孔、机械清运，也属于机械化施工之列。

三、施工准备工作

路基施工需要消耗大量的人工、物资、机械和时间等资源，是一项历时时间长、技术要求高的工作。路基施工前，必须根据工程的实际情况做好组织准备、物资准备和技术准备工作，使各项施工活动能按预定计划正常进行。在施工过程中，所有的施工活动都必须严格按有关施工规范进行，以确保工程质量，最后得到质量优良的路基实体。

（一）施工准备

1. 组织准备

开工前的组织准备工作主要是建立健全工程管理机构和施工队伍，明确各自的施工范围和任务，制订施工过程中必要的规章制度，确定工程应达到的目标等。组织准备是其他准备工作的开始。

2. 物资准备

路基施工要投入大量的人工、材料和机具，因此，开工前应进行所需材料的购进、采集、加工、调运和储备等工作。同时要检修或购置施工机械，做好施工人员的生活和设备的后勤保障准备，正所谓"兵马未动，粮草先行"。劳动力、机械设备和材料的准备工作是路基施工组织计划的重要组成部分。

3. 技术准备

路基施工前的技术准备，包括：制订施工组织计划、施工测量、施工前的复查与试验及清理施工现场等工作。对于高速公路和一级公路或采用新技术、新工艺及新材料的其他等级公路，除做好上述准备工作外，还应在大规模施工前铺筑试验路，为正式施工提供技术指导。

（1）制订施工组织计划

制订路基施工的实施性施工组织计划，是路基施工前非常重要的技术准备工作，施工单位应根据施工合同、设计文件、施工条件、工程量、施工难易程度以及设备、人员、材料供应情况和工期要求等认真编制。所编制的施工组织计划应针对工程实际、科学合理、易于操作，有利于确保工程质量和工程进度，做到"运筹帷幄"，使路基施工能连续、均衡地进行。在编制过程中，施工单位应对设计文件和设计交底全面熟悉、认真研究，并组织有关人员进行现场核对和施工调查，若有必要，应按有关程序提出设计修改意见并报请变更设计。

（2）施工测量

开工前应做好施工测量工作，内容包括控制点、中线、水准点复测，检查与补测横断面，校对和增加水准点等。

开工前应全面恢复路中线并固定路线的交点、平曲线主点等主要控制桩，高速公路和一级公路应采用坐标法恢复主要控制桩。若设计文件中公路路线由导线控制，施工测量时必须做好导线的复测工作以准确控制路线的平面位置。为满足施工要求，复测路中线时应对指示桩进行必要的加密和加固。若发现路中线与相邻施工段的中线或结构物中线不闭合，应及时查明原因并上报有关部门。若原设计路线长度丈量有错误或局部改线时，应作断链处理并相应调整纵坡。

路基施工时，若使用设计单位设置的水准点，应进行校核并与国家水准点闭合；产生的闭合差应按有关规定处理，闭合差超出允许误差应查明原因并报告有关部门。为便于施工可增设水准点，但应可靠固定。

施工前应对路基纵横断面进行检查和核对，并适当补测。根据已经恢复的路中线，按设计文件、施工规定和技术要求等标出路基用地界桩、路堤坡脚、路堑坡顶、边沟及路基附属设施的具体位置。为方便施工，还应在距路中线一定安全距离处设置控制桩，间距不宜大于 50 m，桩上标明桩号及路中心填挖高度。在路基施工过程中应采取有效措施保护所有测量标志，以免增加测量工作量，减少出现错误的可能。

（3）施工前的复查与试验

路基施工前，施工技术人员应对路基施工范围内的地形、地质、水文及水文地质情况进行详细调查。根据设计文件提供的资料，对取自挖方、借土场、料场的路堤填料进行复查和取样试验。用作填料的土应按土工试验规程测定其物理、力学等性质，以试验结果作为判定可否用作路基填料的依据。若使用新材料（如工业废渣等）填筑路堤，除对相应指标进行试验外，还应进行环境保护分析并提出报告，经批准后方可使用。

（4）清理施工现场

路基施工前应先办好有关土地的征用、占用手续，依法使用土地。路基范围内的既有建筑物、道路、沟渠、通信及电力设施等，施工单位应协同有关部门事先拆除或迁建。对路基附近的危险建筑物应进行适当加固，对文物古迹应妥善保护。

（5）铺筑试验路

高速公路和一级公路、特殊地区公路路基或采用新技术、新工艺、新材料修筑的路基，在正式施工前，应采用不同的施工方案和施工方法，铺筑试验路并进行相关试验分析，从中选出最佳施工方案和施工方法，以指导大面积路基施工。所铺筑的试验路应具有代表性，施工机械和工艺过程要与后期全面施工时相同。通过试验路铺筑可确定不同压实机械压实各种填料的最佳含水量、适宜的松铺厚度、相应的碾压遍数、最佳机械配置和施工组织方法等。

（二）施工注意事项

1. 严格按照规定

严格按照设计文件和施工技术规范进行路基施工，以试验及测试结果作为检查、评定路基施工质量是否符合要求的主要依据。

2. 加强施工排水，确保路基施工质量

施工排水有利于控制土的含水量，便于施工作业。路基施工前应先修筑截水沟、排水沟等排水设施。雨季施工时要加强工地临时排水，各施工作业面应及时整平、压实、封闭。填方地段施工作业面应根据土质情况和气候条件做成 2% ~ 4% 的排水横坡；挖方路基施工作业面应根据路堑纵横断面情况，采取有效措施把积水排除。当地下水位较高或有地下

水渗流时，应根据地下水的位置和流量设置渗沟等适宜的地下排水设施。

3. 合理取土、弃土

施工时取土与弃土应从便于路基施工、节约用地、保护耕地和农田水利设施等角度考虑，并注意取土、弃土后的排水畅通，避免对路基造成不利影响。

4. 注意保护生态环境

建成后的公路应有美好的路容和景观。路基施工时应尽量减少对自然植被及地形地貌的破坏，以免造成水土流失，不能避免时应适当进行绿地恢复。施工时清除的杂物应区别情况，予以妥善处理，不得随意倾弃于河流及水域中。

5. 应因地制宜

合理利用当地材料和工业废料修筑路基，有效降低工程造价。

6. 确保安全施工

必须贯彻安全生产的方针，制定施工安全措施，加强安全教育和检查，严格执行安全操作规程，避免造成人员伤亡和财产损失。

第二节 土质路堤填筑

为保证路堤具有足够的强度，良好的水、温稳定性及耐久性，必须选用质量符合要求的填料，同时采用正确的方法进行填筑。在土质路堤的施工过程中，尤其要重视填土的压实质量。

一、填料选择

填筑路堤所用的大量填料，通常都是就近取用当地土石。为确保路堤的强度和稳定性，应选择强度高、稳定性好、易于开挖的土石作填料。如碎石、砾石、卵石、粗砂等透水性好的材料，由于它们具有强度高、水稳性好，填筑时受含水量影响较小等特点，经分层压实后较易达到规定的施工质量，此类材料应优先选用。用透水性不良或不透水的土（如黏土）作路填料时，必须在最佳含水量下分层填筑并充分压实。粉质土的水稳定性和温度稳定性均较差，不宜作路堤填料，在季节性冰冻地区更应慎用。粘质土和高液限黏土可用来填筑高度小于 5 m 的路堤，且要水平分层填筑并压实到规定的密实度。

二、基底处理

经过清理后的路堤所在原地面即为路堤基底，是自然地面的一部分。为使路基的强度和整体稳定性得到保障，应根据基底的土质、水文、坡度和植被及路基高度等情况进行适当的处理。

（1）做好原地面临时排水工作。临时排水设施排出的水不得流入农田、耕地，也不得引起水沟淤塞和冲刷路基；原地面易积水的洞穴、坑槽等应用土填平并按规定压实。

（2）当路堤基底的原状土强度不符合要求时，应进行换填处理，挖深不小于 30 cm，并分层找平压实。

（3）对于山坡路堤，当地面横坡不陡于 1∶5，且基底土质密实稳定时，可将路堤直接修筑在天然地面上；当地面横坡陡于 1∶5 时，应将原地面挖成台阶并夯实，台阶宽度不小于 1 m。对于原地面横坡较陡的高速公路和一级公路半填半挖路基，必须在山坡上从填方坡脚向上挖成向内倾斜的台阶，台阶宽度不小于 1 m。

（4）矮路堤基底处理。矮路堤填筑高度小于 1.0 ~ 1.5 m，接近或等于路基工作区，受原地面土质和地表水的影响较大。为提升路基的强度和稳定性，应对矮路堤基底进行认真的处理。处理的措施有挖除种植土、换土、挖松压密、加铺沙砾石垫层等。

三、填筑方式及机械配置

（一）水平填筑

应尽可能采用水平分层填筑方式进行土质路堤填筑，即将路堤划分为若干水平层次，逐层向上填筑。如，原地面不平，则从地势最低处开始填筑。每填一层，经压实达到压实度要求后，再进行下一层填筑，如图所示。当用不同土质填筑路堤时，应符合下列填筑工艺要求。

（1）路堤下部用透水性较小的土填筑时，表面应做成 4% 的双向横坡，以保证来自上面透水性土层的水及时排除。

（2）路堤上部用透水性较差的土填筑时，不应覆盖封闭其下层透水性较大的填料，以保证路堤内的水分蒸发。

（3）不得将透水性不同的土混杂填筑，以免形成水囊或滑动面。

（4）根据强度和稳定性要求，合理安排不同土质的层位，不因潮湿及冻融而改变其体积的优良土质应填筑在路堤上部，强度较低的土填在下部。

（5）沿公路纵向用不同的土质填筑路堤时，为防止在相接处发生不均匀变形，应在交接处做成斜面，并将透水性差的土安排在斜面下方。

（二）竖向填筑

原地面纵向坡度大于 12%、路线跨越深谷或局部地面横坡较陡的地段，地面高差大，无法采用水平分层填筑时，可采取竖向填筑方式。即施工时将填料沿路线纵向在坡度较大的原地面上倾填，形成倾斜的土层，然后碾压密实，如此逐层向前推进。由于这种填筑方式形成的填土过厚而不易压实，必须采取一定的技术措施以保证压实质量，如，采用沉降量较小的砂石或开挖路堑的废弃石方，路堤全宽应一次填筑并选用高效能压路机压实。

（三）混合式填筑

混合方式填筑是路堤下部采用竖向填筑而上部采用水平分层方式填筑，这样可使上部填土获得足够的密实度。

填筑土质路堤时应根据填料运距、填筑高度、工程量等进行施工机械的配置，确定作业方式。施工机械应尽量配套，便于最大限度地发挥各种机械的工效。对于两侧取土，填土高度在 3 m 以内的路堤，可用推土机从两侧推填，配合平地机整平，然后在 1 km 时，可用松土机翻松，用挖土机或装载机配合自卸汽车运输，料运到作业面后用平地机整平，配合洒水车和压路机压实 5 当填料运距在 1 km 范围内时，可用铲运机运土，辅以推土机开道、翻松硬土、平整取土段、清除障碍及推土。

四、填土压实及质量控制

（一）路基压实的意义和影响因素

天然结构的土，经过挖、装、运等工序后变为松散状态，为了使填筑的路堤具有足够的强度和良好的稳定性，必须将路基填土碾压密实。使用压实机械压实土质路基，就是利用压实功能使三相土体中的团块和粗颗粒重新排列，互相靠近挤紧，使小颗粒土填充于大颗粒间的空隙中，排出土中空气，使土的空隙减小，密实度提高，内摩阻力和粘聚力增加，从而使路基的强度和稳定性得以提高。压实是确保路堤获得强度和稳定性的根本措施，是路堤施工的最重要工序之一。除土质路基外，路堑路床及路堤基底均应进行压实，以提高其承载能力。

影响路基压实效果的因素包括内因（如含水量、土的性质）和外因（包括压实功能、压实机械和压实方法等）两部分。研究成果和实践经验表明，土的含水量是影响压实效果的决定性因素。若压实功能一定，在最佳含水量下，容易获得最佳压实效果。压实可使土接近最大干密度，此时土的强度较高，水温稳定性最好；土质不同压实效果也不同，通常情况是在同一压实功能作用下，粗颗粒含量多的土，最大干密度较大，最佳含水量较小，比较容易压实；压实功能包括压实机械质量、碾压遍数等，是影响压实效果的另一重要因素。对同一类土，最佳含水量随压实功能的增加而降低，而最大干密度则随压实功能的增加而增大，只有达到一定的压实功能才能将土碾压密实。但当压实功能增大到一定程度后，最佳含水量的减小和最大干密度的提高并不明显，故单纯依靠增大压实功能来提高压实效果的方法未必经济；压实机械和压实方法的作用主要表现为碾压传布深度和碾压速度对压实效果的影响，用压实质量大的压路机碾压，可获得较好的压实效果。压实机械分为夯击式、振动式和静碾式三种，夯击式压实效果好于振动式，而振动式压实效果好于静碾式。

（二）压实质量要求

路基压实的目的是通过提高土的密实度来提升土的强度和稳定性，在工程实践中，用土的密实度来衡量压实质量。所谓密实度是指单位体积内土的固体颗粒排列的紧密程度，常以土的干密度来表示。在路基施工过程中，为便于检查和控制压实质量，路基的压实标准是以"压实度"来表示的。所谓压实度即某种土经压实后现场测得的干密度与试验室内在规定压实功能下获得的最大干密度之比，以百分数表示。各种土的最大干密度按试验规程通过击实试验来确定，是检测压实度的基准值。路基土应在最佳含水量下进行压实。各种土的最大干密度、最佳含水量及其他指标值的确定应在路基施工前半个月，在取土地点采取有代表性的土样进行试验，每一种土应至少取一组土样。在施工过程中若出现土质变化，应及时取样并补做试验。

合理确定作为压实标准的压实度值，对确保路基的强度和稳定性十分重要，同时这还关系到技术上的可行性和工程经济性。实际施工过程中，压实度一般难以达到 100%。鉴于行车荷载应力传播的特点，对路基不同层位的压实度要求可有所不同。对于路基上部，由于汽车荷载产生的应力较大，故压实度要求最高，而路基下部由于受汽车荷载影响相对较小，压实度要求可适当降低。公路等级和路面等级越高，则路基压实度要求也越高。路堤基底在路堤填筑前应压实，二级以上公路路堤基底压实度不小于 85%。当路堤填土高度小于路床厚度（80 cm）时，基底压实度不应小于路床的压实度标准。

第三节　土质路堑开挖

一、开挖方式的确定

路堑开挖是将路基范围内设计高程之上的天然土体挖除并运到填方地段或其他指定地点的施工活动。开挖路堑将破坏土体原来的平衡状态，开挖时保证挖方边坡的稳定性是一个十分重要的问题。深长路堑往往工程量巨大，开挖作业面狭窄，常常是一段路基施工进度的控制性工程。因此，应因地制宜，以加快施工进度、保证工程质量和施工安全为原则，综合考虑工程量大小、路堑深度与长度、开挖作业面大小、地形与地质情况、土石方调配方案、机械设备等因素，制订切实可行的开挖方式。根据路堑深度和纵向长度，开挖时可按横挖法、纵挖法或混合式开挖法进行。

二、横挖法

横挖法是从路堑的一端或两端在横断面全宽范围内向前开挖，主要适用于短而浅的路堑。路堑深度不大时，一次挖到设计高程的开挖方式称为单层横挖法。若路堑较深，为增加作业面，以便容纳较多的施工机械，形成多层出土以加快工程进度，在不同高度上分成几个台阶同时开挖的方式称为多层横挖法，此时各施工层面具有独立的出土通道和临时排水设施。用人工按多层横挖法开挖路堑时，所开设的施工台阶高度应符合安全施工的要求，通常为 1.5 ~ 2.0 m。若采用机械开挖路堑，每层台阶高度可为 3 ~ 4 m。当运距较近时用推土机进行开挖，运距较远时宜用挖掘机配合自卸汽车进行开挖，或用推土机推土堆积，再用装载机配合自卸汽车运土。开挖时应配备平地机或人工分层修刮、整平边坡。

三、纵挖法

纵挖法是开挖时沿路堑纵向将开挖深度内的土体分成厚度较小的土层依次开挖，分为分层纵挖法和通道纵挖法两种。分层纵挖法适宜于路堑宽度和深度均不大的情况，在路堑纵断面全宽范围内纵向分层挖掘。当开挖地段地面横坡较陡、开挖长度较短（不超过 100 m）且开挖深度不大于 3 m 时，宜采用推土机作业。当挖掘的路堑长度较长（超过1000 m）时，宜采用铲运机或铲运机加推土机助铲作业。

通道纵挖法适宜于路堑较长、较宽、较深而两端地面坡度较小的情况。开挖时先沿纵向分层，每层先挖出一条通道，然后开挖通道两旁，通道作为机械运行和出土的线路。

如果所开挖的路堑很长，可在一侧适当位置将路堑横向挖穿，把路堑分为几段，各段再采用纵向开挖的方式作业，这种挖掘路堑的方法称为分段纵挖法。这种挖掘方式可增加施工作业面，减少作业面之间的干扰并增加出料口，进而大大提高工效，适用于傍山的深长路堑的开挖。

用推土机开挖路堑时，每一铲挖地段的长度应以满足一次铲切达到满载为佳，一般为5 ~ 10 m，铲挖时宜下坡进行，对于普通土，下坡坡度不宜小于 10%，不得大于 15%；傍山卸土的运行道应设向内稍低的横坡，然而同时应留有向外排水的通道。采用铲运机开挖路堑时，铲运机在路基上的作业长度不宜小于 100 m，宽度能使铲斗易于达到满载。采用铲斗容量为 4 ~ 8 m³ 的拖式铲运机或铲运推土机时，运距为 100 ~ 400 m；铲斗容量为9 ~ 12 m³ 时运距宜为 100 ~ 700 m。若采用自行式铲运机，运距可相应加倍。铲运机运土道宽度不应小于 4 m，双向运土道宽度不应小于 8 m；载重上坡坡度不宜大于 8%，空载上坡坡度不宜大于 50%；弯道应尽可能平缓，避免急弯。铲运机回驶时刮平作业面，铲运道重载弯道处应保持平整。地形起伏较大的工地，应充分利用下坡铲土以提高功效。取土时应沿铲运作业面有计划地均匀进行，不得局部过度取土以免造成坑洼积水。铲运机卸土场大小应满足分层铺卸的需要，并留有回转余地。填方卸土应边走边卸，防止成堆，行走路线外侧边缘至填方边缘距离不宜小于 20 cm。

四、混合式开挖法

混合式开挖法是将横挖法与纵挖法混合使用。开挖时先沿路堑纵向开挖通道，然后从通道开始沿横向坡面挖掘，以增加开挖坡面，每一开挖坡面能容纳一个施工作业组或一台机械。在挖方量较大地段，还可沿横向再挖通道以安装运土传送设备或布置运土车辆。这种方法适用于路堑纵向长度和深度都很大的地段。

路堑开挖应自上而下进行，不得超挖滥挖。在不影响边坡稳定性的条件下可采用小型爆破以提升开挖效率。在开挖过程中土质发生变化时，应及时修改施工方案和边坡坡度。对于已开挖的适宜种植草皮和有其他用途的土，应储备利用。路堑路床的表层土若为有机土、难以晾干或其他不宜作路床的土时，应用符合要求的土置换，然后按路堤填筑要求进行压实。

第四节　土方机械化施工

一、土方施工机械及其作业方式

常用的土方施工机械有推土机、铲运机、挖掘机、平地机及各种压实机械，它们有的可单独作业，有的则需要与其他机械配合作业。

（一）推土机

推土机是路基施工最常用的机械之一，具有灵活机动、所需作业面小、转移方便、干湿地均可作业等特点，主要用于纵向短距离运土和横向推土，还可用于平整场地、挖基坑、填埋沟槽及其他辅助作业。推土机适用于填挖高度在 3 m 以下，运距在 10 ~ 100 m 以内的土方挖运、填筑和初步压实。其最大切土深度为 10 ~ 20 cm，推运距离以 30 ~ 75 m 为最佳，运距过长则不经济。可用多台推土机并行作业以提升推土效率。推土机上的附属设备可用于松土、除树根等。

推土机施工时可采用波浪铲土、多刀推土、并列推土或下坡推土等方法进行作业。波浪推土是推土机铲土时将铲刀最大限度地切入土中，直到发动机稍有超负荷现象时，将铲刀提起以使发动机恢复正常工作，再降下铲刀切土，再切土，这样反复多次，直到铲刀前堆满土并将其推至指定地点。多刀推土是在较宽的作业面上，推土机分段将所切土推运到各切土终点，等作业面上积聚一个个土堆后，再由远而近用以土拥土的方法叠送至卸土处。

并列推土是用两台以上同类型推土机同步作业，以降低运土损失。两铲之间间隔不宜过大或过小，通常为 15 cm 左右。

下坡推土法是利用推土机下坡时的重力分力，加速铲土过程和增大运土量以提高施工效率的一种推运方法。

（二）铲运机

铲运机主要用于铲运土方，分拖式和自行式两种。铲运斗容量一般为 6 ~ 10 m³ 当铲运机行进时，可做自挖、自装、自运、自卸等各项工作，并有铺平及初步压实的作用。铲运机一般用于填筑路堤、开挖路堑、填挖和平整场地等，其通行坡度不应大于 15%，经济运距为 400 ~ 600 m。

铲运机作业分一般铲土、波浪式铲土、跨铲铲土及下坡铲土等。一般铲土时铲运机形成的铲土道纵断面。铲运Ⅰ、Ⅱ级土时，铲刀一开始即以最大切土深度（不超过 30 cm）铲土，随着铲运机行驶阻力不断增加而逐渐减小铲土深度，直到铲斗装满为止。波浪式铲土适用于较硬的土质，铲运机开始铲土即以最大切土深度切入土中，随着铲运机负荷逐渐增加，发动机转速下降时，相应地减小切土深度，如此反复若干次，直到铲斗装满为止。下坡铲土是利用铲运机下坡时的重力分力使牵引力增加，进而提高铲土效率。铲土下坡角一般为 7° ~ 8°，最大不超过 15°。

铲运机铲土时应达到运距短、坡道平缓和修筑工作量小的目的，这就必须综合考虑施工效率、地形条件、机械磨损等因素选择合适的运行线路。用铲运机填筑路堤或开挖路堑时，可采用"椭圆"形、"8"字形、"之"字形、"穿梭"形或"螺旋"形等线形运行。椭圆形运行是铲运机最基本的运行方式，椭圆纵、横轴分别根据填挖段长度及挖填重心来决定。这种运行方式可灵活布置于各种地形情况，顺、逆运行方向可随时改变，运行中干扰较小。

（三）平地机

平地机是公路工程施工的专用机械之一，路基施工时主要用于平整场地、修整路基顶面和路拱，还可用于修筑高度为 0.75 m 以下的矮路堤及深度为 0.5 m 以下的浅路堑及平整边坡、开挖边沟或排水沟等。平地机的刀片铲切深度视土类和施工要求可在 0.08 ~ 0.25 m 范围内确定。

平地机的主要工作装置是刮刀，它可以调整成四种作业动作，即刮刀平面回转、刮刀左右端升降、刮刀左右引申和刮刀机外倾斜，分别做刮刀刀角铲土侧移以开挖边沟、刮刀刮土侧移以填筑路基及回填沟渠、刮刀刮土以平整路基顶面、刮刀机外倾斜以清刷路基边坡等作业。

（四）挖掘机

挖掘机主要用于挖土和装土，必须配备运土机械与之共同作业，适用于工程量大而集中的土石方挖掘。路基工程常用全圆回转履带式挖掘机，土斗分反铲和正铲两种。反斗铲挖掘机的工作面可低于其停留面以下 3 ~ 6 m，常用于挖基坑、沟槽等。正斗铲的挖掘机主要用来挖掘高出挖掘机停留面的土堆。反铲挖掘机可进行沟端开挖和沟侧开挖作业。沟端开挖时挖掘机从沟的一端开始，沿沟中线倒退开挖。运输车辆停在沟侧，此时动臂只回转 40° ~ 45° 即可卸料。若所挖沟渠较宽，可分段挖掘。反铲挖掘机沟侧开挖时，挖掘机停在沟侧，运输车辆停在沟端，动臂回转小于 90° 即可卸料。

正铲挖掘机可采用侧向开挖或正向开挖的方式作业。侧向开挖，车辆的运行路线位于挖掘机开挖路线的侧面，可左线行驶。正向开挖，运输车辆停在挖掘机后方，主要用于挖掘进口处。

二、施工机械选择

可用于路基施工的机械种类、规格繁多，应选用先进、可靠、能确保施工质量和安全的机械设备。在路基施工时应根据工程量大小和施工进度要求来确定施工机械种类和数量，使各种施工机械能优化组合，以充分发挥各种机械的效能，避免机械能力不足或剩余，以免延误工期或机械利用率低。

机械化施工是公路施工现代化的重要标志之一，主要优点是施工效率高、进度快、施工质量容易得到保证。然而机械化施工不能仅局限于用机械施工替代人的劳动或人工无法完成的施工作业，而是要不断提高机械化施工水平，即不断提高机械化程度和施工管理水平，根据工程实际情况合理选用各种机械，并用先进、科学的管理方法将各种机械有机地组织起来，优化施工组织设计，以便充分发挥各施工机械的生产效能。

第五节　路基排水与防护设施施工

水是使路基产生病害的主要原因之一。一方面，土中含水量的增加将降低路基土的强度和稳定性；另一方面，水对路基的浸泡、冲刷等作用将直接影响路基的正常使用。因此，应修筑必要的排水设施拦截或排除危害路基的地表水和地下水。

一、地表排水设施施工

路基地表排水设施包括边沟、截水沟、排水沟、急流槽、拦水带、蒸发池等。施工排水设施应做到位置、断面、尺寸、坡度准确，所用材料符合设计文件及规范要求。

（一）边沟

边沟布置在挖方路段的边坡坡脚和填土高度小于边沟深度的填方边坡坡脚，用以汇集和排除降落在坡面和路面上的地表水。边沟断面通常为梯形，边沟内侧坡度按土质类型取在较浅的岩石挖方路段，可采用矩形边沟，其内侧沟壁用浆砌片石砌成直立状。矩形和梯形边沟的底宽和深度不应小于 0.4 m。挖方路段边沟的外侧沟壁坡度与路堑下部边坡坡度相同。边沟的纵坡与路线纵坡保持一致，纵坡为最小值时应缩短边沟出水口间距。一般地区边沟长度不超过 500 m，多雨地区不超过 300 m，三角形边沟不超过 200 m。

施工边沟时，其平面位置、断面尺寸、坡度、高程及所用材料应符合设计文件和施工技术规范要求。修筑的边沟应线形美观，直线顺直，曲线圆滑，无突然转弯等现象，纵坡顺适，沟底平整，排水畅通，无冲刷和阻水现象，表面平整美观。土质边沟纵坡大于 3% 时应采用浆砌片石、裁砌片石、水泥混凝土预制块等进行加固。采用浆砌片石铺砌时，片石应坚固稳定，砂浆配合比符合设计要求，砌筑时片石间应咬扣紧密，砌缝砂浆饱满、密实，勾缝应平顺，无脱落且缝宽一致，沟身无漏水现象。采用干砌片石铺筑时，应选用有平整面的片石，砌筑时片石间应咬扣紧密、错缝，砌缝用小石子嵌紧，禁止贴砌、叠砌和浮塞。采用抹面加固土质边沟时，抹面应平整压光。

（二）截水沟

当路堑边坡上侧流向路基的地表径流流量较大，或者路堤上侧倾向路基的地面坡度大于 1：2 时，应在路堑或路堤上方设置截水沟，以拦截流向路基的地面径流。在坡面汇流长度大的山坡上，应酌情设置两道以上大致平行的截水沟。边坡稳定性差或有可能形成滑坡的路段，应考虑在滑坡周界外设置截水沟，以减轻水对坡面的渗透和冲刷等不利影响。截水沟应设置在路堑边坡顶 5 m 以上或路堤坡脚 2 m 以外，并结合地形和地质条件顺等高线合理布置，促使拦截的坡面水顺畅地流向自然沟谷或排水渠道。截水沟长度以 200 ~ 500 m 为宜。一般采用梯形断面，沟壁坡度为断面尺寸可按设计流量计算确定，但底宽和沟深不宜小于 0.5 m。

截水沟的施工要求与边沟基本相同。在地质不良、土质松软、透水性较大、裂缝多及沟底纵坡较大的地段，为避免水流下渗和冲刷，应对截水沟及其出水口进行严密的防渗处理和加固。

（三）排水沟

由边沟出水口、路面拦水堤或开口式缘石泄水口通过路堤边坡上的急流槽排放到坡脚的水流，应汇集到路堤坡脚外 1 ~ 2 m 处的排水沟内，再排到桥涵或自然水道中。深挖路堑或高填路堤设边坡平台时，若坡面径流量大，可设置平台排水沟，以减小坡面冲刷。排水沟的断面形式和尺寸以及施工要求等与截水沟基本相同。

（四）急流槽与跌水

在路堤、路堑坡面或从坡面平台上向下竖向排水，或者在截水沟和排水沟纵坡较大时，应设急流槽。构筑急流槽后使水流与涵洞进出口之间形成一个过渡段，可减轻水流的冲刷。急流槽可由浆砌片石或水泥混凝土铺筑成矩形或梯形断面。浆砌片石急流槽的底厚为 0.2 ~ 0.4 m，施工时做成粗糙面，壁厚 0.3 ~ 0.4 m，底宽至少 0.25 m，槽顶与两侧斜坡齐平，槽底每隔 5 m 设一凸棒，嵌入坡面土体内 0.3 ~ 0.5 m，以避免槽身顺坡面下滑。

在陡坡或深沟地段的排水沟，为避免其出口下游的桥涵、自然水道或农田受到冲刷，可设置跌水。跌水可带消力池，也可不带，根据坡度和坡长不同可设成单级或多级跌水。不带消力池的跌水，台阶高度为 0.3 ~ 0.4 m，高度与长度之比应与原地面坡度吻合。带消力池的跌水，单级跌水墙的高度为 1 m 左右，消力槛的高度宜为 0.5 m，消力池台面设 2% ~ 3% 的外倾纵坡，消力槛顶宽不宜小于 0.4 m，槛底设泄水孔。跌水的槽身结构与急流槽相同。急流槽与跌水都属圬工砌体结构，石砌圬工与边沟的砌筑要求一致。同时水泥混凝土急流槽的施工与混凝土结构的施工要求一致。

二、地下排水设施施工

路基地下排水设施有明沟、暗沟、渗沟、检查井等，应根据工程地质和水文地质条件选择、确定其类型、位置及几何尺寸，施工时严格按设计文件和施工技术规范进行。

（一）明沟与暗沟

明沟用于拦截和引排路堑边坡或边沟外侧土体内的上层滞水或浅层地下水。当含水层厚度不大时宜采用浆砌片石明沟。沟底埋入不透水层，纵坡不应小于 0.3%。明沟断面宜采用梯形，最小底宽 0.5 m。沟深超过 1.2 m 时宜采用槽形明沟，最小底宽 0.8 m。明沟深度不宜超过 2 m。沟壁与含水层之间应设渗水孔和反滤层。渗水孔间距上下为 0.3 m，左右为 0.5 ~ 1.0 m，孔径根据地下水流量和含水层土质通过计算确定，沟壁最下一排渗水孔的底部高出沟底应不小于 0.2 m。反滤层可用沙砾石、渗水土工织物或无砂混凝土等材料做成，沿明沟纵向每隔 10 ~ 15 m 应设一道伸缩缝，伸缩缝内应用沥青麻絮或有弹性的不透水材料填塞。

当路基基底遇有裂隙水或层间水时，无论水流量大小均应设置暗沟将水引至路基坡脚以外或排入路堑边沟。暗沟可采用矩形断面，沟宽和沟深按出水口大小确定，沟壁应采用浆砌片石或混凝土砌筑，沟顶设置盖板，盖板上的填土厚度不应小于 0.5 m。暗沟的纵坡不宜小于 1%，出水口应防止冲刷填土边坡，引入边沟时，沟底高程应高出边沟常水位 0.2 m 以上。

明沟和暗沟应能确保通畅地排除影响路基的地下水，它们的构造、位置、高程、断面形式和尺寸必须满足其功能要求。两种地下排水设施均为圬工砌体结构，施工方法和质量要求与浆砌片石边沟和混凝土结构的施工一致。

（二）渗沟

渗沟用于降低地下水位或拦截地下水，设置在地面以下。渗沟分为填石渗沟、管式渗沟和洞式渗沟三种。

渗沟的各部位尺寸应根据埋设位置和排水需要确定，宜采用槽形断面，最小底宽 0.6 m，沟深大于 3 m 时最小底宽 1.0 m。渗沟内部用坚硬的碎、卵石或片石等透水性材料填充。沟顶和沟底应设封闭层，用干砌片石层封闭顶部，并用砂浆勾缝；底部用浆砌片石作封闭层，出水口采用浆砌片石端墙式结构。渗沟应尽量布置成与渗流方向垂直。

渗沟沟壁应设置反滤层和防渗层。沟底挖至不透水层形成完整渗沟时，迎水面一侧设反滤层，背水面一侧设为防渗层。沟底设在含水层内时则形成不完整渗沟，两侧沟壁均设置反滤层，反滤层可用沙砾石、渗水土工织物或无砂混凝土板等。防渗层采用夯实黏土、浆砌片石或土工薄膜等防渗材料。管式渗沟的排水管采用带渗水孔的混凝土圆管，管径不宜小于 200 mm，管壁交错设渗水孔，间距不大于 20 cm，孔径可为 1.5 ~ 2.0 cm。洞式渗沟采用浆砌片石作沟洞，孔径大小根据设计流量定，洞顶用混凝土板搭盖，盖板间留缝隙，缝宽 2 cm。深而长的渗沟应设检查井以便检查维修。三种结构形式渗沟的位置、断面形式和尺寸应符合设计规定，材料质量要求等均应严格按设计和上述构造要求精心施工。渗沟采用矩形断面时，施工应从下游向上游开挖，并随挖随支撑，以防坍塌。填筑反滤层时，各层间用隔板隔开，同时填筑，至一定高度后向上抽出隔板，继续分层填筑至要求高度为止。渗沟顶部用单层干砌片石覆盖，表面用水泥砂浆勾缝，再在上面用厚度不小于 0.50 m 的土夯填到与地面齐平。

三、路面排水设施施工

高速公路和一级公路路幅较宽，路面汇积的水较大时将冲蚀路基边坡，同时会影响行车安全，因此，应设置路面排水设施排出路面水。路面排水设施通常由路肩排水和中央分隔带排水设施组成。

（一）路肩排水设施

路肩排水设施主要由拦水带、急流槽和路肩排水沟组成。路肩排水设施的纵坡应与路面纵坡一致。当路面纵坡小于 0.3% 时，可采用横向分散排水方式将路面水排出路基，同时对路基边坡采取相应防护措施，当路堤边坡较高，采用横向分散排水不经济时，应采用集中排水方式，在硬路肩边缘设置拦水带，然后通过急流槽将水排出路基。拦水带可用水泥混凝土预制块或沥青混凝土筑成，高出路肩 12 cm，顶宽 8 ~ 10 cm。急流槽的设置应适应拦水带拦水量的大小，间距以 20 ~ 50 m 为宜。当路肩汇水量较大时，可在土路肩上设置路肩排水沟，沟底纵坡同路肩纵坡且不小于 0.3%，可用 "V" 形水泥混凝土预制构件砌筑。其他等级的公路路面较宽时，也可设置拦水带以避免路堤边坡受路面水冲刷。

（二）中央分隔带排水设施

中央分隔带排水设施由纵向排水沟（明沟、暗沟）、渗沟、雨水井、集水井、横向排水管等组成。排水沟（管）的断面尺寸及分段长度通过流量计算确定，通常孔径为 20 ~ 40 cm，纵坡与路面纵坡相同，但不宜小于 0.3%。排水沟横断面可采用碟形、三角形、V 形或矩形，一般用水泥混凝土预制件或浆砌片石砌筑。纵向排水沟（管）与横向排水管之间用集水井连接，横向排水管孔径一般为 20 ~ 60 cm 的水泥混凝土管或塑料排水管，管底纵坡不应小于 1%，出口处的路基应加固。雨水井设置在有超高路段的中央分隔带内，井间距离应根据流量计算确定，一般为 10 ~ 30 m，用浆砌片石或水泥混凝土预制块砌筑。相邻雨水井间用直径为 20 ~ 40 cm 的水泥混凝土管纵向连接，管底纵坡不应小于 0.3%。雨水井汇集的雨水可直接排入桥涵或通过横向排水管排出。多雨地区的中央分隔带表面不作封闭时，可设地下排水渗沟。渗沟两侧可用沥青砂、沥青土、土工布或黏土封闭，渗沟顶与路床顶面齐平，渗沟内宜用直径为 5 ~ 8 cm 的硬塑料管将水引至路基边坡以外。

四、路基防护工程施工

为防止雨水、风力、水流、波浪等自然因素对路基边坡的危害，同时为了改善公路路容，保护生态环境，应根据当地实际条件，因地制宜地采用经济合理、适用耐久的路基边坡防护措施。根据防护的主要不利因素，路基防护分为坡面防护和冲刷防护。根据防护方法的不同，对土质路基边坡的防护主要采用植物防护和工程矿料类防护。

（一）坡面防护

1. 植物防护

植物防护是在边坡上种植草皮、灌木等植物，覆盖裸露的表土以防止雨水冲刷，调节土的湿度以避免产生裂缝。这样就能防止容易被冲蚀的土质边坡在雨水和风力作用下产生的冲沟、坍塌等变形和破坏。植物防护具有施工简单、费用低廉、效果较好等优点，在适宜于植物生长的土质边坡上应优先选用植物防护措施。

（1）种草

在边坡上种草适用于草类能够生长的土质边坡，边坡坡度宜缓于 1 : 1.25，种草时将草籽均匀撒布在已清理好的土质边坡上，长出的草将覆盖于坡面。通常宜选用易成活、生长快、根系发达、叶茎低矮或有匍匐茎的多年生草种。高且陡的土质路堑边坡，可通过试验用草籽与含有肥料的有机泥浆混合，均匀喷射在需防护的边坡上。

（2）铺草皮

铺草皮适宜于坡度不陡于的土质边坡，尤其适宜于需要迅速绿化的路段。草皮应选择根系发达、茎矮叶茂的耐旱草种，不宜采用喜水草种，严禁采用生长在泥沼地的草皮。施工时采用带状或块状草皮，规格大小视施工条件而定，草皮厚度宜为 10 cm 左右。铺设时由坡脚向上铺钉，用尖木（竹）桩固定在土质边坡上。铺设形式可为平铺、叠铺或方格状铺等。

（3）植树

植树适用于各种土质边坡和风化极严重的岩石边坡，坡度不陡于 1 : 1.5。树种应选用根系发达、枝叶茂盛，能迅速生长分蘖的低矮灌木。高速公路和一级公路边坡严禁种乔木。

植物防护施工和养护应根据当地气候、土质、含水量等因素，选用易于成活的植物。坡面植树应注意栽植季节，坡面植物种植后，应适时洒水施肥。

2. 框格防护

框格防护是采用混凝土、浆砌片（块）石、卵（砾）石等做成框格状骨架，框格内种植物或采用其他辅助措施以保护路基边坡。对于土质边坡和风化岩石边坡，可采用预制混凝土砌块或栽砌卵石、干砌片石等做骨架。骨架宽 20 ~ 30 cm，嵌入边坡深度为 10 ~ 20 cm。根据边坡坡度、土质情况来确定框格大小，方形框格尺寸宜为（1 m×1 m）~（3 m×3 m）；也可做成拱形骨架，圆拱直径宜为 2 ~ 3 m；边坡坡顶与坡脚应采用与骨架相同的材料加固，加固条带的宽度宜为 40 ~ 50 cm。

其他土质边坡的工程类防护措施如捶面、护面墙、石砌护坡等设施的施工与石质路基边坡相同。

（二）路基冲刷防护

沿河路基由于受到地形限制，大多依山傍水，可能受到经常性或周期性水流的冲刷时，为保证路基的安全和稳定性，应根据实际情况采取必要的防护措施，以消除和减轻水流对路基的冲刷危害。路基冲刷防护一般分为岸坡防护（直接防护）、导流构造物防护（间接防护）两种形式。

1. **直接防护**

山区狭窄的河谷地段不宜设置导流构造物，也难以改移河道，应优先考虑采用岸坡防护措施。岸坡防护是直接加固河岸路基边坡或基底，防护设施直接承受水流的冲刷，因此，各种防护设施的施工必须进行彻底、认真的基础处理，确保施工质量，以免遭受水流冲刷而破坏、淘空，应能经受最不利水流的考验，确保路基稳定。常用的岸坡防护设施有：草皮防护、抛石防护、干砌片石防护、石笼防护、浆砌片石防护及挡土墙等。

草皮防护可用于水流速度不大于 1.2 m/s 的河岸防护；抛石防护用于经常浸水且水较

深的路基及洪水季节的防洪抢险；干砌片石护坡用于周期性浸水的路基边坡或河岸；石笼防护用于受水流冲刷的沟底和堤岸边坡；浆砌片石适用于经常浸水且受水主流冲刷或受较强波浪作用的路基边坡，也可用于有水流及封冻的河岸边坡的防护。

路基边坡主要的直接防护形式是干（浆）砌片石或水泥混凝土板。在施工过程中，开挖基坑应核对地质情况，务必挖到设计高程。基础完成后应及时用稳定性较好的材料回填，并做好原始记录。边坡坡面应密实、平整，铺砌时应自下而上进行，砌块应交错嵌紧，严禁浮塞，砂浆在砌体内必须饱满、密实。所用石料的强度应符合要求，砂浆、混凝土应符合设计配合比。坡岸砌体两端和顶部与岸坡应牢固衔接、平稳密贴，避免水进入坡岸背面。每隔 10 ~ 15 m 设一伸缩缝，基底土质变化处应设置沉降缝。采用片石砌筑时，不得大面平铺，石块应彼此交错搭接、无松动；采用卵石铺砌时，必须长方向垂直于坡面，成横行栽砌牢固；采用就地浇筑混凝土时，宜在混凝土中加入速凝剂，提高早期强度，并在表面收浆时抹铺，做到平整、光滑。

（二）间接防护

间接防护是利用顺坝、丁坝、拦水坝、格坝等导流构造物来改变水流方向，调节水流速度，进而消除和减弱水流对路基边坡的直接作用。施工这些导流结构物时，应认真研究，制订合理的施工方案，避免因这些结构物的施工而引起沿岸农田、建筑物等遭受水流冲刷。

改移河道工程因造价较高，仅用于小规模的工程，如，局部裁弯取直、挖滩改道、清除孤石等，一般在较短、较窄的河流中进行。

第六节　路基整修、检查验收与维修

一、路基整修

路基工程基本完成后，由施工单位会同监理单位按设计文件和施工规范要求检查道路中线、高程、宽度、边坡坡度和排水设施等，根据检查结果制定整修计划并进行整修。

（一）土质路基的整修

土质路基表面的整修可用机械配合人工切土和补土，并配合压路机碾压。深路堑边坡应按设计自上而下进行削坡整修，不得在边坡上贴补。填土经压实后不得有松散、软弹、翻浆及表面不平现象，到设计高程后，宜用平地机刮平，路堤两侧超过设计高度部分应切除。

（二）边坡加固与整修

边坡需防护加固地段，应预留加固位置和厚度，使完工后的边坡与设计一致。当路堑边坡被雨水冲刷成沟槽时，应自下而上，分层挖台阶填筑并夯实。若填补厚度很小，又非加固边坡地段时，可用种植土填补并种草。当填方边坡出现冲沟或坍塌缺口时，应自下而上分层挖台阶加宽填补并压实，再按设计坡度修坡。

（三）排水系统的整修

边沟整修时应挂线进行。对各种排水设施的纵坡应进行仔细检查，断面尺寸应符合设计要求，沟底应平整、排水畅通。

二、检查验收及质量标准

（一）中间检查

施工过程中当每一分项、分部工程完成后，应按设计文件及施工技术规范等进行中间检查。如，路基原地面处理完毕，应检查基底处理情况；边坡加固前，应对加固方法、加固形式、填挖方边坡加固的适用性、边坡坡度是否适当等进行检查；若发现已完工路基受水侵蚀损坏、取土及弃土超过设计、意外的填土下陷、填挖方边坡坍塌需增加土方及边坡加固工程数量时应进行中间检查。此外，在路基渗沟回填土前、路基换土工作完成后、各类防护加固工程基坑开挖后必须进行中间检查验收，检查不合格不得进行下一工序的施工。

（二）竣（交）工验收

对路基进行竣工验收时，应对以下项目进行检查、验收：路基的平面位置、路基宽度、高程、横坡和平整度；边坡坡度及加固设施；边沟等排水设施的尺寸及沟底纵坡；防护工程的修建位置和各部尺寸，填土压实度及表面弯沉；取土坑、弃土堆、护坡道、截水沟、渗水井等的位置和形式，隐蔽工程施工记录等。

（三）质量标准

1. 土方路基

土方路基施工应符合下列质量要求：路基必须分层填筑压实，表面平整坚实，无软弹和翻浆现象，路拱合适，排水良好，土的压实度、强度和路床的整体强度符合设计要求。挖方地段上边坡应平整稳定。

2. 路肩

路肩施工务必做到表面平整密实、无积水、边缘顺直、曲线圆滑。

3.地表排水设施

边沟、截水沟或排水沟应线条顺直、曲线圆滑、沟底平整、排水畅通。浆砌片石加固砌体的砂浆应密实饱满，配合比符合设计要求。边沟勾缝平顺，缝宽均匀，无脱落现象。同时，沟渠断面应均匀平整，无凹凸不平现象，沟底无积水。

三、路基的维修

路基工程完工后，在路面施工前及公路工程初验后直至竣（交）工验收终验前，路基如有损坏，施工单位应进行维修，并确保路基排水设施完好，及时清除排水设施中的淤积物、杂草等。对较长时间停工和暂时不做路面的路基，则应保持排水畅通，复工前应对路基各分项工程予以整修。

路面施工前应整修路基，致使表面无坑槽，保持规定的路拱横坡。若路堤经雨水冲刷或发生沉降时，应立即修补、加固或采取其他处理措施，并查明原因，做好记录。遇路堑边坡坍方时，应及时清除。未经加固的高路堤和路堑边坡以及潮湿地区的土质路基边坡上的积雪应及时清除，以免危害路基。当路基构造物有变形时，应详细查明原因，及时修复，使之保持稳定。路基工程完工后，每当大雨、连日暴雨或积雪融化期间，应控制施工机械和车辆在土质路基上通行；若不能避免时，应及时排干积水，整平压实。

第三章　石质路基施工

第一节　填石路堤施工

填石路堤是指用挖方路段的石方弃渣或其他来源的石料填筑的路堤，它的填料性质、填筑方法、压实标准及边坡的防护等与土质路堤有很大差异。

一、填料的选择

用于填石路堤的石料强度不应小于 15 mPa，用于护坡的石料强度不应小于 20 mPa，填料最大粒径不宜超过分层压实厚度的 2/3。石料性质差异较大时，不同性质的石料应分层或分段填筑。若所利用的路堑挖方或隧道弃渣岩石为不同岩种互层时，允许使用挖出的混合石料填筑，然而石料强度、粒径应符合要求。暴露在大气中风化速度较快的石块不应作填石路堤的填料，必须用这种强风化石料或软质岩石填筑路堤时，应先检验其 CBR 值是否符合土质路堤的填土质量要求，CBR 值符合要求的按土质路堤相关技术要求进行填筑，不符合要求的不得使用。高速公路和一级公路填石路堤路床顶面以下 50 cm 范围内用符合路床要求的土填筑，土的最大粒径不得超过 10 cm，分层压实。其他公路填石路堤路床顶面以下 30 cm 范围内用符合路床要求的土填筑，填料粒径不大于 15 cm。

二、填筑工艺

填石路堤的基底处理与土质路堤相同。高速公路和一级公路、铺设高级路面的其他公路的填石路堤应分层填筑、分层压实。在陡峻的山坡路段，当施工难度较大或大量爆破移挖作填时，二级及二级以下公路、铺设中低级路面的公路路堤下部可采用倾填方式填筑，然而路床底面以下不小于 100 cm 范围内应改为水平分层填筑、分层压实。为保证路堤边坡的稳定性，倾填前应先用粒径不小于 30 cm 的硬质石料码砌路堤边坡。路堤高度在 6 m 以下的，码砌宽度不应小于 100 cm；路堤边坡高度超过 6 m 时，码砌宽度不应小于 200 cm。

高速公路和一级公路填石路堤填料的分层松铺厚度不大于 50 cm，其他公路不大于 100 cm，分层填筑时，应先安排好石料运输路线，根据既定施工组织方案先低后高、先两侧后中央卸料，并用大型推土机水平分层，摊铺平整，个别不平处用人工以细石块、石屑找平。当填料级配较差、粒径较大、填层较厚、石块间空隙较大时，为确保填石路堤的强度和稳定性，在水源丰富的条件下可采用水沉积法填筑路基，即将石渣、石屑、中粗砂等扫入石块间空隙中，用压力水将这些细料冲入填料层下部，如此反复数次，促使石料空隙填满。用人工铺筑粒径大于 25 cm 的石料时，应先铺大块石料，块石大面向下，小面向上，摆平放稳，再用小石块找平，石屑塞缝，最后压实。人工铺筑粒径小于 25 cm 的石料时，可直接分层铺填、分层压实。

三、压实及质量控制

填石路堤应使用工作质量 12 t 以上的振动压路机压实。当缺乏振动压路机时，可采用重型静载光轮压路机碾压并减薄分层厚度、减小石料粒径。适宜的压实厚度应通过试压确定，然而最大厚度不超过 50 cm。若采用重型振动压路机压实，压实厚度可加至 100 cm。压路机碾压时应先压路堤两侧，后压中间部分；压实路线沿纵向保持平行，反复碾压，碾压轮迹重叠 40 ~ 50 cm；前后相邻施工段的衔接处应重叠碾压 100 ~ 150 cm。用夯锤夯实时应呈弧状布点，达到规定密实度后向后移动一个夯锤位置。

填石路堤压实到要求的密实度所需碾压（夯实）遍数应通过试压确定。石料的紧密程度用 12 t 以上振动压路机进行压实检验，若压实层顶面稳定，不再下沉，表面无轮迹，可判定为已碾压密实。用重型夯锤夯实时，以重锤下落时不下沉而发生弹跳现象为达到密实度要求。高速公路及一级公路填石路堤路床顶面以下 50 cm（其他公路为 30 cm）范围内的压实度要求与土质路堤相同。

第二节 石质路堑开挖

由于岩石坚硬，石质路堑的开挖通常比较困难，这对路基的施工进度影响很大，尤其是工程量大而集中的山区石方路堑更是如此。因此，采用何种开挖方法以加快工程进度，是石质路堑开挖需要解决的重要问题。通常，应根据岩石的类别、风化程度、节理发育程度、施工条件及工程量大小等选择爆破法、松土法或破碎法进行开挖。

一、爆破法开挖

爆破法是利用炸药爆炸的能量将土石炸碎以利挖运或借助爆炸能量将土石移到预定位置。用这种方法开挖石质路堑具有工效高、速度快、劳动力消耗少、施工成本低等优点。对于岩质坚硬，不可能用人工或机械开挖的石质路堑，通常要采用爆破法开挖。爆破后用机械清方，是非常有效的路堑开挖方法。

根据炸药用量的多少，爆破法分为中小型爆破和大爆破，其中使用频率最高的是中小型爆破，大爆破的应用则受多种因素的限制。例如，开挖山岭地带的石方路堑时，若岩层不太破碎，路堑较深且路线通过突出的山嘴时，采用大爆破开挖可有效提高施工效率。然而如果路堑位于页岩、片岩、砂岩、砾岩等非整体性岩体时，则不应采用大爆破开挖。尤其是路堑位于岩石倾斜朝向路线且有夹砂层、黏土层的软弱地段及易坍塌的堆积层时，禁止采用大爆破开挖，以免对路基稳定性造成危害。

爆破对山体破坏较大，对周围环境也有较大影响，因此，必须按有关施工规范和安全规程进行作业，严格按设计文件实施。通常应作试爆分析，用试爆分析结果作为指导施工的依据。

二、松土法开挖

松土法开挖是充分利用岩体的各种裂缝和结构面，先用推土机牵引松土器将岩体翻松，再用推土机或装载机与自卸汽车配合将翻松的岩块运输到指定地点。松土法开挖避免了爆破作业的危险性，而且有利于挖方边坡的稳定和附近建筑设施的安全，凡能用松土法开挖的石方路堑，应尽量不采用爆破法施工。随着大功率施工机械的使用，松土法愈来愈多地应用于石质路堑的开挖，而且开挖的效率也愈来愈高，能够用松土法施工的范围也不断扩大。

松土法开挖的效率与岩体破裂面情况及风化程度有关。岩体被破碎岩石分隔成较大块体时，松开效率较高。当岩体已裂成小石块或呈粒状时，松土只能劈成沟槽，效率较低。砂岩、石灰岩、页岩等沉积岩有沉积层面，是比较容易松开的岩石，沉积层愈薄愈容易松开。片麻石、石英岩等变质岩，松开的难易程度要视其破裂面发育程度而定。花岗岩、玄武岩、安山岩等岩浆岩不呈层状或带状，松开比较困难。

多齿松土器适用于松动较破碎的薄层岩体，单齿松土器则适用于松动较坚硬的厚层岩体。松土器型号及松土间隔应根据岩石的强度、裂隙情况、推土机功率等选择，最好通过现场松土器劈松试验来确定。遇到较坚硬的岩石，松土器难以贯入，引起推土机后部翘起或履带打滑时，可用另一台推土机在松土器后面顶推。坚硬完整的岩石难于翻松，可进行适当的浅孔松动爆破，再进行松土作业。

三、破碎法开挖

破碎法开挖是利用破碎机凿碎岩块，然后进行装、运等作业。这种方法是将凿子安装在推土机或挖土机上，利用活塞的冲击作用使凿子产生冲击力以凿碎岩石，其破碎岩石的能力取决于活塞功率的大小。破碎法主要用于岩体裂缝较多、岩块体积小、抗压强度低于

100 MPa 的岩石，因为开挖效率不高，只能用于前述两种方法不能使用的局部场合，作为爆破法和松土法的辅助作业方式。

以上三种开挖方法各有特点，应视施工条件合理选用。

第三节　坡面防护工程施工

路基石质较差时，会在雨水、风力、气温变化、冰冻等自然因素的作用下出现风化、剥落、掉块等病害，严重时则会出现较大的溜方、变形、坍塌等破坏，因此，应采取一定的技术措施保护路基边坡。通常应根据当地气候、水文、地形、地质条件及筑路材料分布情况等因地制宜地选择切实可行的防护措施。石质路基的防护设施主要有抹（捶）面、喷浆、喷射混凝土、护面墙、干（浆）砌片石护坡、浆砌水泥混凝土预制块等。防护工程施工前，应将坡面上的杂质、浮土、松动石块及表面风化层清除干净。当坡面有潜水出露时，应作引水或截水处理。

一、抹面与捶面

抹面是用人工将水泥砂浆或多合土等材料抹覆在坡面上以封闭边坡，进而对坡面起保护作用。抹面适用于尚未严重风化的软质岩石边坡，边坡坡度可不受限制，但坡面应干燥。抹面的使用年限为 8 ~ 10 年，厚度为 3 ~ 7 cm，施工时应分两次进行，底层抹全厚的 2/3，面层抹全厚的 1/3。

捶面是将多合土等材料经捶击、拍打后紧贴于坡面上，形成一紧密的保护层以保护路基边坡。捶面适用于易风化剥落的岩石边坡及土质边坡，边坡坡度不陡于 1 ：0.5。捶面的使用年限为 10 ~ 15 年，厚度为 10 ~ 15 cm，一般采用等厚式截面，当边坡较高时可采用上薄下厚的截面形式。施工时应均匀捶打使多合土与坡面贴紧、粘牢，做到厚度均匀，表面光滑。

抹（捶）面的面积大时，应设伸缩缝，缝距不超过 10 m，缝宽 1 ~ 2 cm；与未防护边坡接触的四周应严密封闭，坡脚设置一道 1 ~ 2 m 高的浆砌片石护墙。抹（捶）面在施工前应将坡面清理干净，表面要平整、密实、湿润。用于抹（捶）面的砂浆或多合土应经过试抹或试捶后确定配合比，保证能稳固地紧贴于坡面。

二、喷浆及喷射混凝土

喷浆及喷射混凝土是用喷射设备将水泥砂浆或混凝土喷射在需防护的边坡上形成砂浆或混凝土保护层，防止边坡风化。这两种方法适用于易风化、裂隙和节理发育、坡面不平的岩石边坡。对于高且陡、上部岩层较破碎而下部岩层较完整的边坡及需要大面积防护的边坡，用这种方法防护比较经济。

喷浆防护所用的砂浆强度不应低于 M10，厚度为 5 ~ 10 cm。喷射混凝土强度不应低于 C15，混凝土中集料最大粒径不超过 15 mm，厚度为 10 ~ 15 cm，分 2 ~ 3 次喷射，喷层厚度应均匀。喷浆及喷射混凝土护坡与未防护边坡的衔接处应严格封闭，以免水分渗入而导致防护层破坏，坡脚做一道 1 ~ 2 m 高的浆砌片石护坡。

喷浆及喷射混凝土施工前，岩体表面应冲洗干净，边坡上如有较大裂缝及凹坑时应嵌补牢固。在准备喷射混凝土的边坡上放置菱形金属网或高强聚合物土工格栅，用锚杆或锚钉将其固定在边坡上，可提高混凝土防护层的整体强度，增强喷射混凝土与边坡之间的连接，改善防护效果。将锚杆嵌入岩体时，应先将孔内冲洗干净，再插入锚杆，然后灌注水泥砂浆。菱形金属网或土工格栅与锚杆的联接应牢固可靠，不得外露，并与坡面保持规定的间距。严禁在大雨中或冰冻季节进行喷射作业。喷射后养护 7 ~ 10d。

三、灌浆及勾缝

坚硬的岩石边坡开挖后，应用水泥砂浆或混凝土对存在的裂隙作灌浆或勾缝处理，以免水分渗入岩石裂隙造成病害，改善边坡外观。灌浆适用于较坚硬而裂缝较大较深的岩石路堑边坡；勾缝则适用于较硬、不易风化、节理发育、裂缝多而细的岩石路堑边坡。

对岩体坡面进行灌缝或勾缝时，应先将缝内冲洗干净。灌浆用水泥砂浆的配合比为 1：4 或 1：5，裂缝很宽时可用体积比为 1：3：6 或 1：4：6 的混凝土灌注并振捣密实，灌至缝口并抹平。勾缝时用 1：2 或 1：3 的水泥砂浆或 1：0.5：3 或 1：2：9 的水泥石灰砂浆。施工后坡面应平整、密实、线形顺适。

四、护面墙

护面墙能防治比较严重的坡面变形，适宜于易受侵蚀的土质边坡和易风化的软质岩石挖方边坡。护面墙可用片石、块石、混凝土预制构件以砂浆砌筑，也可采用现浇混凝土。砌筑砂浆强度不应低于 M5，寒冷地区不应低于 M7.5；混凝土强度不应低于 C15。护面墙基础应设置在稳定的地基上，埋深应根据地质条件确定，在冰冻地区应设置在冰冻线以下不小于 0.25 m，墙趾应低于边沟铺砌的底面。护面墙可分为实体式、窗孔式及拱式等类型，应根据边坡地质条件合理选用。实体式护面墙适宜防护坡度不陡于 1：0.5 的边坡；窗孔式护面墙防护的边坡不应陡于 1：0.75，窗孔内可采用干砌片石、草皮等辅助防护。窗孔宜采用半圆拱型，圆拱半径 1.0 ~ 1.5 m，高 2.5 ~ 3.5 m，宽 2 ~ 3 m。单级护面墙高度不宜超过 10 m，顶宽通常为 40 ~ 60 cm，底宽为顶宽加 0.1 ~ 0.2 倍。护面墙每隔 10 ~ 15 m 应设一道 2 cm 宽的伸缩缝，并每隔 2 ~ 3 m 交错布设泄水孔，孔径 0.1 m。

五、浆砌片石护坡

浆砌片石护坡常用于石料丰富、劳动力价格较低的地区。所用砂浆的强度等级不应低于 M5,砌体厚度宜为 25 ~ 50 cm,每隔 10 ~ 15 m 设置一道 2 cm 宽的伸缩缝,间隔 2 ~ 3 m 设置 10 cm × 10 cm 的矩形泄水孔或孔径 10 cm 的圆形泄水孔,泄水孔后设置反滤层。需防护的边坡坡体应稳定、干燥,必要时设置粒料类垫层,避免因边坡过分潮湿、严重冻害而使护坡变形。

第四节　路基石方爆破

一、爆破原理

利用炸药爆炸的能量,将岩体破碎或将岩块抛移到预定位置的施工方法即为爆破法,是开挖石质路堑最有效的方法之一。爆破所使用的炸药称为药包,放置在岩体内部或外部,根据药包的形状和集结程度的不同,分为集中药包、延长药包和分集药包三种。药包爆破岩石的原理,可假定药包在无限介质(岩体)内爆炸,炸药在瞬间转化成气体状爆炸产物,体积增加数千倍乃至上万倍,形成高温高压,产生的冲击波以每秒数千米的速度自药包中心按球面等量扩展,传递到周围介质,在介质内产生各种不同程度的破坏和振动作用,这种作用随距药包中心距离的增大而逐渐消失。根据介质被破坏程度的不同,药包爆炸影响的范围可分为四个区。

压缩半径:在此作用圈范围内,介质直接承受药包爆炸产生的巨大作用力。若介质为坚硬的脆性岩石则将会被爆炸能量粉碎,若介质为可塑性土则将会被压缩而形成空腔。

抛掷区:该区的介质原有结构将受到强烈冲击而破裂成碎块,且爆炸力尚有足够能量使这些碎块获得运动速度。若药包在有限介质内,这些碎块的一部分会向临空面(即自然地面)方向抛掷出去。

松动区:在松动区内的介质会受到一定程度的破坏,然而不会产生较大的位移。

振动区:振动区内的介质不会受到破坏而只会产生振动现象。在振动区以外,爆破作用的能量将逐渐消失。

药包在有限介质内爆炸后,在临空面的表面会出现一个爆破坑,一部分被炸碎的土石将被抛出坑外,一部分仍回落到坑底,爆破坑形状好像漏斗一样,故称爆破漏斗。爆破漏斗的形状和大小,既与药包量大小、炸药性能、介质类别有关,同时又与临空面的数量和所处边界条件有关。

二、常用爆破方法

爆破方法一般分为中小型爆破和大爆破。中小型爆破包括裸露药包法、炮孔法（钢钎炮、深孔炮）、药壶法（葫芦炮）、猫洞炮等。大爆破为洞室炮，炸药用量在 1000 kg 以上。应根据工程量的大小和集中程度、地形、地质及路基横断面形式等因素确定经济适用、安全可靠的爆破方法。

（一）中小型爆破

1. 药包法

这种方法是将药包放置在被炸岩石表面或经过清理的石缝中，药包表面用草皮、泥土或橡胶条网覆盖后进行爆破。由于炸药利用率低，这种方法仅限用于爆破孤石或大块岩石的二次爆破。

2. 炮孔法（钢钎炮）

炮孔法的炮孔直径小于 7 cm，深度小于 5 cm。由于炮孔浅，用药量少，每次爆破的石方量不大，在路基石方工程量大而集中时，很少采用这种方法。然而这种爆破方法操作简单、机动性好、耗药量少，在工程分散、石方量少及地形艰险地段时仍是比较适宜的炮型。在大规模爆破工程施工中是一种改造地形、为其他爆破方法创造临空面的辅助爆破方法。

3. 深孔爆破

深孔爆破的炮孔孔径大于 7.5 cm，深度超过 5 m，使用延长药包爆破，炮孔施工需要用大型凿岩机或钻孔机。这种爆破方法装药量大，一次爆破量大，施工进度快，爆破效率较高，对路基边坡稳定性的影响比大爆破小，爆破效果容易控制，比较安全。然而这种方法需要使用大型机械，施工准备和转移工地比较困难。因此，多用于石方工程量大而集中的工地。深孔爆破后仍有 10% ~ 25% 的大石块需进行二次爆破以方便清方。进行深孔爆破时，要先将地面修成阶梯状，坡面倾角 α 最好为 60° ~ 75°，高度宜为 5 ~ 15 m；炮孔垂直孔向下，也可为倾斜，孔径以 100 ~ 150 mm 为宜；炮孔超钻深度 h 大致是梯段高度 H 的 10% ~ 15%，岩石坚硬者 h 取大值。

4. 药壶法（葫芦炮）

药壶法俗称葫芦炮，钻孔时经一次或多次烘堂后扩大成葫芦形，爆破时先将少量炸药装入炮孔底部，这样炸药将基本集中于炮孔底部的药壶内，使爆破效果得到极大提高。药壶法炮孔深度常为 5 ~ 7 m，装药量 10 ~ 60 kg，适于开挖均匀致密的黏土（硬土）、次坚石、坚石。但对于炮孔深度小于 2.5 m、节理发育的软石、地下水较发育或在雨季施工时不宜采用。

药壶炮每次可炸岩石数十方到百余方，是中小型爆破中最省炸药的方法。一般布置在有较大较多临空面、地面横坡较陡的地段，但不宜靠近设计边坡布设，药室至设计边坡线的水平距离不宜小于最小抵抗线。炮孔烘堂后应将药室内的碎渣淘尽。

5. 猫洞法

猫洞法是将集中药包放入直径为 20 ~ 50 cm、深度为 2 ~ 6 m 的水平或略微倾斜的炮洞底部进行爆破。这种方法的特点是充分利用岩体的崩坍作用，能用较浅的炮洞爆破较高的岩体，适用于硬土、胶结良好的古河床、冰渍层、软石和节理发育的次坚石等，同时，还可以利用坚石的裂隙形成炮洞或药室进行爆破。猫洞法爆破的炮洞深度应与台阶高度和自然地面横坡相配合，遇高阶梯时应布置多层药包。炮洞可根据岩土类别，分别采用浅眼烘堂、深孔烘堂和内部扩眼等方法形成。

6. 微差爆破

微差爆破是指相邻两个药包或前后排药包以数十毫秒的时间间隔（一般为 15 ~ 75 ms）依次爆破。微差爆破的特点是在装药量相等的条件下，可减震 1/3 ~ 2/3 左右；前发药包为后发药包开创临空面，进而加强了对岩石的破碎作用，同时可降低岩石堆集高度以利清方。由于是依次爆破，减少了岩石夹制力，可节省 20% 的炸药，并可增大孔距，提高每米钻孔的爆破方量。微差爆破时。

7. 光面爆破和预裂爆破

光面爆破是在开挖界面周边，适当排列一定间隔的炮孔，在有侧向临空面的情况下，用控制抵抗线和落量的方法使爆破后的坡面顺直、平整。预裂爆破是在开挖界限处按适当间距排列炮孔，在没有侧向临空面和最小抵抗线的情况下，用控制用药量的方法，预先炸出一条裂隙，使拟爆破岩体与山体分离，作为隔震减震带，从而消除和减弱开挖界面以外山体或建筑物受爆破震动的破坏作用。进行光面与预裂爆破后，在边坡壁上通常会均匀留下半个炮孔的痕迹。进行光面爆破或预裂爆破时，应严格保持炮孔在同一平面内，炮孔间距 a 和最小抵抗线 W 之比应小于 0.8。采用恰当的药包结构，并控制装药量，通常使炮孔直径大于药卷直径 1 ~ 2 倍，或采用间隔药包、间隔钻孔装药。预裂爆破的起爆时间应在主炮起爆之前，光面爆破则在主炮起爆之后，间隔时间在 25 ~ 50 ms 范围内。同一排炮孔必须同时爆破，避免影响起炮质量，最好用传爆线起爆。

（二）大爆破

大爆破为洞室爆破，具有威力大，效率高，节约劳力等优点。但若使用不当，则会破坏山体自然平衡，产生意外坍方，还可能在路基建成后遗留后患，长时间影响路基的正常使用。在地质不良地段，如，滑坡体、断层破碎带、周围有重要建筑物及人烟稠密的城镇附近等条件下不宜采用大爆破。为了达到使路基设计断面内的岩体大量抛掷（抛坍）出、减少爆破后的清方工作量、保证路基稳定性等目的，应根据施工地段的地形和地质条件，采用合适的爆破形式并进行爆破设计。采用大爆破施工，应按规定程序向公安部门报告，经审核批准后方可实施。大爆破分为以下几种。

1. 抛掷爆破（扬弃爆破）

（1）平坦地形的抛掷爆破

此方法适用于平坦地形或自然地面坡度小于 15° 的地段，如平地拉槽路堑。石质为软石时，为使石方大量扬弃到路基两侧，通常要采用加强抛掷爆破，抛掷率在 80% 左右。但这种爆破方法耗药量很大，爆破很容易造成路堑边坡稳定性不能满足要求，因此，在路基工程中很少采用。

（2）斜坡地形的抛掷爆破

这种方法适用于自然地面坡度为 15° ~ 50°、岩体较松软的路段。可用于具有较大临空面的傍山深路堑及半填半挖路基，爆破时石块向较低方向抛掷，设计抛掷率通常为 60% 左右。这种爆破方法耗药量较大，对路堑边坡稳定性影响较大，应慎重选用。

2. 抛坍爆破

这种爆破方法适用于地面横坡大于 30°、地形地质条件较单一、临空面大的半填半挖路基。爆破时充分利用了岩体本身的自重滑坍作用，使爆破效果得以提升，对路堑边坡影响较小，是一种有效的爆破方法。

3. 定向爆破

定向爆破是利用炸药爆炸能量将大量土石方按预定方向搬运到指定位置并形成路堤的一种爆破方法。这种方法集挖、装、运、填等各工序同时完成，施工效率极高。在路基施工时适用于借方作填或移挖作填的地段，特别适用于深挖高填相间、工程量大的鸡爪形地段的路基。但定向爆破对地形条件要求很严，工程实践中并不多见。

4. 松动爆破

大型松动爆破主要用于不宜采用抛掷爆破的次坚石、软石路基或配合机械清方的路段。在坚石中，宜采用深孔松动爆破。

5. 多面临空地形爆破

路线通过波浪起伏的峡谷或鸡爪地形地段、横切山包或山嘴时，常有两个以上的临空面，对实施爆破很有利。由于山包或山嘴的石质较周围岩体坚固完整，爆破后可获得较陡而稳定的边坡。

大爆破是一种工效较高的路堑开挖方法，然而同时也具有较大的破坏性，在下列工程地质条件下不宜进行大爆破：①岩堆、滑坡体、坡顶上部堆积的覆盖层较厚且倾向路基等不良地质地段；②断层破碎带、侵入体与围岩的接触带，以及具有引起坍方的地质软弱地段；③当软弱面通过路基上方或下方时，爆破后不易形成路基的地段；④层理面、滑动面以及其他构造软弱面倾向路基且层面胶结不良的地段；⑤山脊较薄、山后有良好临空面，爆破会使整个山头破坏、造成坍方的地段。

此外，对周围环境应予以考虑，如有良田、果树、重要建筑物等，在无法确保其安全时，不宜采用大爆破。

（三）选用各种爆破方法的原则

上述爆破方法各有特点，应因地制宜、利用地形地质等客观条件，充分发挥各种爆破方法的优势，尽可能地综合使用各种爆破方法，达到爆破方量大、炸药用量少、路基边坡稳定的最佳效果。选用爆破法应按以下原则进行：

1. 全面规划，重点设计

对拟爆破的路基石方，应根据工程量大小和集中程度、微地形变化、横断面形式以及地质条件所允许的爆破规模等，结合各种爆破方法的特点进行全面规划，合理确定各地段应采用的爆破方法和实施方案。对石方较集中的地段应进行重点设计。

2. 做好爆破顺序设计

前期进行的爆破应为后续的爆破创造条件，增加临空面，提升爆破效益。

3. 综合利用小群炮，进行分段或分批爆破

通常有以下几种情况：

（1）斜坡地形的半填半挖路基，可采用沿路线纵向布置的一字排炮进行开挖。对于自然地面坡度较缓的地形，可先用炮孔炮切脚，改造地形后再用一字排炮。

（2）路线横切山坡时，可用炮孔炮三面切脚，改造地形后，再在中间用药壶炮进行爆破。

（3）对于路基较宽、阶梯较高的地形，可采用上下互相配合的小炮群。

（4）对拉槽路堑，从两头开挖时，可采用竖眼揭盖、水平炮扫底的梅花状方式布置炮孔。

（5）爆破后采用机械清方的挖方作业，如遇坚石，采用眼深 2 m 以上的炮孔炮组成 20 ~ 40 个的多排多层群炮或深孔炮进行爆破，可使岩石破碎程度满足清方要求。此外，采用微差爆破和间隔爆破也容易满足机械清方的要求。若遇软石或节理发育的次坚石，可采用松动爆破。

三、炸药、起爆器材及起爆方法

用于爆破作业的各种炸药应性质稳定，质量可靠；起爆器材应便于安全操作，引爆效果好；起爆方法应根据需要合理选用。

（一）炸药

1. 炸药的性质

炸药是一种化学性质不稳定的物质，其化学成分大都含有碳、氢、氧、氮等元素，在外力冲击、摩擦、挤压下易发生爆炸，爆速可高达每秒几千米，爆温高达

1500 ～ 4500℃，压力超过 101.325×105 kPa，因此，炸药爆炸具有非常大的破坏力。炸药的性质用以下指标描述：

（1）炸药的威力

通常用爆力和猛度来衡量。爆力是指炸药破坏一定量介质的能力。猛度是指炸药爆炸时，将一定量岩石粉碎成细块的能力。

（2）炸药的敏感度

指炸药在外能作用下发生爆炸的难易程度，包括：爆燃点、撞击敏感度、摩擦敏感度和起爆敏感度。炸药的敏感度受其密度、湿度、粒度和杂质含量等的影响。

（3）炸药的安全性。指炸药在长期储存时，保持原有物理、化学性质不变的性能。影响物理安全性的因素主要是吸湿、结块、挥发、耐冻、耐水性质，影响化学安全性的因素则是自身的化学性质。

2. 炸药的种类

按用途的不同，炸药分为起爆炸药和主要炸药两类。

起爆炸药用于制造雷管，是一种起爆速度较高的炸药。起爆炸药又可分为正起爆炸药和负起爆炸药，正起爆炸药具有很高的热能和机械冲击敏感性，它起爆负起爆炸药；负起爆炸药增强了雷管的起爆能量。

主要炸药是用来爆破介质的炸药，其敏感度较低，要在起爆炸药爆炸的强力冲击下才能爆炸。路基施工常用的主要炸药有黑火药、TNT、胶质炸药、硝铵炸药、铵油炸药及浆状炸药等。各种炸药的性质有较大差异，其适用性亦不同，使用时应根据工程实际合理选用。

（二）起爆器材

道路施工时常用的起爆器材是雷管，按引爆方式不同可分为火雷管和电雷管两种。

火雷管亦称普通雷管，用导火索引爆，根据其装药量的多少编号，常用的 6 号雷管相当于 1 g 雷汞的装药量。

电雷管由电流引爆，按其起爆时间可分为即发型和迟发型。即发型电雷管同时点火同时起爆；迟发型电雷管同时点火，但不同时起爆，按其推迟起爆时间长短可分为 2 s、4 s、6 s、8 s、10 s、12 s 数种。采用电雷管起爆时，电源电流不小于 1 A，也不应大于 5 A。

（三）起爆方法

1. 导火索起爆

这种方法是先将导火索点燃，引爆火雷管，进而起爆主炸药。所用导火索应燃烧完全，燃速稳定，根据使用要求选用不同燃速的导火索。导火索与雷管应联结紧密，符合要求。导火索在使用前必须作外观检查，不得有表面破损、折断、曲折、沾有油脂及涂料不均匀等情况，并应做燃速试验。

2. 电起爆

这种方法是通过电起爆网路使电雷管在接通电流时点火器点火，引爆电雷管。产生电流的电源可用干电池组、蓄电池或专用小型手摇发电机、起爆器等。

3. 传爆线起爆

由传爆线组成的传爆网路与药包按串联、并联或并簇联的方式联结，然后起爆传爆线以实现药包起爆。传爆线又称导爆线，其爆速很高，但着火困难，使用时必须在药室外的一段传爆线上捆扎一个8号雷管来引爆，因此，是一种十分安全的起爆方法。由于传爆线爆速快，在大爆破的药室中，可提高爆破效果。

4. 塑料导爆管非电起爆

由内涂引爆炸药的塑料导爆管组成的起爆网路与药包联结，通过雷管、导火索、引火头等能产生冲击作用的引爆器材激发导爆管，进而起爆药包。导爆管本身很安全，可作为非危险品贮运。

四、爆破作业

（一）施爆区管理

需要进行爆破作业的路段，应先进行空中线缆的平面位置及高度、地下管线的平面位置及埋置深度的详细调查。同时，还要调查开挖边界线以外的建筑物结构类型、完好程度、距开挖界面距离等，作为进行爆破方法选择和爆破设计的依据。任何方式的爆破，都要保证空中线缆、地下管线和施爆区边界内建筑物的安全。

（二）炮孔位置选择与钻孔

炮孔位置选择应注意以下几点：

（1）炮孔设计应充分考虑岩石的产状、类别、节理发育程度、溶蚀情况等，炮孔药室应避开溶洞和大的裂隙。

（2）避免在两种硬度相差较大的岩石交界面上设置炮孔、药室。

（3）非群炮的单炮或数次施爆，炮孔宜选在抵抗线最小、临空面较多且与各临空面距离大致相等的位置，同时为下次布设炮孔创造更多的临空面。

（4）应根据地形、岩石类别、炮型等确定群炮孔间距，炮孔位置应准确。群炮宜分排或分段采用微差爆破。

（5）炮孔方向宜与岩石临空面大致平行，通常按岩石外形、节理、裂隙等情况，分别选择正炮孔、斜炮孔、平炮孔或吊炮孔。

钻孔作业分人工钻孔和机械钻孔两种。人工钻孔操作简单，工具简便，但效率低，适宜于工程量较小，工期要求不严的石质路堑开挖；当工程量大，工期紧时，应采用风钻和潜孔钻等机具钻孔。炮孔钻成后，应将其中的石粉、石渣或泥浆清除干净并将孔口塞好。

（三）爆破器材的检查与试爆

为保证施工安全，爆破器材在使用前应进行安全检查，不符合施工要求的变质器材不得使用；炸药的名称、规格应与实际相符，有怀疑时应做性能试验；各种炸药的含水量应符合以下要求：黑火药不大于1%，硝铵炸药不大于3%，铵油炸药不大于5%；雷管应符合规定的性能要求，外形完整，加强帽无脱落变形，无药粉漏出；火雷管的发火处不得有铜锈，必要时做试爆鉴定；导火索和传爆线应做燃速试验，其燃速应稳定一致，否则，不能在群炮中使用。

（四）装药、堵塞与引爆

1. 装药

往炮孔内装填炸药是一项细致而危险的工作，因此必须由经过专业培训的人员操作。装药时无关人员应撤离危险区，装药现场严禁火源、电源。装药与堵塞炮孔应连续而快速地进行，避免炸药受潮而降低威力。不得在雨雪、大风、雷电、浓雾天气及黑夜装药；不得使用铁器装填散装的黑火药，可用木片或竹片将药装入孔中，再将导火索插入，用木棍轻轻捣实。可使用散装黄色炸药装填炮孔，也可将包装成条状药包的黄色炸药直接装入，待炸药装入一半时，将插好导火索的雷管放入，再散装另一半炸药，最后用木棍轻轻捣实。

2. 堵塞炮孔

炮孔可用细砂土、黏土等堵塞，最好用最佳含水量时的黏土、粗砂混合料堵塞。炸药装好后，先用干砂灌入并捣实，然后用堵塞料塞满炮孔、捣实，捣实时应保护导火索或电爆线。炮孔堵塞完毕后立即布置安全警戒，组织施爆区和飞石、强震影响区内的人、畜疏散，布置安全警戒岗，封闭所有与施爆区相通的路径，做好起爆准备。

3. 引爆

引爆前应向安全警戒范围发出引爆信号，以确保施工安全。

引爆火雷管时，应指定专人按规定顺序点火。点火时用草绳或香火引燃导火索，禁止用明火引爆。电雷管用接通电源的方法引爆。点火引爆后，应仔细记录爆炸的炮数，当爆炸的炮数与装药引爆的炮数相同时，可解除安全警戒，若炮数不相等，应在最后一炮响过30 min后，方可解除警戒。

（五）清除瞎炮

点火后未爆炸的炮称为瞎炮，也叫拒爆药包，务必尽快清除。清除瞎炮不但费工费时，影响施工进度，而且清除工作有一定的难度和危险性，因此，在施工过程中应尽量避免产生瞎炮。产生瞎炮的原因有雷管、导火索受潮失效；导火索与雷管接头脱开，堵塞炮孔时导火索被扯断，炮孔潮湿有水；点炮时漏点等。

清除瞎炮时，先找出其位置，在其附近重新打眼，布置新的药包，通过引爆新炮使瞎炮一起爆炸。若瞎炮为小炮且为一般炸药时，可用水冲洗处理。

待瞎炮清除后方可解除警戒，随后进行清方工作。清方时人工和机械必须根据操作规程进行，以免被炸松的岩石坍塌，发生事故。

五、施工安全

爆破施工安全包括：施爆区内参与爆破施工的人员安全和施爆区内的物资安全，以及警戒范围内的其他人员和物资的安全。为了避免发生事故，组织爆破施工时应遵守规则，并特别注意以下几点：

（1）应根据实际地形、地质及路基横断面等条件采取合理的爆破方案，正确进行爆破设计并上报有关部门审批。

（2）所有的爆破作业均应由操作熟练、受过专业培训并取得爆破资格的人员进行。

（3）严格各种爆破器材的储运和管理，各工序必须严格按操作规程作业。

（4）严格执行施爆区的安全警戒和安全检查，及时疏散危险区的人员、牲畜、设备及车辆等，对不能撤离的建筑物应采取保护、加固措施。

（5）起爆后应由专业人员进行安全检查，确认无拒爆、瞎炮后方可解除警戒。

（6）实施大爆破施工作业时，应由专门设立的机构全面负责组织、指挥、协调和安全等方面的工作。

六、石质路堑边坡清刷及路床检验要求

（1）石质挖方边坡应顺直，大面平整。边坡上不得有松石、危石。凸出或凹进设计边坡线的部分不得大于 20 cm。对于软质岩石，凸出或凹进尺寸不得大于 10 cm，否则应进行修整。

（2）挖方边坡应从开挖面往下分级清刷，每下挖 2～3 m 即对新开挖的边坡进行刷坡。软质岩石可用人工或机械刷坡，次坚石、坚石则可用炮孔法或裸露药包法清刷边坡并清除影响施工安全的危石、松石等。

（3）如因过量超挖而影响上方岩体稳定时，应用浆砌片石等补砌超挖的坑槽。

（4）石质路堑路床的高程应符合设计要求，开挖后的路床高程与设计高程之差应符合验收标准。过高时应凿平，相反，过低时应用开挖的石屑或碎石灰土填平并压实。

（5）石质路床的边坡表面宜用密集小型排炮施工。炮孔底面高程宜低于设计高程10～15 cm，装药时宜在孔底留 5～10 cm 空孔，装药量按松动爆破设计，以确保坡面平顺。

（6）石质路床出现裂隙水时，应采取措施把水降低、拦截或排除到路基之外。

第四章　基础施工

第一节　路面基层施工

一、半刚性基层材料

在路面结构中，将直接位于路面面层之下的主要承重层称为基层，铺筑在基层下的次要承重层称为底基层，但通常常将二者统称为基层。基层承受由面层传递而来的行车荷载应力作用，抵御环境因素的影响，是构成路面整体强度的主要组成部分，因此，要求路面基层既应具有足够的强度，又应具有良好的水温稳定性和耐久性。根据材料组成及使用性能的不同，可将基层分为有结合料稳定类（包括有机结合料类和无机结合料类）和无结合料的粒料类。

（一）半刚性基层分类

半刚性基层是用无机结合料与集料或土组成的混合料铺筑的、具有一定厚度的路面结构层。这类基层称为半刚性基层，具有整体性好、强度高、刚度大、水稳定性好、经济效益佳等特点，是二级以上公路的主要基层类型。按结合料种类和强度形成机理的不同，半刚性基层分为水泥稳定类、石灰稳定类及工业废渣稳定类三种。

1. 水泥稳定类基层

水泥稳定类基层是在粉碎的或原来松散的集料或土中掺入适量的水泥和水，经拌和后得到的混合料通过压实及养生，当其抗压强度达到要求时所得到的结构层。可用水泥稳定的材料包括级配碎石、沙砾、未筛分碎石、沙砾土、碎石土、石屑、土等，经加工后性能稳定的钢渣、矿渣等也可用水泥来稳定。水泥稳定类基层具有较高的强度及刚度，适用于各种交通类别的公路路面基层和底基层，然而水泥稳定细粒土（水泥土）的细料含量多、强度低、容易开裂，不应用做薄沥青混凝土面层的基层，只能用作底基层。在高速公路和一级公路的水泥混凝土路面板下也不应用水泥稳定细粒土做基层。

2. 石灰稳定类基层

石灰稳定类基层是在粉碎的或原来松散的集料或土中掺入适量的石灰和水，经拌和、压实及养生，当其抗压强度符合规定时得到的路面结构层。可用石灰稳定的材料包括细粒土、天然沙砾土、天然碎石土、级配沙砾、级配碎石和矿渣等。同时用石灰和水泥稳定某种集料或土时，称为石灰水泥综合稳定类基层。石灰稳定类适用于各级公路路面底基层，也可用做二级公路的基层。与水泥稳定细粒土一样，石灰稳定细粒土（石灰土）不能用作薄沥青混凝土面层的基层，因此在冰冻地区的潮湿路段及其他地区的过湿路段也不宜采用石灰土做基层或底基层。

3. 工业废渣稳定类基层

用一定数量的石灰与粉煤灰、水泥与粉煤灰或石灰与煤渣等混合料与其他集料或土配合，加入适量的水，经拌和、压实及养生后得到的混合料，当其抗压强度符合规定时即得到工业废渣稳定类基层。石灰粉煤灰稳定类包括石灰粉煤灰土、石灰粉煤灰沙砾、石灰粉煤灰碎石、石灰粉煤灰矿渣等。水泥粉煤灰稳定类包括：水泥粉煤灰稳定沙砾、碎石及砂等。石灰煤渣类包括石灰煤渣、石灰煤渣碎石等。用工业废渣做路面基层，可大量利用各种工业废渣，减少占地，变废为宝，具有良好的经济效益和社会效益。工业废渣稳定类混合料适用于各级公路的基层，但石灰粉煤灰稳定细粒土（二灰土）与水泥稳定细粒土一样不应用作薄沥青混凝土面层的基层，而只能用作底基层。故而在高速公路和一级公路的水泥混凝土路面板下，也不应采用石灰粉煤灰稳定细粒土做基层。

（二）材料质量要求

路面基层施工的目的，就是要确保路面在交付使用后不致因基层施工质量不符合要求而提早破坏。科学研究和工程实践证明：要铺筑满足质量要求的路面基层，必须使用质量符合要求的原材料，采用性能优良的施工机械和合理的施工工艺，在施工过程中实行科学的施工组织管理。使用质量符合要求的原材料及合理、正确的混合料组成设计是铺筑高质量路面基层的重要物质保证。因此，施工前应对组成半刚性基层的所有原材料进行质量检验，通过试验选择符合要求的原材料，然后进行配合比设计，在证明混合料强度和稳定性均符合要求后才能用于铺筑基层。

1. 原材料试验项目

进行混合料配合比设计前，抽取有代表性的原材料样品进行试验，以试验结果作为判定是否选用该种材料的主要技术依据。主要的试验项目有：含水量测定，确定土及沙砾、碎石等集料的原始含水量；颗粒筛析，用筛分法分析沙砾、碎石等集料的颗粒组成情况，检验所用材料的级配是否符合要求，为集料配合比设计提供依据；液限和塑限试验，计算土的塑性指数并判定该种土是否适用；相对密度、吸水率试验，测定沙砾、碎石等粒料的相对密度与吸水率，评定其质量，计算固体体积率；压碎值试验，评定碎石、沙砾的抗压碎能力是否符合要求；有机质和硫酸盐含量试验，对土有怀疑时做该项试验，判断土是否适宜用石灰和水泥稳定；石灰有效氧化钙和氧化镁含量测定，确定石灰有效成分含量，评定石灰的质量，以便确定结合料剂量；水泥标号和终凝时间测定，确定水泥质量是否满足设计强度和施工时间要求；烧失量测定，确定粉煤灰、煤渣等是否适用；粉煤灰化学成分及细度，评定粉煤灰的质量。

2. 原材料质量要求

1）集料和土

（1）液限和塑性指数

结合料为水泥时，土的均匀系数（集料通过率为 60% 的筛孔与通过率为 10% 的筛孔尺寸的比值）应大于 5，细粒土的液限不应超过 40%，塑性指数不应超过 17。对于中粒土和粗粒土，如，土中小于 0.6 m 的颗粒含量小于 30%，塑性指数可稍大。在实际工程中通常选用均匀系数大于 10、塑性指数小于 12 的土。塑性指数大于 17 的土宜用石灰稳定或水泥与石灰综合稳定；结合料为石灰工业废渣时，宜采用塑性指数为 12 ~ 20 的粘性土（压黏土），有机质含量超过 10% 的土不宜选用。二灰稳定的中粒土和粗粒土不宜含有塑性指数的土；结合粒为石灰时，应采用塑性指数为 15 ~ 20 的粘性土及含有一定数量粘性土的中粒土和粗粒土（对于无塑性指数的级配砂粒、级配碎石和未筛分碎石，应添加 15% 左右的黏土）。塑性指数偏大的粘性土应加强粉碎，粉碎后土块的最大粒径不应大于 15 mm。

（2）压碎值

用于半刚性基层的碎石、砾石应具有足够的抗压碎能力。高速公路和一级公路的半刚性基层集料压碎值不应大于 30%，用于其他公路的集料压碎值不应大于 35%（底基层可放宽到 40%）。

（3）硫酸盐及腐殖质

用水泥做结合料时，土中硫酸盐含量不应超过 0.25%，有机质含量不应超过 2%；超过上述规定时，不应单纯用水泥稳定，可先用石灰与土混合均匀，闷料一昼夜后再用水泥稳定。用工业废渣稳定土时，土中硫酸盐含量不应超过 0.8%，有机质含量不应超过 10%。

2）无机结合料

常用的无机结合料为水泥、石灰、粉煤灰及煤渣等。

（1）水泥

硅酸盐水泥、普通硅酸盐水泥、矿渣硅酸盐水泥和火山灰质硅酸盐水泥，均可用于稳定集料和土。为了有充裕的时间组织施工，不应使用快硬水泥、早强水泥或受潮变质的水泥，应选用终凝时间较长（6 h 以上）的水泥。

（2）石灰

石灰质量应符合三级以上消石灰或生石灰的质量要求。准备使用的石灰应尽量缩短存放时间，以免有效成分损失过多，若存放时间过长，则应采取措施妥善保管。

（3）粉煤灰

粉煤灰的主要成分是 SiO_2、Al_2O_3 和 FeQ_3，三者总含量应超过 70%，烧失量不应超过 20%；若烧失量过大，则混合料强度将明显降低，甚至难以成型。粉煤灰比表面积宜大于 2500 cm²/g，粒径变化范围为 0.001 ～ 0.3 mm。干湿粉煤灰均可使用，但湿粉煤灰含水量不宜超过 35%；干粉煤灰露天堆放时应洒水湿润，避免随风飞扬造成污染。使用时结团的灰块应打碎或过筛，并清除有害杂质。

（4）煤渣

煤渣是煤燃烧后的残留物，主要成分是 SiO_2 和 Al_2O_3，松干密度为 700 ～ 1000 kg/m³，最大粒径不应大于 30 mm，颗粒组成以有一定级配为佳。

3）水

一般人、畜饮用水均可使用。

（三）混合料组成设计

1. 设计目的

半刚性基层的混合料必须具有足够的强度、良好的水温稳定性和耐久性，为便于施工，还应具有适宜的施工和易性。为达到这一目的，应在经济适用的原则下进行混合料配合比设计，即，以设计文件和施工技术规范规定的混合料强度为设计标准，通过试验选择最适宜稳定的集料或土，确定结合料剂量和混合料最佳含水量。设计得到的参数和试验结果是检查和控制施工质量的重要依据。

2. 混合料试验

混合料的物理力学指标必须经过相关试验来测定，以试验结果作为评定混合料质量的主要依据。试验项目为：

1）重型击实试验

该试验用击实仪进行，目的是确定混合料的最佳含水量和最大干密度。试验结果一方面用于控制强度试验和耐久性试验的混合料含水量和干密度；另一方面作为检验混合料压实度是否达到要求的标准。

2）承载比试验

承载比试验用路面材料强度测试仪进行，目的是测试工地预期干密度下混合料的承载比（CBR 值），以试验结果评定混合料的承载能力是否满足路面基层或底基层的要求。

3）抗压强度试验

抗压强度是评定混合料质量的重要技术标准，用路面材料强度测试仪测试。进行半刚性基层混合料组成设计时，通过测试混合料的无侧限抗压强度，选定最适宜用结合料稳定的集料或土，确定结合料剂量，为工地提供施工质量评定标准。

除上述试验外，路面结构设计时还需要测试半刚性基层材料的劈裂强度等。

3.混合料组成设计的步骤

半刚性基层混合料的配合比设计过程为：首先通过前述有关试验，检验拟采用的结合料、集料和土的各项技术指标，初步确定适宜的原材料。其次是确定混合料中各种原材料所占比例，制成混合料后通过击实试验测定最大干密度和最佳含水量，并在此基础上进行承载比试验和抗压强度试验。混合料组成设计的具体步骤为：

1）制备混合料

试验前先制备一种集料或土、不同结合料剂量的混合料。所谓结合料剂量是结合料质量占全部集料或土干质量的百分比。剂量过低时，混合料将难以形成半刚性材料，其强度将难以抵抗行车荷载产生的应力；剂量过高时，混合料会由于刚度过大而容易出现开裂现象，同时也不经济。当采用水泥和石灰综合稳定集料或土时，若水泥用量占结合料总质量的30%以上，根据水泥稳定土设计，否则按石灰稳定土设计。通常，施工实际采用的水泥剂量和石灰剂量应比设计剂量高0.5%～1.0%。

2）击实试验

通过击实试验确定各种混合料的最佳含水量和最大干密度。试验时每一种土样至少做3个不同结合料剂量的混合料进行试验，即结合料最小剂量、中间剂量和最大剂量。其他剂量混合料的最佳含水量和最大干密度用内插法求得。

3）强度试验

首先制备抗压试验试件，混合料取最佳含水量，干密度由工地预定达到的压实度与最大干密度确定。

二、半刚性基层施工

半刚性基层的混合料可在拌和厂（场）集中拌和，也可沿路拌和，故，施工方法有厂拌法和路拌法之分。高速公路和一级公路的半刚性基层对强度、平整度等技术性能有很高的要求，应采用施工质量好、进度快的厂拌法施工；其他公路的半刚性基层可用路拌法施工。

（一）铺筑试验路

高速公路和一级公路或使用新技术、新材料及新工艺的半刚性基层，在大面积施工前，应先铺筑一定长度的试验路。通过试验路的铺筑，施工单位可进行施工工艺的优化，找出施工过程中存在的主要问题，取得实现成功施工的经验，为大面积基层的铺筑确定合适的施工方法，同时还可检验拌和、运输、碾压、养生等施工设备的可靠性。根据试验路铺筑的具体情况，制定合理可行的施工组织计划，检验铺筑的半刚性基层质量是否符合设计和规范要求，并提出质量控制措施。此外，设计和建设单位也可对试验路的实际使用效果进行分析，对所设计的路面结构形式、混合料组成设计、基层的路用性能等一系列指标进行再次论证，进而优选出经济、适用的路面结构方案，并确定最终采用的基层类型及混合料配合比。

（二）厂拌法施工

厂拌法施工是在中心拌和厂（场）用强制式拌和机、双转轴浆叶式拌和机等拌和设备将原材料拌和成混合料，然后运至施工现场进行摊铺、碾压、养生等工序作业的施工方法。无拌和设备时，也可用路拌机械或人工在现场分批集中拌和，之后，再进行其他工序的作业。厂拌法施工前，应先调试用于拌和、摊铺、碾压等工序的设备，使之处于良好的工作状态。拌和前应进行适当的试拌，使大量拌和的混合料组成符合设计要求。

1. 下承层准备与施工放样

半刚性基层施工前应对下承层（底基层或土基）按施工质量验收标准进行检查验收，验收合格后方可进行基层施工。下承层应平整、密实，无松散和"弹簧"等不良现象，并符合设计高程、横断面宽度等几何尺寸要求。注意采取措施搞好基层施工的临时排水工作。

施工放样主要是恢复路中线，在直线段每隔 20 m、曲线段每隔 10 ~ 15 m 设一中桩，并在两侧路肩边缘设置指示桩，在指示桩上明显标记出基层的边缘设计高程及松铺厚度的位置。

2. 备料

半刚性基层的原材料应符合质量要求。料场中的各种原材料应分别堆放，不得混杂。运到料场的水泥应防雨防潮，准备使用的石灰应提前洒水，促使石灰充分消解。石灰和粉煤灰过干会随风飞扬而造成污染，过湿又会成团而不便于施工，因此，应适时洒水或设遮雨棚，使之含有适宜的水分。在潮湿多雨地区施工时，应采取有效措施使细粒土、结合料免受雨淋。

3. 拌和与摊铺

拌和时应按混合料配合比要求准确配料，使集料级配、结合料剂量等符合设计要求，并根据原材料实际含水量及时调整加入拌和机内的水量。水泥稳定类和工业废渣稳定类混合料的含水量可比最佳含水量大 1% ~ 2%，而石灰稳定类混合料的含水量可比最佳含水量小 1% ~ 2%，这样可获得较好的压实效果。

拌和好的水泥稳定土混合料和水泥石灰稳定土混合料应尽快运到施工现场摊铺并碾压成型，避免因时间过长而使混合料强度损失过大。工业废渣稳定类混合料在 24 h 内进行摊铺碾压即可。运输混合料的距离较长时，应用篷布等覆盖混合料以免水分损失过大。

高速公路和一级公路的半刚性基层应用沥青混合料摊铺机、水泥混凝土摊铺机或专用稳定土摊铺机摊铺，这样可确保基层的强度及平整度、路拱横坡、高程等几何外形质量指标符合设计和施工规范要求。摊铺过程中应设专人跟随摊铺机行进，以便随时消除粗、细集料严重离析的部位。应严格控制基层的厚度和高程，禁止用薄层贴补的办法找平，确保基层的整体承载能力。拌和机与摊铺机的生产能力应相互协调，避免出现机械停工待料和生产能力不足的问题。

4. 碾压

碾压是使半刚性基层获得强度和稳定性的关键工序。摊铺整平的混合料应立即用 12 t 以上的振动压路机、三轮压路机或轮胎压路机碾压。必须分层碾压时，最小分层厚度不应小于 10 cm。碾压时应遵循先轻后重的次序安排各型压路机，以先慢后快的方法逐步碾压密实。在直线段由两侧向路中心碾压，在平曲线范围内由弯道内侧逐步向外侧碾压。碾压过程中若局部出现"弹簧"、松散、起皮等不良现象时，应将这些部位的混合料翻松，重新拌和均匀再碾压密实。

水泥稳定类混合料从开始加水拌和到碾压完毕的时间称为延迟时间。混合料从开始拌和到碾压完毕的所有作业，必须在延迟时间内完成，以免混合料的强度达不到设计要求。厂拌法施工的延迟时间为 2 ~ 3 h。

5. 养生与交通管制

半刚性基层碾压完毕，应进行保湿养生，养生期不少于 7 d。水泥稳定类混合料在碾压完成后立即开始养生，石灰或工业废渣稳定类混合料可在碾压完成后 3 d 内开始养生；养生期内应使基层表面保持湿润或潮湿，通常可洒水或用湿砂、湿麻布、湿草帘、低粘质土覆盖，基层表面还可采用沥青乳液做下封层进行养生。水泥稳定类混合料需分层铺筑时，下层碾压完毕，待养生 1 d 后即可铺筑上层；石灰或工业废渣稳定类混合料需分层铺筑时，下层碾压完即可进行铺筑，下层无需经过 7 d 养生。养生期间应尽量封闭交通，若必须开放交通时，应限制重型车辆通行并控制行车速度，以减少行车对基层的扰动。

（三）路拌法施工

路拌法施工是将集料或土、结合料按一定顺序均匀平铺在施工作业面上，用路拌机械拌和均匀并使混合料含水量接近最佳含水量，随后进行碾压等工序的作业。路拌法施工的流程为：下承层准备→施工测量→备料→摊铺→拌和→整形→碾压→养生。其中，下承层准备、施工测量、碾压及养生的施工方法和要求与厂拌法施工相同。

路拌法施工时，备料在准备完毕的下承层上进行。首先根据铺筑层的宽度、厚度及预定达到的干密度计算各施工段所需干集料的数量。其次是根据混合料的配合比、原材料含水量及运输车辆的吨位计算各种原材料每车的堆放距离；对于水泥、石灰等结合料，当以袋（或小翻斗车）为计量单位时，应计算每计量单位结合料的堆放距离。这样分层堆放的原材料经摊平、拌和后得到的混合料更容易符合规定的配合比要求。

通常先堆放集料或土，用自动平地机等适合的机械或人工按铺筑试验路确定的松铺系数摊铺均匀，然后按上述计算结果堆放结合料并摊平，摊铺应使混合料层厚度均匀。摊铺完毕，用稳定土拌和机、农用旋耕机或多铧犁进行拌和，拌和深度应达到稳定层底部，略扰动下承层，促使基层与下承层结合良好。在拌和过程中，应设专人跟随拌和机行进，以便随时调整拌和深度并检查拌和质量。混合料应充分拌和均匀，严禁在拌和层底留有"素土"或夹层，否则会严重影响稳定层的强度和稳定性。拌和时应适时检查混合料的含水量，若含水量不符合设计要求，应通过自然蒸发或补充洒水使之处于最佳值，并再次拌和均匀。

混合料拌和均匀后，立即用平地机初平、整型。在直线段，平地机由两侧向路中心刮平；在曲线段，平地机由内侧向外侧刮平。初平后，用拖拉机、平地机或轮胎式压路机快速碾压 1 ~ 2 遍，使可能的不平整部位暴露出来，再用平地机整型，如此反复 1 ~ 2 遍。整形过程中要及时消除集料离析现象，尤其是粗集料集中的部位。低洼处应用齿耙将距表面 5 cm 深度范围内的混合料耙松，再用新拌和的混合料找平。初步整形后，应检查混合料松铺厚度，并进行必要的补料和减料。碾压作业与厂拌法施工相同。碾压结束前，用平地机再最终找平一次，使基层纵向顺适，路拱、超高、高程等符合设计要求。特别要将高出部分刮除并扫出路外，以确保上层路面结构的有效厚度。

（四）施工应注意的问题

1. 施工季节

半刚性基层宜在春末或夏季组织施工。施工期间的最低气温应在5℃以上；在冰冻地区，应保证在结冻前有一定成型时间，即在第一次重冰冻（-3 ~ -5℃）到来之前的半个月到一个月（水泥稳定类）或一个月到一个半月（石灰、工业废渣稳定类）完成。若不能达到上述要求，则碾压成型的半刚性基层应采取覆盖措施以防冻融破坏。多雨地区应避免在雨季施工石灰土结构层。雨季施工水泥稳定土或石灰稳定中、粗粒土时，应特别注意气候变化，采取措施避免结合料或混合料遭雨淋。降雨时应停止施工，及时排除地表水，使运到路上的材料不过分潮湿。已经摊铺的混合料应尽快碾压密实。

2. 接缝及"掉头"处的处理

无论用厂拌法还是路拌法施工，均应尽量减少横向接缝和纵向接缝，必须设置接缝时应妥善处理。对于水泥稳定类基层，同一天施工的两个作业段衔接处应搭接拌和，即前一段拌和后留下 5 ~ 8 m 长的混合料不碾压，待后一段施工时，在前一段未碾压的混合料中加入水泥，并拌和均匀。每一工作日的最后一段水泥稳定类基层完工后，应将末端设置成垂直端面，以确保接缝处有良好的传荷能力。对于石灰稳定类和工业废渣稳定类基层，同一天施工的两作业段衔接处可按前述方法处理，但不再添加结合料。施工过程中出现的纵向接缝应设置成垂直接缝，接缝区的混合料应充分碾压密实。

拌和机等施工机械不应在已碾压成型的稳定类基层上"掉头"、制动或突然起动。若必须进行这些操作时，应采取有效的措施保护基层。

3. 水泥稳定类混合料基层施工作业段长度的确定

确定水泥稳定类混合料基层的施工作业段长度应考虑水泥的终凝时间、延迟时间、工程质量要求、施工机械效率及气候条件等因素。延迟时间宜控制在 3 ~ 4h 内，不得超过水泥的终凝时间。在保证混合料强度符合要求的前提下，尽可能增长施工作业段长度。为此，水泥稳定类基层应采用流水作业法组织施工，使各工序紧密衔接，尽可能缩短延迟时间以增加施工流水段长度。通常条件下，每作业段长度以 200 m 为宜。

三、粒料类基层施工

粒料类基层是由有一定级配的矿质集料经拌和、摊铺、碾压后，当强度符合规定时得到的基层。按强度形成原理的不同，矿质集料分为嵌挤型和密实型两种类型。嵌挤型粒料包括：泥结碎石、泥灰结碎石、填隙碎石等，这种基层的强度靠颗粒之间的摩擦和嵌挤锁结作用形成。密实型粒料具有连续级配，故也称级配型基层，材料包括级配碎（砾）石、符合级配要求的天然沙砾等。本节主要介绍级配碎石、级配砾石和填隙碎石基层的施工技术。

（一）粒料类基层及其材料质量要求

1. 级配碎石基层

级配碎石基层由粗、细碎石和石屑各占一定比例、级配符合要求的碎石混合料铺筑而成。级配碎石基层适用于各级公路的基层和底基层，还可用作较薄沥青面层与半刚性基层之间的中间层，起减轻和消除半刚性基层开裂对沥青面层影响的作用，避免出现反射裂缝。符合级配要求的碎石可用几组颗粒组成不同的碎石或未筛分碎石与石屑掺配而成。

级配碎石基层的强度主要由碎石颗粒间的密实、填充作用形成，对碎石颗粒的强度要求很高。碎石的压碎值应符合以下要求：高速公路和一级公路基层，不大于 26%；高速公路和一级公路底基层、二级公路基层，不大于 30%；二级公路底基层及二级以下公路基层，不大于 35%；二级以下公路底基层，不大于 40%。石屑和其他细集料可以用碎石场的筛余细料、专门轧制的细碎石集料、天然沙砾等。若级配碎石中所含细料的塑性指数偏大，则塑性指数与 0.5 mm 以下细料含量的乘积应符合以下要求：年降雨量小于 600，mm 的中干和干旱地区，地下水对土基无影响时，该乘积不大于 120；在潮湿多雨地区，该乘积不大于 100。

2. 级配砾石基层

级配砾石基层是用粗、细砾石和砂根据一定比例配制的混合料铺筑的、具有规定强度的路面结构层，适用于二级及二级以下公路的基层及各级公路底基层。级配砾石基层的颗粒组成应符合规定的级配要求，级配不符合要求的可用其他粒料掺配，达到规定的级配后同样可作为级配砾石基层，塑性指数在 6（潮湿多雨地区）或 9（其他地区）以下的天然沙砾可直接用作基层。对于细料含量较多的砾石，可先筛除部分细料后再使用。塑性指数偏大的可掺加少量石灰或无塑性砂土。

级配石颗粒的级配曲线应连续圆滑。当塑性指数偏大时，塑性指数与 5 mm 以下细土含量的乘积应符合与级配碎石相同的规定。级配砾石的压碎值应符合下列要求：高速公路及一级公路底基层或二级公路基层，不大于 30%；二级公路底基层或二级以下公路基层，不大于 35%；二级以下公路底基层，不大于 40%。

3. 填隙碎石基层

填隙碎石基层是用单一尺寸的粗碎石作主骨料，用石屑作填隙料铺筑而成的结构层。填隙碎石适用于各级公路的底基层和二级以下公路的基层，颗粒组成等技术指标应符合要求。填隙碎石基层以粗碎石作嵌锁骨架，石屑填充于粗碎石间的空隙中，使密实度增加，进而提高强度和稳定性。当缺乏石屑时，可用细沙砾或粗砂替代。粗碎石应用坚硬的各类岩石或漂石轧制而成，压碎值应符合下列规定：用作基层，不大于 26%；用作底基层，不大于 30%。若抗压碎能力不能满足上述要求，则填隙碎石基层的整体强度将难以得到保证。

（二）施工方法

1. 级配碎（砾）石基层施工

级配碎（砾）石基层大都采用路拌法施工，施工次序为：准备下承层→施工放样→运输和摊铺主集料→运输和摊铺掺配集料→洒水拌和→整形→碾压→做封层。采用集中厂拌法施工，施工次序为，准备下承层→施工放样→混合料拌和与摊铺→整型→碾压→做封层。下承层准备与施工放样按半刚性基层施工的方法和要求进行；运输和摊铺集料是确保级配碎（砾）石基层施工质量的关键工序之一，通过准确配料、均匀摊铺可使碎（砾）石混合料具有规定的级配，进而达到规定的强度等技术要求。施工时根据拟定的混合料配合比、基层宽度与厚度及预定达到的干密度等计算确定各规格集料的用量，以先粗后细的顺序将集料分层平铺在下承层上，然后用人工或平地机进行摊平；级配碎（砾）石混合料可用稳定土拌和机、自动平地机、多铧犁与缺口圆盘耙相配合拌和，拌和应均匀，避免出现集料离析现象，确保级配碎（砾）石基层具有良好的整体强度。应边拌和边洒水，使混合料达到最佳含水量。混合料拌和均匀即可按松铺厚度摊平，级配碎石的松铺系数为 1.4 ~ 1.5，级配砾石的松铺系数为 1.25 ~ 1.35。表面整理成规定的路拱横坡，随后用拖拉机、平地机或轮胎压路机在初平的混合料上快速碾压 1 ~ 2 遍，使潜在的不平整部位暴露出来，再用平地机整平。混合料整形完毕，含水量等于或略大于最佳含水量时，用 12 t 以上三轮压路机或振动压路机碾压。在直线段，由路肩开始向路中心碾压；在平曲线段，由弯道内侧向外侧碾压，碾压轮重叠 1/2 轮宽，后轮超过施工段接缝。后轮压完路面全宽即为一遍，通常应碾压 6 ~ 8 遍，直到符合规定的密实度，表面无轮迹为止。压路机碾压头两遍的速度为 1.5 ~ 1.7 km/h，然后为 2.0 ~ 2.5 km/h。路面外侧应多压 2 ~ 3 遍。对于含细土的级配碎（砾）石，应进行滚浆碾压，一直到碎（砾）石基层中无多余细土泛到表面为止，泛到表面的泥浆应清除干净。用级配碎石做基层时，压实度不应小于 98%；做底基时，压实度不应小于 96%。用级配砾石做基层时，压实度不应小于 98%，CBR 值不应小于 60%；做底基层时，压实度不应小于 96%，中等交通条件下 CBR 值不应小于 60%，轻交通条件下 CBR 值不应小于 40%。

级配碎石用作薄沥青面层与半刚性基层间的中间层时，主要起防治反射裂缝的作用，碎石混合料应采用强制式拌和机、卧式双转轴桨叶式拌和机或普通水泥混凝土拌和机等集中拌和，用沥青混凝土摊铺机、水泥混凝土摊铺机或稳定土摊铺机摊铺，这样可使其具有良好的强度和稳定性，表面平整，进而质量明显高于路拌法施工的基层。

2. 填隙碎石基层施工

填隙碎石基层施工的顺序为：准备下承层→施工放样→运输和摊铺粗骨料→稳压→撒布石屑→振动压实→第二次撒布石屑→振动压实→局部补撒石屑并扫匀→振动压实，填满空隙→洒水饱和（湿法）或洒少量水（干法）→碾压。其中，运输和摊铺粗骨料及振动压实是确保施工质量的关键。

填隙碎石施工时，细集料应干燥；采用振动压路机充分碾压，尽量使粗碎石骨料的空隙被细集料填充密实，而填隙料又不覆盖粗碎石表面自成一层，粗碎石应"露子"。填隙碎石的压实度用固体体积率来表示，用作基层时，不应小于 83%；用作底基层时，不应小于 85%。填隙碎石基层碾压完毕，铺封层前禁止开放交通。

三、基层施工质量控制与检查验收

（一）施工质量控制

确保基层的施工质量符合设计文件和技术规范要求是基层施工的首要任务，施工过程中应采取有效措施控制施工质量，如建立、健全工地现场试验设施、质量检查与工序间的交接验收制度。各工序完成后应进行相应指标的检查验收，上一道工序完成且质量符合要求方可进入下一道工序的施工。施工质量控制的内容包括：原材料与混合料技术指标的检验、试验路铺筑及施工过程中的质量控制与外形管理三大部分。

1. 原材料与混合料质量技术指标试验

基层施工前及施工过程中原材料出现变化时，应对所采用的原材料进行规定项目的质量技术指标试验，以试验结果作为判定材料是否适用于基层的主要依据。原材料技术指标试验项目及试验方法参见前述有关内容。

2. 铺筑试验路

为了有一个标准的施工方法作指导，在正式施工前应铺筑一定长度的试验路，便于考查混合料的配合比是否适宜，确定混合料的松铺系数、标准施工方法及作业段的长度等，并根据铺筑试验路的实际过程优化基层的施工组织设计。

3. 质量控制与外形管理

基层施工质量控制是在施工过程中对混合料的含水量、集料级配、结合料剂量、混合料抗压强度、拌和均匀性、压实度、表面回弹弯沉值等项目进行检查。

（二）检查验收

基层施工完毕应进行竣工检查验收，内容包括：竣工基层的外形、施工质量和材料质量三个方面。检查验收过程中的试验、检验应做到原始记录齐全、数据真实可靠，为质量评定提供客观、准确的依据。检查验收应随机抽样进行，不能带有任何倾向性，通常以1 km 长的路段为一个评定单位。

第二节　沥青路面施工

一、沥青类路面基本特性及分类

（一）基本特性

沥青路面是通过各种方式将沥青材料与矿料均匀混合，经铺筑后形成路面面层并与其他各类基层和垫层共同组成路面结构的统称。由于使用沥青作结合料，矿料间的粘结力获得很大增强，提升了混合料的强度和稳定性，使路面的使用性能和耐久性都得到提高。与水泥混凝土路面相比，沥青路面具有表面平整、无接缝、行车舒适、耐磨、振动小、噪声低、施工期短、养护维修简便、适宜分期修建等优点，因而，获得非常广泛的应用。沥青路面属于柔性结构，面层抗拉强度较低，其整体强度和稳定性在很大程度上取决于土基和基层的特性，故而要求基层和土基必须具有足够的强度和良好的稳定性。由于沥青是一种典型的感温性材料，在夏季高温时沥青路面会出现软化现象，导致在行车荷载作用下出现车辙、拥包、推挤等变形和破坏；在冬季低温时，沥青路面的抗变形能力会降低，有时会出现低温开裂现象。因此，必须选用质量符合要求的原材料并进行合理的混合料组成设计、采用先进的施工设备和工艺组织施工，以此获得质量满足设计和施工技术规范要求的沥青路面。

20世纪50年代以来，沥青路面已成为世界各国公路的主要面层类型。近20年来，我国在公路和城市道路上修筑了大量的沥青路面。目前我国高速公路大都采用沥青路面。随着国民经济和现代化道路交通发展的需要，沥青路面将会得到更大的发展。

（二）沥青路面的分类

根据施工工艺的不同，沥青路面可分为层铺法施工的沥青路面、路拌法施工的沥青路面和厂拌法施工的沥青路面三种。

1. 层铺法施工的沥青路面与封层

层铺法施工是将沥青分层洒布、矿料分层撒铺，然后碾压形成沥青面层的施工方法。其主要优点是工艺和设备简便、功效较高、施工进度快、造价较低；缺点是结构强度低、使用寿命短、路面成型期较长，需要经过炎热季节经行车碾压之后路面才能最终成型。根据铺装时所采用的具体工艺、结构层厚度、适用条件的不同，又分为沥青表面处治、沥青贯入式和碎石封层等类型。

沥青表面处治路面是指用沥青和矿料按层铺法铺筑而成的、厚度通常为 1.5 ~ 3.0 cm 的沥青路面。表面处治可做成单层或多层，优点是摩擦系数大，表面构造深度深，有利于车辆行驶安全。此外，它还具有良好的抗温度开裂性能。沥青表面处治适用于三级、四级公路的面层、旧沥青面层上加铺罩面或抗滑层、磨耗层等。

沥青贯入式路面是靠矿料颗粒间的锁结作用以及沥青的粘结作用获得所需的强度和稳定性，采用层铺法施工，厚度通常为 4 ~ 8 cm（用作基层时，厚度可达 10 cm），也称为沥青贯入碎石。当沥青贯入式路面的上部加铺拌和的沥青混合料时，称为上拌下贯，此时，拌和层的厚度宜为 3 ~ 4 cm，其他厚度为 7 ~ 10 cm。沥青贯入式路面适用于作二级及二级以下公路的沥青面层。若沥青贯入碎石设在沥青混凝土面层与半刚性基层或粒料基层之间时成为联结层，也可作路面基层使用。

碎石封层同样采用层铺法施工，施工工艺和工序与沥青表面处治相同，但要求结合料有较大的粘结强度和稳定性，通常情况下要求使用改性沥青，使用粒径严格单一的石料，对石料的洁净度和针片状含量要求高，施工时用机械洒布沥青和撒铺石料，对施工机械的要求比较高。这种路面成型后具有较大的构造深度，有利于行车安全。

根据碎石撒铺工艺的不同，碎石封层分为异步碎石封层和同步碎石封层两种。异步碎石封层工艺是先由沥青洒布车洒布沥青，而后由碎石撒铺机撒铺骨料，两个工序在同一点间隔 10 min 左右，最后用压路机碾压成型。同步碎石封层施工则是洒布沥青和撒铺集料由一台设备同时完成，两个工序在同一点间隔几秒钟，最后用压路机碾压成型。除了简化工序的优点外，同步碎石封层最大的优点是能够在沥青保持高温时撒布石料，从而有效地保证两者之间的粘结。

2. 路拌法施工的沥青路面

路拌法是指在路上用人工或机械将矿料和沥青材料就地拌和、摊铺、碾压密实后形成沥青结构层的施工方法。路拌法施工时，通过就地拌和，沥青材料在矿料中的分布比层铺法均匀，可以缩短路面的成型期。然而因所用矿料为冷料，需使用粘稠度较低的沥青材料，故混合料的强度较低。比较典型的路拌法施工沥青路面为乳化沥青碎石混合料路面，这种沥青路面适用于做三、四级公路的沥青面层、二级公路养护罩面以及各级公路的调平层。

3. 厂拌法施工的沥青路面

厂拌法施工的沥青路面是用不同粒径的碎石、天然砂（或机制砂）、矿粉和沥青按一定比例在拌和机中热拌所得的拌和物（称为热拌沥青混合料，HMA），然后在规定温度范围内运到工地并用摊铺机摊铺，再碾压成型的沥青路面。这种混合料的矿料具有严格的级配，当这种混合料被压实达到规定的强度和孔隙率后，就称作沥青混凝土。沥青混凝土具有很高的强度和密实度，常温下还具有一定的塑性。它的强度和密实度是各种沥青矿料混合料中最高的。沥青混凝土透水性小，水稳性好，有较强的抵抗自然因素影响和行车荷载作用的能力，使用寿命长，耐久性好。

根据热拌沥青混合料强度构成原理、矿料级配组成、路用性能等因素的不同，厂拌法施工的沥青路面可做如下分类：

（1）按混合料强度构成原理不同可分为级配密实型和嵌挤锁结型。级配密实型沥青混合料的矿料级配按最大密实原则设计，其强度和稳定性主要取决于混合料中沥青与矿料的粘聚力，矿质颗粒之间的摩阻力处于次要地位。设计空隙率较小的密实式沥青混凝土混合料（以 AC 表示）和密实式沥青稳定碎石混合料（以 ATB 表示）就属于这一类型。此类混合料沥青用量通常较大，强度受温度影响明显，但抗渗水性、耐久性较好。

嵌挤锁结型沥青混合料采用颗粒尺寸较大且级配较为均一的矿料，细集料和填料较少，形成开级配沥青混合料。如，半开级配沥青碎石混合料（以 AM 表示）、大孔隙开级配排水式沥青碎石混合料（以 OGFC 表示，设计空隙率可达到 18% 以上）就属于这一类型。这种沥青混合料路面的强度和稳定性主要依靠骨料颗粒之间相互嵌挤、锁结作用所产生的内摩阻力，沥青与矿料的粘聚力相对较小，起次要的作用。嵌挤锁结型沥青混合料路面比级配密实型沥青混合料路面的高温稳定性要好，然而因空隙率大，易渗水，因而耐久性相对较差。

（2）按材料组成及结构分为连续级配沥青混合料、间断级配沥青混合料。连续级配沥青混合料的矿料具有连续、光滑的级配曲线。若矿料级配组成中缺少一个或几个粒径档次（或用量很少），则成为间断级配沥青混合料。

（3）按矿料级配组成和空隙率分为密级配、半开级配、开级配混合料。若矿料具有连续级配、设计空隙率为 3% ~ 6% 时称为密级配沥青混合料。若矿料由适当比例的粗集料、细集料及少量填料（或不加填料）组成，标准马歇尔击实成型试件的空隙率为 6% ~ 12%，即为半开级配沥青碎石混合料。若沥青混合料采用颗粒尺寸较大且较为均一的矿料、细集料和填料较少，设计空隙率达到 18% 以致更大，即为开级配沥青混合料，如，大孔隙开级配排水式沥青碎石混合料。

（4）按公称最大粒径分为特粗式（公称最大粒径大于 31.5 mm），粗粒式（公称最大粒径等于或大于 26.5 mm）、中粒式（公称最大粒径为 16 mm 或 19 mm）、细粒式（公称最大粒径为 9.5 mm 或 13.2 mm）、砂粒式（公称最大粒径小于 9.5 mm）。

（5）沥青玛蹄脂碎石混合料。由沥青结合料与少量的纤维稳定剂、细集料及较多的填料组成的沥青玛蹄脂填充于具有间断级配的粗集料骨架的空隙中组成沥青混合料整体，即为沥青玛蹄脂碎石混合料（SMA）。它具有抗滑、耐磨、密实耐久、抗疲劳：抗高温车辙、抗低温开裂等优点，同时能有效减轻行车噪声污染，是一种优质的沥青路面类型，适用于高速公路、一级公路表层，其厚度在 3.5 ~ 4 cm。

（三）沥青路面的选择与应用

各种沥青类路面的选择使用，一方面要根据任务要求（道路的等级、交通量、使用年限、修建费用等）和工程特点（施工季节、施工期限、结构组合状况等）；另一方面还应考虑材料的供应情况、施工机具、劳力和施工技术条件等因素。

沥青混凝土是适合现代交通的一种优质高级面层材料。铺筑在坚硬基层上的优质沥青混凝土面层可使用 20 ~ 25 年，国外的重交通道路和高速公路主要采用这种面层形式。

密级配沥青混凝土混合料（AC）适用于各级公路沥青面层的任何层次；沥青玛蹄脂碎石混合料（SMA）适用于铺筑新建公路的表面层、中面层或旧路面加铺磨耗层；设计空隙率 6% ~ 12% 的半开级配的沥青碎石混合料（AM）仅适用于三级及三级以下公路、乡村公路，且沥青混合料拌和设备缺乏添加矿粉装置和人工炒拌的情况；设计空隙率 3% ~ 6% 的粗粒式及特粗式密级配沥青稳定碎石混合料（ATB）适用于基层；设计空隙率大于 18% 的粗粒式及特粗排水式沥青稳定碎石混合料（ATPB）适用于基层；设计空隙率大于 18% 的细粒排水式沥青稳定碎石混合料（OGFC）适用于高速行车、多雨潮湿、不易被尘土污染、非冰冻地区铺筑排水式沥青路面磨耗层。开级配排水式沥青混合料基层（ATPB）的下卧层应具有排水和抗冲刷能力，工程上必须通过试验，取得成功的经验，并经过论证后使用。特粗式沥青混合料适用于基层，粗粒式沥青混合料适用于下面层或基层，中粒式沥青混合料适用于中面层和表面层，细粒式沥青混合料适用于表面层和薄层罩面。砂粒式沥青混合料适用于非机动车道或行人道路。对高速公路及一级公路，除沥青稳定碎石基层外，通常宜选用公称最大粒径为 13.2 ~ 26.5 mm 的沥青混合料。

对沥青层较厚的高速公路、一级公路，在选择级配类型、确定矿料级配和最佳沥青用量时，应首先确保各层的组合不致发生早期破坏。并在此基础上优先或侧重考虑各层的服务功能后做出抉择，主要包括：

（1）表面层应具有良好的表面功能、密水、耐久、抗车辙、抗裂，潮湿区和湿润区的路面上面层应符合潮湿条件下的抗滑要求，抗滑性能不符合要求时，宜铺筑抗滑磨耗层。在寒冷地区，表面层应考虑低温抗裂性能的要求。

（2）三层式面层的中面层或双层式面层的下面层应重点满足混合料的高温抗车辙性能。下面层应在满足高温抗车辙性能的基础上，重点考虑抗疲劳性能及抗裂性能的要求。

（3）除排水式沥青混合料外，每一层都应该考虑密水性，当上层属渗水性结构层时，层间或下层应采取防渗水或排水措施。高速公路的紧急停车带（硬路肩）沥青面层宜采用与车行道相同的结构，然而表面层宜采用密级配沥青混凝土混合料铺筑。

沥青面层集料的最大粒径宜从上至下逐渐增大，并应与设计厚度相匹配。除人行道路外，沥青层的压实厚度不宜小于集料最大粒径的 2 倍。对于高速公路和一级公路，密级配沥青混合料的层厚不宜小于公称最大粒径的 3 倍，SMA 等嵌挤型混合料的层厚不宜小于公称最大粒径的 2.5 倍，以减少离析，便于施工和压实。

沥青类路面通常不宜铺筑在纵坡大于 6% 的路段上。在纵坡大于 3% 的路段，考虑抗滑的要求，宜采用粗粒式的沥青碎石或粗粒式沥青混凝土作面层。

二、沥青路面对原材料的技术要求

（一）沥青

沥青路面所用的沥青材料有石油沥青、煤沥青、液体石油沥青和沥青乳液等。

石油沥青在道路建筑中使用最广，可以用在不同地区和不同等级道路上铺筑各种沥青面层和基层。石油沥青的性质与石油的性质和获得沥青的方法有关。高树脂、少石蜡的石油是道路沥青的最好原料。煤沥青主要是由炼焦或制造煤气得到的高温焦油加工而得，它的主要成分是芳香族碳氢化合物及其氧、氮和硫的衍生物的混合料。煤沥青与石油沥青相比较，温度稳定性低，易老化，但其与矿料颗粒表面的粘附性较好，因煤沥青会造成轻微的空气污染，通常不宜作沥青面层，仅作为透层沥青使用。沥青乳液也称乳化沥青，它是沥青经机械作用分裂为细微颗粒，分散于含有表面活性物质（乳化剂—稳定剂）的水中，形成均匀而稳定的分散系。根据其中表面活性物质的特性及形成乳胶体的性质，乳化沥青可分为乳液和乳膏两大类。选用乳化沥青时，对于酸性石料、潮湿的石料，以及低温季节施工时宜选用阳离子乳化沥青；对于碱性石料或与掺入水泥、石灰、粉煤灰共同使用时，宜选用阴离子乳化沥青。

沥青路面采用的沥青标号，宜按照公路等级、气候条件、交通条件、路面类型、在路面结构中的层位及受力特点、施工方法等，结合当地使用经验，经技术论证后确定。

高速公路、一级公路、夏季气温高、高温持续时间长、重载交通、山区及丘陵区上坡路段、服务区、停车场等行车速度较慢的路段，特别是汽车荷载剪应力大的层次，宜采用稠度大、60℃粘度大的沥青，也可提高高温气候分区的温度水平选用沥青等级；对于冬季寒冷地区、交通量较小的公路、旅游区公路宜选用稠度小、低温延度大的沥青；对温度日温差、年温差大的地区宜选用针入度指数大的沥青。当高温要求与低温要求发生矛盾时应优先考虑满足高温性能要求。当缺乏所需标号的沥青时，可使用不同标号沥青进行掺配。

对热拌热铺的沥青路面，由于沥青材料和矿料须加热拌和，并在热态下铺压，故可采用稠度较高的沥青材料。反之则应采用稠度较低的沥青。对其他类型沥青路面，若沥青材料过稠，则难以贯入碎石中，过稀则又易流入路面底部，因此，这类路面宜采用中等稠度的沥青材料。当气温寒冷、施工气温较低、矿料粒径偏细时，宜采用稠度较低的沥青材料。但炎热季节施工时，由于沥青材料的温度散失较慢，则可用稠度较高的沥青材料。路拌法施工的沥青路面，通常仅采用稠度较低的沥青材料。

随着公路交通量增大和对路面性能要求的提高，在原有工业生产所获基质沥青性能不能满足要求的情况下，可采用改性沥青。改性沥青可单独或复合采用高分子聚合物、天然沥青及其他改性材料制作。

（二）粗集料

沥青路面可用轧制碎（砾）石、筛选砾石、矿渣等作为粗集料。粗集料在沥青混合料中起形成矿质骨架的作用，对混合料的强度等一系列路用性能影响很大。碎石应均匀、清洁、坚硬、无风化，小于 0.05 mm 的颗粒含量应小于 2%，吸水率小于 2% ~ 3%。颗粒形状接近立方体并有多棱角，细长或扁平颗粒含量应小于 15%，杂质含量不能超标，压碎值应不大于 20% ~ 30%。轧制砾石系由天然砾石轧制并经筛选而得，要求大于 5 mm 颗粒中 40%（按重量计）以上至少有一个破碎面。用于沥青贯入式面层时，主层矿料中要有 30% ~ 40%（按重量计）以上颗粒至少有两个破碎面。

筛选砾石由天然砾石筛选而得。由于天然砾石是各种岩石经自然风化而成的不同尺寸的粒料，强度极不均匀，而且多是圆滑形状。因此，筛选砾石仅适用于交通量较小的路面面层下层、基层的沥青混合料中使用，不宜用于防滑面层。在交通量大的沥青路面面层，若使用砾石拌制沥青混合料，则在砾石中至少应掺有 50%（按重量计）粒径大于 5 mm 的碎石或经轧制的砾石。沥青贯入式路面用砾石时，主层矿料中亦应掺有 30% ~ 40% 以上的碎石或轧制砾石。

粗集料与沥青材料粘附性大小，对沥青混合料的强度和耐久性有极大影响，应优先选用与石油沥青材料有良好粘附性的碱性碎（砾）石。集料与沥青材料的粘附性用水煮法测定时，通常公路不小于 3 级，高等级公路应不小于 4 级。

用于高速公路、一级公路沥青路面表面层及各类抗滑表层的粗集料要符合规定的石料磨光值要求，应选用坚硬、耐磨、抗冲击好的碎石，不得使用筛选砾石、矿渣及软质集料。为了确保石料与沥青之间有较好的粘结性能，经检验属于酸性岩石的石料，用于高速公路、一级公路和城市快速路，主干道时宜使用针入度较小的沥青，必要时可在沥青中掺加抗剥离剂，或用干燥的磨细消石灰或生石灰粉、水泥作为矿粉的一部分，其用量宜为矿料总量的 1% ~ 2%；将粗集料用石灰浆处理后也可以有效地提高石料与沥青之间的粘结力。

（三）细集料

热拌沥青混合料宜采用优质的天然砂或机制砂，在缺乏砂资源地区也可以用石屑。然而由于一般情况下石屑的含泥量高，强度不高，因此，高速公路、一级公路沥青混凝土面层及抗滑表层的石屑用量不宜超过天然砂及机制砂的用量。河砂、海砂的颗粒缺乏棱角，表面光滑，使用时虽能增加和易性，满足了提高密实度的要求，但内摩阻角较小，为了提高混合料的内摩阻角，可掺加部分人工砂。

细集料应与粗集料一样，要求与沥青形成良好的粘结力。与沥青的粘结性能很差的天然砂以及用花岗岩、石英岩等酸性石料破碎的机制砂或石屑不宜用于高速公路、一级公路的沥青面层，必须使用时，应有抗剥落措施。

（四）矿粉与纤维稳定剂

混合料中矿粉与沥青形成沥青胶浆填充于矿质骨架空隙中，在密级配沥青混合料中，矿粉表面积占全部矿料表面积的90%以上，矿粉的使用使矿料比表面积大大增加，进而沥青以结构沥青形式存在，减少自由沥青数量，有利于提高沥青粘结力，获得较高的强度。宜采用石灰岩或岩浆岩中的强基性、憎水性岩石经磨细得到的矿粉，原石料中的泥土杂质应除尽。也可采用水泥、石灰、粉煤灰作矿粉，然而其用量不宜超过矿料总量的2%。其中粉煤灰用量不得超过填料总量的50%，且烧失量不超过12%，与矿粉混合后的塑性指数不小于4%，高速公路、一级公路的沥青面层不宜采用粉煤灰做填料。

矿粉中所含小于0.075 mm的颗粒应不少于30%，但过细颗粒的含量也不宜过多，否则会降低混合料施工和易性和水稳性。

在SMA混合料中，纤维稳定剂与矿粉、沥青共同形成沥青玛蹄脂，填充于粒径较为单一的集料空隙中，是沥青玛蹄脂碎石混合料的重要组成部分。纤维稳定剂在SMA混合料中的主要作用包括：

1. 加筋作用

纤维在混合料中以三维状分散相存在，犹如钢纤维混凝土、土工格栅等加筋材料所起的作用。

2. 分散作用

混合料中加入纤维后，可使沥青与矿粉形成的胶团适当分散，形成均匀的材料体系。如果没有纤维，由于沥青和矿粉用量较大，所形成的胶团不能均匀地分散到集料之间，混合料铺筑在路面上会形成明显的"油斑"，成为沥青路面施工的另一种离析现象。

3. 吸附与吸收沥青的作用

在SMA混合料中加入纤维稳定剂在于充分吸附（表面）及吸收（内部）沥青，从而使沥青用量增加，沥青膜变厚，有利于提高混合料耐久性。

4. 稳定作用

纤维可使沥青膜处于比较稳定的状态，尤其在夏季高温季节，沥清受热膨胀时，纤维内部的空隙具有缓冲作用，不致使其成为自由沥青，有利于改善混合料高温稳定性。

三、沥青混合料组成设计

（一）密级配沥青混合料组成设计

沥青混合料组成设计内容包括：确定沥青混合料材料品种及混合料类型、矿料最优级配、最佳沥青用量。在工程实践中，高速公路和一级公路的热拌沥青混合料配合比设计分试验室目标配合比设计、施工阶段的生产配合比设计及生产配合比验证三个阶段进行。我国《公路沥青路面施工技术规范》（JTG F40—2004）规定，热拌沥青混合料配合比设计采用马歇尔试验方法。

1. 试验室目标配合比设计

1）设计任务

根据公路性质、交通量、路用性能要求、筑路材料、当地气候条件、施工技术水平等选择原材料，确定混合料类型、矿料级配类型和最佳沥青用量。具体设计时用工程实际使用的材料计算各种材料的用量比例后配合成符合规范所要求的矿料级配，进行马歇尔试验，确定最佳沥青用量。以此矿料级配及沥青用量作为目标配合比，供拌和机确定各冷料仓的供料比例、进料速度及试拌使用。

2）设计流程

（1）确定混合料类型。混合料类型由矿料公称最大粒径确定。矿料最大粒径对沥青混合料路用性能影响很大。当结构层厚度（h）与矿料最大粒径（D）的比值较小时，沥青混合料的高温稳定性提升，车辙等损害减小，但抗疲劳能力降低；当h/D增大时，矿料细集料含量多，沥青用量大，沥青混合料的抗疲劳特性提高，但高温稳定性下降。通常取$h/D \geq 2$，此时沥青混合料施工和易性、可压实性较好，容易达到规定的密实度和平整度。确定矿料最大粒径后，根据混合料所在层位、气候环境、材料来源、施工条件等确定沥青混合料类型。

（2）原材料选择。根据原材料技术性能等各种因素对沥青混合料路用性能的影响情况，结合当地材料供应等条件，按技术、经济合理的原则，通过相关试验选择质量符合要求的原材料品种。

（3）确定工程设计级配范围。根据公路等级、工程性质、气候条件、交通条件、材料供应条件等确定混合料工程设计级配范围。根据材料实际情况进行工程设计级配范围调整，并遵循以下原则：

①对于夏季气温较高、高温持续时间长、重载交通多的路段，宜采用粗型密级配沥青混合料，并取较高的设计空隙率。对于冬季气温较低或重载交通较少的路段，宜选用细型密级配沥青混合料，并取较小的设计空隙率。

②为确保高温抗车辙能力，同时兼顾低温抗裂性能的要求。配合比设计时宜适当减少公称最大粒径附近的粗集料用量，减少0.6 mm以下部分细粉的用量，致使中档粒径集料较多，形成S型级配曲线，并取中等或偏高的设计空隙率。

③确定工程设计级配范围应考虑混合料所在路面层位的功能要求，经组合设计的沥青路面应能满足耐久、稳定、密水、抗滑等要求。

④根据公路等级和施工设备的控制水平确定的级配范围应比规范级配范围窄，其中，

4.75 mm 和 2.36 mm 通过率的上下限差应小于 12%。

⑤沥青混合料的配合比设计应充分考虑施工性能，促使沥青混合料容易摊铺和压实，避免造成严重的离析现象。

（4）矿料配合比设计。在实际工程中，常常需要用两种或两种以上具有不同级配的原材料掺配后才能得到符合既定级配要求的矿质集料，即对矿料进行配合比设计。

高速公路和一级公路沥青路面矿料配合比可借助电子表格用试配法进行，其他等级公路沥青路面也可参照进行。矿料级配曲线按《公路沥青与沥青混合料试验规程》T0725 的方法绘制。具体为：以原点与通集料最大粒径 100% 的点的连线作为沥青混合料的最大密度线。对高速公路和一级公路，宜在工程设计级配范围内计算 1 ~ 3 组粗细不同的配合比，绘制设计级配曲线，分别位于工程设计级配范围的上方、中值和下方。设计合成级配不得有太多的锯齿状交错，且在 0.3 ~ 0.6 范围内不出现"驼峰"。反复调整不能得到满意结果时，应更换材料设计。

（5）马歇尔试验。以预估的沥青用量（根据以往工程经验结合工程实际情况确定）为中值，按一定间隔（密级配沥青混合料可为 0.5%，沥青碎石混合料可为 0.3%）取 5 个或 5 个以上不同的沥青用量分别制成马歇尔试件。每组试件的数量按试验规程要求确定，对粒径较大的沥青混合料应增加试件数量。测定马歇尔击实试件的毛体积相对密度、吸水率。计算沥青混合料试件的空隙率、矿料间隙率、有效沥青的饱和度等体积指标，进行体积组成分析。同时进行马歇尔试验，测定马歇尔稳定度和流值。

（6）确定最佳沥青用量。以沥青用量（油石比）为横坐标，以马歇尔试验的各项指标为纵坐标，将试验结果绘入图中，连成圆滑的曲线。确定均符合规范规定的沥青混合料技术指标的沥青用量范围 OACmin ~ OACmax。试验时选择的沥青用量范围应涵盖设计空隙率的全部范围，并尽可能涵盖沥青饱和度的要求范围，并使密度和稳定度出现峰值。若达不到上述要求应扩大沥青用量范围。

（7）最佳沥青用量的调整。在上述试验和计算结果的基础上，根据实践经验、公路等级、气候条件、交通情况来调整最佳沥青用量。

①调查当地各项条件接近的工程其沥青用量及使用效果，论证适宜的最佳沥青用量。检查计算确定的最佳沥青用量是否接近，若相差甚远应查明原因，必要时重新调整级配，再进行配合比设计。

②对炎热地区公路以及高速公路、一级公路的重载交通路段，山区公路的长陡坡度路段，预计可能产生较大车辙时，宜在空隙率符合要求的范围内将计算的最佳沥青用量减小 0.1% ~ 0.5% 作为设计沥青用量。此时，除孔隙率外的其他指标可能会超出马歇尔配合比设计技术标准，在配合比设计报告或设计文件中必须说明，并要求必须采用重型轮胎压路机和振动压路机组合等方式加强碾压，以使施工后路面的空隙率达到未调整前的最佳沥青用量时的水平，且渗水系数符合要求。若试验路段达不到上述要求，应调整减小沥青用量的幅度。

③对寒区公路、旅游区公路、交通量较小的公路，最佳沥青用量可以在前述计算

OAC 的基础上增加 0.1% ~ 0.3%，以适当减小空隙率，但不降低压实标准。

（8）配合比设计检验。用于高速公路、一级公路的密级配沥青混合料，需在上述配合比设计的基础上进行各种使用性能的检验，不符合要求的沥青混合料，必须更换材料或重新进行配合比设计。其他等级公路的沥青混合料也可参照进行。检验项目包括：高温稳定性检验、水稳定性检验、低温抗裂性能检验、渗水系数检验。以上各性能指标的试验测定均应在规定条件下进行并满足相关技术要求。

（9）配合比设计报告。沥青混合料配合比设计报告内容包括工程设计级配范围选择说明、材料品种选择与原材料质量试验结果、矿料级配、最佳沥青用量，以及各项体积指标、配合比设计检验结果等，矿料级配曲线应按照规定的方法绘制。

2. 生产配合比设计阶段

对间歇式拌和机，必须对二次筛分后进入各热料仓的材料取样进行筛分，以确定各热料仓的材料比例，供拌和机控制室使用。同时反复调整冷料仓进料比例以达到供料均衡，并取目标配合比设计的最佳沥青用量、最佳沥青用量 ±0.3% 的 3 种沥青用量进行马歇尔试验，最终确定生产配合比的最佳沥青用量。

3. 生产配合比验证阶段

拌和机采用生产配合比进行试拌，铺筑试验路段，并用所拌和沥青混合料及路上钻取的芯样进行马歇尔试验检验，由此确定生产用的标准配合比，并作为生产上控制的依据和质量检验的标准。标准配合比的矿料级配至少应包括 0.075 mm、2.36 mm、4.75 mm 三档，三档的筛孔通过率接近要求级配范围的中值。经验证确定的标准配合比在施工过程中不能随意变更。生产过程中，当进场材料发生变化，沥青混合料的矿料级配、马歇尔试验技术指标不符合要求时，应及时调整配合比，促使沥青混合料质量符合要求并保持相对稳定，必要时重新进行配合比设计。

（二）SMA 混合料组成设计

SMA 是一种由沥青、纤维稳定剂、矿粉及少量的细集料组成的沥青玛蹄脂填充于间断级配的粗集料骨架空隙中所形成的沥青混合料。其最基本组成是形成骨架的粗碎石和沥青玛蹄脂结合料。SMA 混合料是一种全新的沥青混合料类型，其组成不同于密级配沥青混合料的悬浮密实型结构，也不同于半开级配沥青碎石的骨架空隙结构，而是一种骨架嵌挤密实结构。具有"三多一少"的特点，即：粗集料多、矿粉多、沥青结合料多、细集料少。由于与普通沥青混合料在组成设计上存在较大差异，SMA 的配合比设计不完全依靠马歇尔试验方法，而是以体积指标确定。

1. 原材料选择、取样

（1）沥青结合料

SMA 混合料中沥青结合料的质量必须满足沥青玛蹄脂的需要，要求有较高的粘度，符合一定的技术要求，确保混合料具有足够的高温稳定性和低温韧性。

（2）矿料

SMA 之所以有较好的高温稳定性，主要得益于含量甚高的粗集料之间的嵌挤作用，而集料嵌挤作用的好坏则取决于集料石质的坚韧性、集料颗粒形状和棱角多少，粗集料是否具有这些方面良好的性质，是 SMA 成败的关键。因此，粗集料必须具有良好的抗滑性能、低压碎值、坚韧性好，同时颗粒接近立方体、表面粗糙、棱角丰富，扁平颗粒含量少。由于 SMA 混合料通常选用改性沥青，质地坚硬的花岗岩、石英岩、砂岩均可使用。

SMA 混合料中细集料用量通常少于 10%，可选用坚硬岩石反复破碎后得到的机制砂，由于机制砂具有丰富的棱角和嵌挤性能，有利于提升混合料高温稳定性。

SMA 混合料中矿粉与沥青用量之比可达到 1.8 ~ 2.0，大于密级配沥青混合料。通常选用磨细的石灰石粉。

（3）纤维稳定剂

生产 SMA 混合料务必采用纤维稳定剂。可以使用的纤维包括矿物纤维、木质素纤维、聚合物有机纤维等。

SMA 混合料所用结合料、矿料及纤维稳定剂应通过相关试验进行质量检测，各项性能参数应符合前述相关技术标准要求。

2. 矿料级配确定

（1）设计初试级配

公称最大粒径等于或小于 9.5 mm 的 SMA 混合料以 2.36 mm 作为粗集料骨架的分界筛孔，公称最大粒径等于或小于 13.2 mm 的 SMA 混合料以 4.45 mm 作为粗集料骨架的分界筛孔。在工程设计级配范围内，调整各种矿料比例，设计 3 组粗细不同的初试级配，3 组级配的粗集料骨架分界筛孔的通过率处于级配范围的中值、中值 ±3% 附近，矿粉数量均为 10% 左右。

（2）选择沥青用量，测定 VMA、VCADRC

计算初试级配矿料的合成毛体积相对密度、合成表观密度和有效密度。筛出合成级配中颗粒小于粗集料骨架分界筛孔的集料，用捣实法测定粗集料骨架的松方毛体积相对密度，计算粗集料骨架混合料的平均毛体积相对密度，并计算各组初试级配在捣实状态下的粗集料松装间隙率 VCADRC。

预估 SMA 混合料适宜的沥青用量作为马歇尔试验的初试沥青用量。并以此沥青用量和选定的矿料级配制作马歇尔试件，测定试件的毛体积相对密度，马歇尔标准击实次数为双面 50 次，一组马歇尔试验试件数目不少于 4 ~ 6 个。

（3）变化沥青用量，测定空隙率，确定最佳沥青用量

计算在不同沥青用量下 SMA 混合料的最大理论相对密度。

按下式计算马歇尔试件中的粗集料骨架间隙率。试件其他体积指标空隙率 VV、集料

间隙率 VMA、沥青饱和度 VFA 的计算与密级配沥青混合料有关计算相同。

$$VCA_{\text{mix}} = \left(1 - \frac{\gamma_f}{\gamma_{ca}} \times P_{CA}\right) \times 100$$

式中：——粗集料骨架间隙率，%；

P_{CA}——沥青混合料中粗集料的比例，即大于 4.75 mm 的颗粒含量。

γ_f——沥青混合料试件的毛体积相对密度，表干法测定。

γ_{ca}——粗集料骨架部分的平均毛体积相对密度。

按照 $VCA_{\text{mix}} < VCA_{\text{DRC}}$ 及 VMA > 16.5% 的要求，从 3 组初试级配的试验结果中选择设计配合比，当有 1 组以上的级配符合上述要求时，以粗集料骨架分界集料通过率大且 VMA 较大的级配为设计级配。

3. 确定设计沥青用量

根据所选择的矿料设计级配和初试沥青用量试验的空隙率结果，以 0.2% ~ 0.4% 为间隔，调整 3 个不同的沥青用量，制作马歇尔试件，计算空隙率等指标。进行马歇尔稳定度试验，检验稳定度、流值是否符合技术标准。根据期望的设计空隙率确定沥青用量为最佳沥青用量 OAC。

4. 目标配合比设计检验

在上述设计基础上，根据确定的设计矿料级配、最佳沥青用量，根据规定方法进行车辙试验、低温弯曲试验、浸水马歇尔试验、渗水试验，检验 SMA 混合料的高温稳定性、低温抗裂性能、密水性能、水稳定性。此外，为检验 SMA 混合料中有无多余的自由沥青或沥青玛蹄脂，需进行谢伦堡沥青析漏试验。SMA 混合料路面的构造深度大、粗集料外露，空隙中经常有水，在交通荷载反复作用下，由于集料与沥青的黏结力不足而容易引起集料脱落、掉粒、飞散，进而形成坑槽。为了防止出现这种破坏，在 SMA 混合料配合比设计时，需进行肯塔堡飞散试验的混合料损失或浸水飞散试验。以上两个试验可控制 SMA 混合料沥青用量不能过多，也不能过少。试验结果可作为确定最佳沥青用量的依据之一。

SMA 混合料配合比设计报告内容与密级配沥青混合料配合比设计报告相同。

四、层铺法、路拌法施工沥青路面

（一）沥青表面处治

沥青表面处治是用沥青裹覆矿料，铺筑厚度小于 3 cm 的一种薄层路面面层。其主要作用是防水、抗磨耗、防滑和改善碎（砾）石路面的使用品质，改善行车条件。在计算路面厚度时，不作为单独受力结构层。沥青表面处治层在施工完毕后，须经过一段时间的行车碾压，尤其是一定高温下的行车碾压，使其矿料取得最稳定的嵌紧位置，并同沥青黏结牢固,这一过程就称为"成型"阶段。因此,沥青表面处治宜选择在干燥和较热的季节施工,并在雨季前及日最高温度低于15℃到来之前半个月结束,促使表面处治层通过开放交通后靠行车压实,成型稳定。

沥青表面处治层是按嵌挤原则构成强度的,为了确保矿料间有良好的嵌挤作用,同一层的矿料颗粒尺寸应力求均匀,其最大粒径应与表面处治单层厚度相当。当采用乳化沥青时,为了减少乳液流失,可在主层集料中掺加20%以上的较小粒径的集料。沥青表面处治层施工后,应在路侧另备 5 ~ 10 mm 碎石或 3 ~ 5 mm 石屑、粗砂或小砾石 2 ~ 3 m³/1000 m² 作为初期养护用料,在施工时与最后一遍料一起撒布。

此外,对矿料的其他质量要求,如,足够的强度和耐磨性能、与沥青良好的粘结力、干燥清洁无杂质等,也适用于其他类型的沥青路面。

沥青表面处治可采用拌和法或层铺法施工。拌和法施工可采用热拌热铺或冷拌冷铺法,层铺法宜采用沥青洒布车及集料撒布机联合作业,并确保各工序紧密衔接。每个作用段长度应根据压路机数量,沥青洒布设备及集料撒布机能力等确定,当天施工的路段必须在当天完成。单层及三层沥青表面处治的施工程序与双层式相同,仅需相应地减少或增加一次洒布沥青、撒铺矿料和碾压工序。层铺法沥青表处的施工工艺如下。

1. 清理下承层

在表面处治层施工前,应将路面下承层清扫干净,使下承层的矿料大部分外露,并保持干燥。对有坑槽、不平整的路段应先修补和整平,若下承层整体强度不足,则应先予补强。级配沙砾、级配碎石下承层及水泥、石灰、粉煤灰等无机结合料稳定土或粒料的半刚性基层上须浇洒透层沥青,并且应尽早铺筑沥青面层。然而当乳化沥青作透层时,洒布后应待其充分渗透、水分蒸发后方可铺筑沥青面层,此段时间应在 24 h 以上。

2. 洒布沥青

下承层清扫或透层沥青充分渗透后,即可按要求的速度浇洒沥青。若采用汽车洒布机洒布沥青,应根据单位面积的沥青用量选定洒布机排挡和油泵挡位;若采用手摇洒布机洒布沥青,应根据施工气温和风向调节喷头离地面的高度和移动的速度,以确保沥青洒布均匀,并应按洒布面积来控制单位沥青用量。沥青的浇洒温度根据施工气温及沥青标号选择,石油沥青的洒布温度为 130 ~ 170℃,煤沥青为 80 ~ 120℃。乳化沥青在常温下洒布,当气温偏低、破乳及成型过慢时,可将乳液加温后洒布,但乳液温度不得超过 60℃。

沥青洒布要均匀。当发现有空白、缺边时,应立即用人工补洒,有沥青积聚时应予刮除。沥青浇洒的长度应与集料撒布机能力相配合,应避免沥青浇洒后等待较长时间才撒铺集料。为保证前后两车喷洒的接茬搭接良好,可用铁板或建筑纸等横铺在本段起洒点前及终点后,长度为 1 ~ 1.5 m。如需分数幅浇洒时,纵向搭接宽度为 10 ~ 15 cm。若浇洒第二、三层沥青时,搭接缝应错开。

3. 铺撒矿料

洒布沥青后应趁热迅速铺撒矿料，按规定用量一次撒足。撒料后应及时扫匀，达到全面覆盖一层、厚度一致、集料不重叠，也不露出沥青的要求。当局部有缺料时，应采用人工方法适当找补，局部集料过多时，应将多余集料扫出。若使用乳化沥青，集料撒布必须在乳液破乳之前完成，若沥青为分幅浇洒，在两幅的搭接处，第一幅浇洒沥青应暂留 10 ~ 15 cm 宽度不撒石料，待第二幅浇洒沥青后一起撒布集料。

4. 碾压

铺撒矿料后即用 60 ~ 80 kN 双轮压路机或轮胎压路机及时碾压。碾压应从一侧路缘压向路中心。碾压时，每次轮迹重叠约 30 cm，碾压 3 ~ 4 遍。压路机行驶速度开始为 2 km/h，以后可适当提高。

5. 双层式或三层式沥青表面处治施工

重复 2、3、4 步工艺。

6. 初期养护

当发现表面处治层有泛油时，应在泛油处补撒与最后一层石料规格相同的嵌缝料并扫匀，过多的浮动集料应扫出路面外，并不得搓动已经粘着就位的集料。如有其他破坏现象，也应及时进行修补。

除乳化沥青表面处治应待破乳后水分蒸发并基本成型后方可通车外，沥青表面处治层在碾压结束后即可开放交通。在通车初期应设专人指挥交通或设置障碍物控制行车，使路面全部宽度均匀压实。同时在路面完全成型前应限制行车速度不超过 20 km/h，严禁畜力车及铁轮车行驶。

（二）沥青贯入式

沥青贯入式路面具有较高的强度和稳定性，其强度构成主要依靠矿料的嵌挤作用和沥青材料的粘结力，适用于二级及二级以下的公路，城市道路的次干道及支路，也可作为沥青混凝土路面的联结层。由于沥青贯入式路面是一种多孔隙结构，为了避免水的下渗，增强路面的水稳定性，路面的最上层应撒布封层料或加铺拌和层。乳化沥青贯入式路面铺筑在半刚性基层上时，应铺筑下封层。沥青贯入层作为联结层时，可不撒表面封层料。

沥青贯入式路面应选择在干燥和较热的季节施工，并在雨季前及日最高温度低于 15℃ 到来之前半个月结束，使贯入式结构层通过开放交通碾压成型。

沥青贯入层厚度通常为 4 ~ 8 cm，但乳化沥青贯入式路面的厚度不应超过 5 cm。当贯入层上面加铺拌和的沥青混合料面层时，总厚度宜为 6 ~ 10 cm，其中拌和层的厚度宜为 2 ~ 4 cm。

沥青贯入式路面所用的集料应选择有棱角、嵌挤性好的坚硬石料，结合料可采用石油沥青、煤沥青或乳化沥青。

沥青贯入式面层的施工工序如下：

（1）整修和清扫基层。

（2）浇洒透层或粘层沥青。

（3）铺撒主层矿料。颗粒大小要均匀，并检查松铺厚度。严禁车辆在铺好的集料层上通行。

（4）碾压。主层集料撒铺后应采用 6～8 t 的钢筒式压路机进行初压。碾压速度宜为 2 km/h，碾压应自路边缘逐渐移向路中心，每次轮迹重叠约 30 cm，其次应从另一侧以同样方法压至路中心，称为碾压一遍。检验路拱和纵向坡度，若不符合要求，应调整找平再压，至集料无显著推移为止。然后用 10～12 t 压路机进行碾压，每次轮迹重叠 1/2 左右，压 4～6 遍，直至主层集料嵌挤稳定，无显著轮迹为止。

（5）浇洒第一层沥青。沥青的浇洒温度应根据沥青标号及气温情况选择。若采用乳化沥青，为防止乳液下漏过多，可在主层集料碾压稳定后，先撒铺一部分上一层嵌缝料，再浇洒主层沥青。

（6）铺撒第一次嵌缝料。主层沥青浇洒后，应立即均匀撒布第一层嵌缝料，并立即扫匀，不足处应找补。

（7）碾压。嵌缝料扫匀后应立即用 8～12 t 钢筒式压路机进行碾压，轮迹重叠 1/2 左右，压 4～6 遍直至稳定。碾压时随压随扫，使嵌缝料均匀嵌入。

（8）浇洒第二层沥青，撒布嵌缝料，然后碾压。

（9）铺撒封层料。施工要求与撒布嵌缝料相同。重复该过程，采用 6～8 t 压路机碾压 2～4 遍，然后开放交通。

（10）初期养护。沥青贯入式路面开放交通后的交通控制、初期养护等与沥青表面处治相同。沥青贯入式表面不撒布封层料而加铺沥青混合料拌和层时，应紧跟贯入层施工，使上下成为一个整体。贯入部分采用乳化沥青时，应待其破乳、水分蒸发且成型稳定后方可铺筑拌和层。若拌和层与贯入部分不能连续施工，又要在短期内通行施工车辆时，贯入层部分的第二遍嵌缝料应增加用量 2～3 m³/1000 m²。在摊铺拌和层沥青混合料前，应清除贯入层表面的杂物、尘土以及浮动石料，再补充碾压一遍，并浇洒粘层沥青。

（三）乳化沥青碎石混合料路面

乳化沥青碎石混合料适用于三级及三级以下公路的沥青面层、二级公路的养护罩面以及各级公路沥青路面的联结层或整平层。通常情况下，乳化沥青碎石混合料路面的沥青面层采用双层式：下层采用粗粒式沥青碎石混合料，上层采用中粒式或细粒式沥青碎石混合料。单层式只适合在少雨干燥地区或半刚性基层上使用。在多雨潮湿地区必须做上封层或下封层。

乳化沥青碎石混石料的矿料级配应满足规范要求，并根据已有道路的成功经验试拌确定配合比。其乳液用量应根据当地实践经验以及交通量、气候、石料情况、沥青标号、施工机械等条件确定，也可根据热拌沥青碎石混合料的沥青用量折算。实际的沥青用量宜较同规格热拌沥青混合料的沥青用量减少15%～20%。乳化沥青碎石混合料应采用拌和机拌和，在条件限制时也可在现场用人工拌制。适宜拌和时间根据施工现场使用的集料级配情况、乳液裂解速度、拌和机械性能、施工时的气候等具体条件通过试拌确定，机械拌和不宜超过30 s（自矿料中加进乳液的时间算起），人工拌和不超过60 s。

已拌好的混合料应立即运至现场进行摊铺。拌和与摊铺过程中已破乳的混合料，应予废弃。拌制的混合料应用沥青摊铺机摊铺。若采用人工摊铺，应防止混合料离析。松铺系数可通过试验确定。

乳化沥青碎石混合料的碾压应符合下列要求：

混合料摊铺后，应采用6 t左右的轻型压路机初压，碾压1～2遍，使混合料初步稳定，再用轮胎压路机或轻型钢筒式压路机碾压1～2遍。初压时应匀速进退，不得在碾压路段上紧急制动或快速起动。

当乳化沥青开始破乳，混合料由褐色转变成黑色时，用12～15 t轮胎压路机或10～12 t钢筒压路机复压2～3遍后，立即停止，晾晒一段时间待水分蒸发后，再补充复压至密实为止。压实过程中如有推移现象应立即停止碾压，待稳定后再碾压。如，当天不能完全压实，应在较高气温状态下补充碾压。

压实成型后的路面应做好早期养护，并封闭交通2～6 h。开放交通初期，应设专人指挥，车速不得超过20 km/h，并不得制动或掉头。严禁畜力车和铁轮车通过。

乳化沥青碎石混合料施工的所有工序，包括，路面成型及铺筑上封层等，均必须在冻前完成。上封层应在压实成型、路面水分蒸发后加铺。

（四）透层、粘层与封层

1. 透层

透层是为了使路面沥青层与非沥青材料层结合良好，而在非沥青材料层上浇洒乳化沥青、煤沥青或液体石油沥青后形成的透入基层表面的薄沥青层。在级配碎（砾）石及半刚性基层上铺筑沥青混合料面层时必须浇洒透层沥青。透层沥青宜采用慢裂洒布型乳化沥青，也可使用中、慢裂液体石油沥青或煤沥青。表面致密、平整的半刚性基层上宜采用较稀的透层沥青，粒料类基层宜采用较稠的透层沥青。

透层沥青应紧接在基层施工结束、表面稍干后浇洒。当基层完工后的时间较长时，应对表面进行清扫，若表面过于干燥时，应在基层表面适当洒水并待稍干后浇洒透层沥青。高速公路和一级公路的透层沥青宜采用沥青洒布车喷洒，其他等级公路可采用手工沥青洒布机喷洒。

浇洒透层沥青应符合以下要求：浇洒的透层沥青应渗入基层一定深度，然而又不致流淌而在表面形成油膜；气温低于10℃及大风、降雨时不得浇洒透层沥青；浇洒后，禁止车辆、行人通过；未渗入基层的多余透层沥青应刮除，有遗漏的部位应补洒。

在半刚性基层上浇洒透层沥青后，立即以 2 ~ 3 m³/1000 m² 的用量将石屑或粗砂撒布在基层上，然后用 6 ~ 8 t 钢筒压路机稳压一遍。当需要通行车辆时，应控制车速。透层沥青洒布后应尽早铺筑沥青面层；用乳化沥青做透层时，应待其充分渗透、水分蒸发后方可铺筑沥青面层，此段时间不宜少于 24 h。

2. 粘层

粘层是为加强沥青层之间、沥青层与水泥混凝土面板之间的粘结而洒布的薄沥青层。将热拌沥青混合料铺筑在被污染的沥青层表面、旧沥青路面及水泥混凝土路面上时应浇洒粘层，与新铺沥青路面接触的路缘石、雨水井、检查井等设施的侧面应浇洒粘层沥青。粘层宜采用快裂洒布型乳化沥青，也可采用快、中凝液体石油沥青或煤沥青。根据被粘结层的结构层类型，通过试洒确定粘层沥青用量，并符合技术要求。粘层沥青宜采用洒布车喷洒并符合以下要求：洒布应均匀，浇洒过量时应予刮除；气温低于 10℃或路面潮湿时不得浇洒；浇洒后严禁除沥青混合料运输车以外的其他车辆通行；粘层沥青浇洒后应紧接着铺筑沥青层，然而乳化沥青应待其破乳、水分蒸发后再铺沥青层。路面附属结构侧面可用人工涂刷。

3. 封层

所谓封层即为封闭表面空隙、防止水分浸入面层或基层而铺筑的沥青混合料薄层。铺筑在面层表面的称为上封层，铺筑在面层下面的称为下封层。在下列情况下，应在沥青面层上铺筑上封层：沥青面层空隙较大，渗水严重，有裂缝或已修补的旧沥青路面，需要铺抗滑磨耗层或保护层的旧沥青路面。在下列情况下，应在沥青面层下铺筑下封层：位于多雨地区且沥青面层空隙较大、渗水严重的路面，基层铺筑后不能及时铺沥青面层而又需开放交通的路面。

乳化沥青稀浆封层是用适当级配的石屑或砂与填料（水泥、石灰、粉煤灰、石粉等）、乳化沥青、外加剂和水按一定比例拌和成流态的乳化沥青稀浆，然后用稀浆封层摊铺机均匀地摊铺在需设置封层的结构层上，厚度为 3 ~ 6 mm。通常采用慢裂或中裂拌和型乳化沥青，矿料的类型及级配根据处治目的、公路等级、铺筑层厚度、集料尺寸确定。乳化沥青稀浆混合料用拌和机拌和，拌和时严格控制集料、填料、水、乳液配合比，加水量根据施工和易性要求由稠度试验确定，要求的稠度为 2 cm ~ 3 cm。混合料的湿轮磨耗试验磨耗损失不大于 800 g/m²，轮荷压砂试验的砂吸收量不大于 600 g/m²。

五、厂拌法施工沥青路面

热拌沥青混合料路面通常采用厂拌法施工，施工过程可分为：沥青混合料的拌制、运输、铺筑及碾压成型等几个阶段。

（一）搅拌站建设与搅拌设备

热拌沥青混合料在生产过程中会产生粉尘、废气、废油等污染，搅拌站设置必须符合国家有关环境保护、消防、安全等规定。搅拌站与工地现场的距离应充分考虑道路条件，确保不会因运输而导致混合料冷却至规定温度以下，避免混合料因颠簸而产生离析。搅拌站应有功能完善的防排水设施，各种原材料应分仓堆放，细集料、矿粉等应有防雨顶棚，站内道路应作硬化处理，防止泥土污染集料。

热拌沥青混合料可采用间歇式拌和机或连续式拌和机拌制。前者是在每盘拌和时计量混合料各种材料的重量，而后者则在计量各种材料之后连续不断地送进拌和器中拌和。为确保沥青混合料的质量稳定、沥青用量准确，高速公路和一级公路的沥青混凝土宜采用间歇式拌和机拌和。当工程材料从多处供料、来源或质量不稳定时，不得采用连续式拌和机。各类拌和机均应有防止矿粉飞扬散失的密封性能及除尘设备，并有检测拌和温度的装置。搅拌系统的各种传感器必须作定期检查，确保各种材料计量准确。

高速公路和一级公路用的间歇式搅拌系统必须配备计算机设备，拌和过程中能逐盘采集，并打印各传感器测定的材料用量和沥青混合料拌和量、拌和温度等各种参数。每个台班结束时打印出一个台班的统计量并用于施工质量检查。

（二）混合料的拌制

在拌制沥青混合料之前，应根据确定的配合比进行试拌。试拌时对所用的各种矿料及沥青应严格计量。通过试拌和抽样检验确定每盘热拌的配合比及其总重量（对间歇式拌和机）、或各种矿料进料口开启的大小及沥青和矿料进料的速度（对连续式拌和机）、适宜的沥青用量、拌和时间、矿料和沥青加热温度以及沥青混合料出厂的温度。对试拌沥青混合料进行试验之后，即可选定施工的配合比。

为确保沥青混合料的质量，需要控制拌制温度、运输温度、摊铺温度及碾压温度。尤其应严格控制沥青加热温度，沥青温度过低，混合料拌和不均匀，沥青加热温度过高，可能会导致沥青老化。集料烘干后的残余含水量不超过1%。沥青混合料拌和的时间根据具体情况经试拌确定，以沥青均匀裹覆集料为度，间歇式搅拌系统的每盘生产周期不宜少于45 s（其中干拌时间不少于5～10 s）。改性沥青和SMA混合料的拌和时间应适当延长。经拌和后的沥青混合料应均匀一致，无花白料，无结团成块或严重的粗细料分离现象，不符合要求时不得使用，并应及时调整搅拌系统相关参数。

生产添加纤维的沥青混合料时，必须将纤维充分分散到混合料中，搅拌均匀。拌和机应具有同步添加投料设备，松散的絮状纤维可在喷入沥青的同时或稍后采用风送设备喷入拌和机，搅拌时间延长5 s以上。颗粒纤维在粗集料投入的同时自动加入，经5～10 s的干拌后，再投入矿粉。

（三）混合料运输

热拌沥青混合料应采用较大吨位的自卸汽车运输，车厢应清扫干净。为防止沥青与车厢板粘结，车厢侧板和底板可涂一薄层油水混合液（柴油与水的比例可达 1 ：3），然而不得有余液积聚在车厢底部。混合料运输所需的车辆数可按下式计算：

$$需要的车辆数 = 1 + \frac{t_1 + t_2 + t_3}{T} + \alpha$$

式中：T——辆车容量的沥青混合料拌和与装车所需的时间，min；

t_1——运到铺筑现场所需的时间，min；

t_2——由铺筑现场返回拌和厂所需的时间，min；

t_3——在现场卸料和其他等待时间，min；

α——备用的车辆数（运输车辆发生故障及其他用途时使用）。

沥青混合料运输车的运量应较拌和能力或摊铺能力有所富余，施工过程中摊铺机前方应有运料车在等候卸料。对高速公路和一级公路，开始摊铺时在施工现场等候卸料的运料车不宜少于 5 辆。

从储料斗向运输车辆卸料时，应多次挪动车辆位置，平衡装料，以减少混合料离析。运输车应有保温、防雨、防污染措施。车辆在施工现场不得超载运输，或急制动、急转弯使透层、封层受到损伤。车轮不能带入泥土等外物污染摊铺现场。

向摊铺机卸料时，运料车在摊铺机前方 100 ~ 300 mm 处停住，空挡等候，由摊铺机推动缓缓前进并开始卸料，避免撞击摊铺机。有条件时可将混合料卸入转运车经二次拌和后再向摊铺机连续均匀的供料。每次卸料务必倒净，特别是改性沥青混合料和 SMA 混合料，防止余料结块。应检查每车来料的温度是否达到要求，是否遭雨淋或结团成块。

（四）混合料摊铺

1. 下承层准备和放样

沥青混合料面层铺筑前，应对其下的基层或旧路面的厚度、密实度、平整度、路拱等进行检查。基层或旧路面若有坎坷不平、松散、坑槽等，务必在混合料铺筑之前整修完毕，并清扫干净。为使铺筑层与下承层粘结良好，在铺筑前 4 ~ 8 h，在粒料类的下承层上洒布透层沥青；若下承层为旧沥青路面或水泥混凝土路面，则要在旧路面上洒布一层粘层沥青；若下承层为灰土类基层，为防止水渗入基层，加强基层与面层的粘结，要在面层铺筑前铺下封层。

在做好下承层准备的同时，进行必要的施工测量，作为混合料摊铺控制高程、厚度、平整度的依据。

2. 摊铺

热拌沥青混合料应采用沥青混合料摊铺机摊铺。对高速公路和一级公路路面，一台摊铺机的铺筑宽度不宜超过 6 ~ 7.5 m，避免造成混合料离析。应采用两台或更多台数摊铺机布置成梯队形式同步摊铺，相邻摊铺机之间间距控制在 10 ~ 20 m、摊铺范围搭接 30 ~ 60 mm，并避开车道轮迹带，上下层的搭接位置错开 200 mm 以上。

摊铺机开工前应提前 0.5 ~ 1 h 预热熨平板，至不低于 100℃，摊铺过程中合理选择熨平板的振捣或夯锤压实装置，使其具有适宜的振动频率和振幅，以提高路面的初始压实度。摊铺机必须缓慢、均匀、连续不间断的作业，不得随意变换速度或中途停顿；摊铺机的螺旋布料器应根据摊铺速度确保均匀、稳定旋转，两侧混合料不低于布料器高度的 2/3，以减少混合料离析，提高路面平整度。摊铺速度控制在 2 ~ 6 m/min 范围内，对改性沥青混合料或 SMA 混合料则应放慢至 1 ~ 3 m/min。当发现混合料出现明显的离析、波浪、裂缝、拖痕时，应查明原因并消除。

用机械摊铺的混合料，不宜用人工反复修正。局部机械无法摊铺的部位不可避免用人工找补时，应仔细进行，严防混合料降温过多和离析。

应采用自动找平方式控制摊铺高程，下面层或基层采用钢丝引导的高程控制方式，上面采用平衡梁或雪橇式厚度控制方式，中面层根据情况选用其中一种。沥青混合料的松铺系数应根据试铺试压确定。

（五）混合料压实与成型

混合料压实是获得高质量、高路用性能沥青路面的关键工序之一，必须重视混合料压实工作。压实成型的沥青混合料应满足规定压实度和平整度要求。

沥青混凝土的压实厚度不宜超过 100 mm；沥青稳定碎石混合料最大压实厚度不宜超过 120 mm。应配备数量足够的碾压设备，选择合理的压路机组合方式及初压、复压、终压的碾压步骤，进而以达到最佳压实效果。高速公路铺筑双车道路面的压路机数量不宜少于 5 台。施工温度低、风大、碾压层薄时，压路机数量应适当增加。

1. 初压

混合料摊铺后紧接着进行初压，并保持较短的初压长度，在热量损失较小的情况下尽快使混合料被压实。若摊铺机摊铺后混合料初始压实度较大，经实践证明采用振动压路机或轮胎压路机直接碾压不会出现严重推移现象时，可免去初压，直接进行复压。初压的目的主要是使混合料初步稳定，采用钢轮压路机静压 1 ~ 2 遍，在此过程中，压路机驱动轮面向摊铺机，从外侧向中心碾压，在超高路段则由低向高碾压，在坡道上应将驱动轮从低处向高处碾压。初压后应检查平整度、路拱，有严重缺陷时进行修整乃至返工。

2. 复压

复压紧跟在初压后进行，且不得随意停顿。碾压长度尽量缩短，保持 60 ~ 80 m 左右。

采用不同型号压路机组合时，应安排每台压路机均全幅碾压，防止不同部位的压实度不均匀。密级配沥青混合料优先采用总吨位不低于 25 t 的重型轮胎压路机进行搓揉碾压，以增加路面密水效果，每个轮胎的压力不小于 15 kN，冷态的轮胎充气压力不小于 0.55 mPa，轮胎发热后不小于 0.6 mPa，且各个轮胎的充气压力相同，相邻碾压带重叠 1/3 ~ 1/2 的碾压轮宽度。混合料粗集料较多、最大粒径较大时，优先选用振动压路机，振动压路机的振动频率宜为 35 ~ 50 Hz，振幅宜为 0.3 ~ 0.8 mm。碾压厚度较大时采用高频率大振幅，以获得较大的激振力；厚度较小时采用高频率低振幅，避免集料破碎；厚度小于30 mm 的薄沥青层不宜用振动压路机碾压。压路机折返时应先停止振动，相邻碾压带重叠100 ~ 200 mm。三轮钢筒压路机总吨位不应小于 12 t，相邻碾压带重叠 1/2 后轮宽，且不小于 200 mm。大型压路机无法碾压的部位采用小型振动压路机或振动夯板压实。

3. 终压

终压采用双轮钢筒压路机或关闭振动的振动压路机进行，主要是为了消除碾压轮迹。终压紧跟在复压后进行。

4.SMA、OGFC 混合料的碾压

SMA 混合料不宜采用轮胎压路机碾压，以防止沥青结合料搓揉挤压上浮。通常采用振动压路机按"紧跟、慢压、高频、低幅"的原则进行碾压。OGFC 混合料采用 12 t 的钢筒压路机碾压，碾压过程中保持碾压轮清洁，有混合料粘轮时应立即清除。当采用向碾压轮喷水避免粘轮时，必须控制喷水量且成雾状，不得漫流，避免混舍料降温过快造成温度离析。

（六）接缝处理与开放交通

沥青路面的各种施工缝，由于压实不足易产生病害，施工时必须十分注意，确保其紧密、平顺。

纵缝应采用热接缝。施工时应将已铺混合料部分留下 10 ~ 20 cm 宽暂不碾压，作为后摊铺部分的高程基准面，最后作跨缝碾压以消除缝迹。半幅施工不能采用热接缝时，应加设挡板或采用切刀切齐，摊铺另半幅前必须将缝边缘清扫干净，并浇洒少量粘层沥青。

相邻两幅及上下层的横向接缝应错位 1 m 以上。对高速公路和一级公路，中下层的横向接缝可采用斜接缝，在上面层采用垂直的平接缝。其他等级公路的各层均可采用斜接缝。铺筑接缝时，可在已压实部分上面铺设一些热混合料使之预热软化，以加强新旧混合料的粘接。然而在开始碾压前应将预热用的混合料铲除。

热拌沥青混合料路面应待摊铺层完全自然冷却，混合料表面温度低于 50℃后，方可开放交通。需提早开放交通时，可洒水冷却降低混合料温度。

六、热拌沥青混合料路面施工质量管理和检查

沥青路面施工应根据全面质量管理的要求，建立健全有效的质量保证体系，实行严格的目标管理、工序管理与岗位责任制度。对施工各阶段的质量进行检查、控制、评定，达到所规定的质量标准，确保施工质量的稳定性。施工质量管理包括：施工前、施工过程中质量管理与质量控制，以及各施工工序间的检查及工程交工后的质量检查验收。高速公路、一级公路沥青路面应加强施工过程质量控制，实行动态质量管理。

（一）施工前的材料与设备检查

原材料质量符合要求是确保沥青路面质量的重要前提，施工前必须检查各种材料的来源和质量。施工过程中材料来源或规格有变化时，必须对材料来源、质量、数量、供应计划、料场堆放及储存条件等进行检查。检查时应以同一料源、同一次购入并运至生产现场的相同规格品种的集料、沥青为一批进行检查。质量达不到要求的材料严禁使用。正式开工前，各种原材料的实验结果及据此进行的配合比设计和生产配合比设计应向建设单位和质量监理单位报告。

拌和厂及沥青路面施工机械和设备的配套情况、技术性能、计量精度等也应在施工前进行检查和调试。各种称量传感器应进行标定并得到监理的认可。

（二）铺筑实验路

高速公路和一级公路在施工前应铺筑试验路段。试验段的长度应根据试验目的确定，宜为 100 ~ 200 m。试验段最好在直线段上铺筑，如，在其他道路上铺筑时，路面结构等条件应相同，路面各结构层的试验可安排在不同的试验段上。

热拌沥青混合料路面试验路段分试拌及试铺两个阶段进行，应包括下列试验内容：

（1）根据沥青路面各种施工机械相匹配的原则，确定合理的施工机械、机械数量及组合方式。

（2）通过试拌来确定拌和机的上料速度，拌和数量与时间、拌和温度等操作工艺参数。

（3）通过试铺确定透层沥青的标号与用量、喷洒方式、温度；摊铺机的摊铺温度、摊铺速度、摊铺宽度、自动找平方式等操作工艺；压路的压实顺序、碾压温度、碾压速度及遍数等压实工艺；以及确定松铺系数和接缝方法等。

（4）验证沥青混合料配合比设计结果,提出生产用的标准矿料配合比和最佳沥青用量。

（5）建立用钻孔法及核子密度仪法测定密度的对比关系。确定粗粒式沥青混凝土和沥青碎石面层的压实标准密度。

（6）检测试验段的渗水系数。

（7）确定施工产量及作业段长度，制订施工进度计划。

（8）全面检查材料及施工质量。

（9）确定施工组织及管理体系、人员、通信、联络及指挥方式。

试验段铺筑应有相关单位参加，及时协商有关事项，明确试验结论。铺筑结束后，由施工单位就试验内容提出完整的试验路施工、检测报告，取得业主和监理的批复，作为正式施工的依据。

（三）施工阶段的质量管理与检查

施工单位在施工过程中应随时对施工质量进行自检。监理单位应按规定要求自主进行试验，并对施工单位的实验结果进行质量评定、计算合格率等。当检查结果达不到规定的要求时，应追加检测数量，查找原因并作相应处理。

（四）热拌沥青混合料路面交工验收阶段的工程质量检查与验收

热拌沥青混合料路面施工完成后，应对路面进行工程质量检查与验收，通常全线以 1 ～ 3 km 路段作为一个评定段，每侧行车道按规定的频度，随机选取测点，对于沥青混合料面层全线自检，将单个测定值与表中的质量要求和允许偏差进行比较，计算合格率；然后计算一个评定路段的平均值、极差、标准差及变异系数。施工单位在规定时间内提交全线检测结果和施工总结报告，申请交工验收。

第三节　水泥混凝土路面施工

水泥混凝土路面是由混凝土面板与基层组成的路面结构，具有刚度大、强度高、稳定性好、使用寿命长等特点，适用于各级公路特别是高速公路及一级公路。水泥混凝土面板必须具有足够的抗折强度，良好的抗磨耗、抗滑、抗冻性能以及尽可能低的线膨胀系数和弹性模量，促使混凝土路面能承受荷载应力和温度应力的综合疲劳作用，为行驶的汽车提供快速、舒适、安全的服务。施工时混凝土拌和物应具有良好的和易性。能否达到这些性能要求与混凝土的原材料品质及混合料组成有密切关系。因此，混凝土路面施工时应选用质量符合要求的原材料，混合料组成应满足强度及施工和易性要求，同时尽可能采用先进的施工工艺和方法。

一、材料要求及拌和物配合比设计

（一）材料质量要求

组成水泥混凝土路面的原材料包括：水泥、粉煤灰、粗集料（碎石）、细集料（砂）、水、外加剂、接缝材料及局部使用的钢筋等。

1. 水泥和粉煤灰

水泥是混凝土的胶结材料，混凝土的性能在很大程度上取决于水泥的质量。施工时采用的水泥质量应符合我国现行国家标准《道路硅酸盐水泥》（GB 13693—2005）规定的技术要求。通常应选用强度高、干缩性小、抗磨耗性能及耐久性能好的水泥，施工时根据公路等级、工期要求、浇筑方法、路用性能要求、经济性等因素选用合适的水泥。特重、重交通路面宜选用旋窑道路硅酸盐水泥，也可采用旋窑硅酸盐水泥或普通硅酸盐水泥；中、轻交通的路面可采用矿渣硅酸盐水泥；低温条件下施工或有提早开放交通要求的路面，可采用 R 型水泥，除此之外，宜选用普通型水泥。

此外，采用机械化铺筑时，宜选用散装水泥。散装水泥的夏季出厂温度：南方不宜高于 65℃，北方不宜高于 55℃；混凝土搅拌时的水泥温度：南方不宜高于 60℃，北方不宜高于 50℃，且不宜低于 10℃。

当采用贫混凝土和碾压混凝土作基层时，可使用各种硅酸盐水泥，不掺入粉煤灰时，宜使用强度等级 32.5 以下的水泥。掺用粉煤灰时只能使用道路水泥、硅酸盐水泥、普通水泥。水泥的抗压强度、抗折强度、安定性和凝结时间必须检验合格。粉煤灰宜采用散装灰，进货应有等级检验报告并应确切了解所用水泥中已经掺入的掺合料种类和数量。路面和桥面混凝土中可使用硅灰或磨细矿渣，使用前应进行试配试验，确保路面和桥面混凝土弯拉强度、工作性、抗磨性、抗冻性的技术指标合格。

根据路用性能要求，每批购进的水泥应附有化学成分、物理及力学指标合格的检验证明。进入施工现场以备待用的水泥应有产品合格证及化验单。若对水泥质量有怀疑、水泥出厂期超过 3 个月或水泥受潮时，必须做复查试验，并根据试验结果确定是否使用该批水泥。不同标号、厂牌、品种、出厂日期的水泥，严禁混合使用。

2. 粗集料

为了保证水泥混凝土具有足够的强度、良好的抗磨耗、抗滑及耐久性能，应选用质地坚硬、洁净、具有良好级配的粗集料，包括：碎石、碎卵石及卵石。水泥混凝土粗集料的最大粒径不应超过 37.5 mm。

粗集料的颗粒组成可采用连续级配，也可采用断级配，然而不得使用不分级的统料，应按最大公称粒径不同采用 2 ~ 4 个粒级的集料进行掺配。卵石最大公称粒径不超过 19 mm；碎卵石最大公称粒径不超过 26.5 mm；碎石最大公称粒径不超过 31.5 mm；钢纤维混凝土与碾压混凝土集料最大公称粒径不宜大于 19.0 mm。集料为连续级配的混凝土具有密度大、工作性好、不易产生离析等优点。集料为间断级配的混凝土在相同的强度下水泥用量将减少，然而施工时易产生离析现象，必须采用强力振捣。

3. 细集料

水泥混凝土中粒径在 0.15 ~ 5 mm 范围的集料为细集料。细集料应尽可能采用天然砂、机制砂或混合砂。细集料应质地坚硬、耐久、洁净。高速公路及一级公路、二级公路以及有抗盐（冻）要求的三、四级公路混凝土路面适用的砂应不低于Ⅱ级，无抗盐（冻）要求的三、四级公路混凝土路面、碾压混凝土基层可使用Ⅲ级砂。特重、重交通混凝土路面宜使用河砂，砂的硅质含量不低于25%。细集料的级配应与粗集料级配同时考虑并符合规定级配，使混凝土的集料符合级配要求。优质的混凝土应使用密度高、比表面积小的细集料，这样既能保证混凝土拌和物有适宜的工作性，硬化后有足够的强度和耐久性，同时又能达到节约水泥的目的。为了提升水泥混凝土的耐磨性能，粒径小于0.08 mm的颗粒不应超过3%，细度模数宜在2.5以上。

4. 水

用于清洗集料、拌和混凝土及养护用的水，不应含有影响混凝土质量的油、酸、碱、盐类及有机物等。饮用水通常均可使用，非饮用水经化验后满足下列要求的也可以使用：硫酸盐含量小于2.7 mg/cm³；含盐量不超过5 mg/cm³；pH值大于4。

5. 外加剂

为了改善水泥混凝土的技术性能，可在混凝土拌和过程中加入适宜的外加剂。常用的外加剂有流变剂、调凝剂及引气剂三大类。加入流变剂可改善混凝土拌和物的流变性能，常用的流变剂有塑化剂、减水剂及硫化剂等。其中最常用的是减水剂，如：木质素系减水剂（简称M剂）、萘系减水剂（NF、MF等）、水溶性树脂类减水剂（SM）等。在混凝土拌和物中加入适量的减水剂后，在保持其工作性不变的情况下可显著降低水灰比；在水灰比不变的条件下，可极大提高混凝土拌和物的工作性，从而提高混凝土的强度及抗冻、抗磨等性能。

加入调凝剂可调节水泥的凝结时间。若需要缩短水泥的凝结时间，可在拌和混凝土时加入适量的促凝剂，如水玻璃、碳酸钠、氯化钙、氟化钠等；若需要延缓水泥的凝结时间，可加入适量的缓凝剂，如无机化合物类（NO_3、PO_4）等；为了提高混凝土的早期强度，可加入适量的早强剂，常用的早强剂有氯化钙等；在低温季节施工时为了使混凝土迅速凝结、硬化，可加入适量的速凝剂；为了提高混凝土抗冻、抗渗、抗蚀的性能，可在混凝土拌和物中加入引气剂。

6. 接缝材料

接缝材料用于填塞混凝土路面板的各类接缝，根据使用部位的不同，分为接缝板和填缝料两类。接缝板可采用杉木板、纤维板、泡沫橡胶板、泡沫树脂板等做成。接缝板应能适应混凝土路面板的膨胀与收缩，施工时不变形，耐久性良好。

填缝料分为加热施工型和常温施工型两种。加热施工型包括沥青橡胶类、聚氯乙烯胶泥类、沥青玛蹄脂类等。常温施工型包括聚反氨脂焦油类、氯丁橡胶类、乳化沥青橡胶类等。填缝料应与混凝土路面板缝壁粘附力强，回弹性好，能适应混凝土路面的胀缩，不溶于水，高温不溢出，低温不脆裂，耐久性好。

7. 钢筋

素混凝土路面的各类接缝需要设置用钢筋制成的拉杆、传力杆，在板边、板端及角隅需要设置边缘钢筋和角隅钢筋，钢筋混凝土路面和连续配筋混凝土路面则要使用大量的钢筋。用于混凝土路面的钢筋应符合设计规定的品种和规格要求，钢筋应顺直，无裂缝、断伤、刻痕及表面锈蚀和油污等。

（二）配合比设计

水泥混凝土路面板的厚度和平面尺寸是以抗折强度为标准进行设计的，因此，所设计的水泥混凝土必须具有足够的抗折强度，同时还应具有良好的耐久性、耐磨性和经济性，混凝土拌和物有良好的和易性。混凝土配合比设计的主要任务包括原材料选择和配合比设计两部分内容。前者是根据路面设计和施工要求，选择技术性能符合要求的原材料。配合比设计则是根据路面对混凝土提出的一系列路用性能上的要求，确定混凝土各组成材料的最佳用量。而混凝土配合比设计的主要工作是确定混凝土的水灰比、砂率及用水量等组成参数。根据混凝土的组成情况可采用四组分法或五组分法进行。

确定混凝土配合比的计算可采用经验公式法或正交试验法。对于规模较大的混凝土路面工程，应采用正交试验法进行配合比设计，这样可用较少的试验次数优选出满足要求的配合比。

1. 水泥混凝土配合比的设计过程

（1）根据以往的设计参数或设计经验，初拟设计配合比，然后进行试拌，通过试验考察混凝土拌和物的工作性。如果测得的工作性低于设计要求，可保持水灰比不变，增加水泥浆用量；如果测得的工作性超过设计要求，可减少水泥浆用量，或者保持砂率不变，增加砂石用量。每次调整时只加入少量材料，重复试验（时间不超过 20 min），直到符合要求为止。

（2）进行强度和耐久性试验，并作必要的调整，得到设计配合比。在混凝土拌和物符合工作性要求的配合比基础上，适当增减水泥用量，配制三组混凝土梁式试件，测定实际密度，养护到规定龄期后测定抗折强度。当实测强度未达到设计要求时，可提高水泥标号、减小水灰比或改善集料级配。

（3）根据水泥混凝土拌和物的现场实际浇筑条件、集料情况（级配、含水量等）、摊铺机具和气候条件等，对配合比进行适当调整，从而得到施工配合比。

2. 正交试验法设计混凝土配合比

正交试验法又称正交设计法，是解决多因素试验问题的数学方法之一，是材料设计的有效方法之一。此方法应用数学中的搭配均衡、整齐可比的正交性原理，以最少的试验次数指明多个影响因素对某一指标的影响规律和各因素的主次关系，对于规模较大的混凝土路面工程，用正交试验法进行混凝土配合比设计，从而达到用较少的试验次数优选出满足要求的水泥用量、用水量和砂的用量，这样可提升设计效率和效益。例如，用经验公式法考察三因素、三水平的全面试验需要进行 27 次，而用正交试验法只需要 9 次即可，大大减少了试验数量。

正交试验法确定水泥混凝土配合比的过程大致如下：

（1）试验设计

用正交试验法设计水泥混凝土的配合比时，应先进行试验设计，即确定考核指标、影响因素及水平。配合比设计目的是获得强度和施工和易性等指标符合要求的水泥混凝土，因此，正交试验的考核指标应选用坍落度、7 d 抗压强度和 28 d 抗折强度。影响这些指标的因素主要为水泥用量、用水量和砂用量等，这些因素的影响水平根据设计和施工技术规范及设计经验来确定。

（2）试验及数据处理

按正交表列出的因素组合方式进行相应考核指标的试验，每一种因素组合方式都有对应的试验结果。根据考核指标的试验结果和各影响因素的水平数据，通过相关分析建立考核指标与影响因素之间的数学关系，进而找到各因素对考核指标的影响规律。通过正交试验获得考核指标与各影响因素之间的对应关系后，即可用于混凝土配合比设计。设计时将混凝土坍落度、7 d 抗压强度及 28 d 抗折强度这些有明确数值要求的指标代入所建立的关系式，即可得到设计所需的配合比。

二、滑模式摊铺机施工

混凝土路面施工方法包括：滑模式摊铺机施工、轨模式摊铺机施工、碾压混凝土施工、三辊轴机组施工和小型机具人工施工。对于高速公路及一级公路混凝土路面，宜采用施工进度快、工程质量高的机械化施工方法。

（一）滑模式摊铺机施工特点

随着公路运输交通量的迅猛发展，对高等级公路路面的内在质量、表面的行驶功能和耐久性等技术要求越来越高。现代高等级公路建设必须依靠大型成套铺装设备和高新技术措施才能使路面基本功能得以实现。滑模摊铺机施工是当今混凝土路面施工的最新技术之一，具有连续铺筑、一次成型、高质高效地完成混凝土路面铺筑的优点。摊铺机铺筑时不需要轨模，摊铺机支承在四个液压缸上，两侧设置有随机移动的固定滑模，摊铺厚度通过摊铺机上下移动来调整。滑模式摊铺机一次通过即可完成摊铺、振捣、整平等多道工序。施工中的各种动作均由电子液压系统控制，精度较高，与传统的水泥混凝土路面施工方法相比较具有非常明显的优势，主要为：

1. 内在质量高

滑模式摊铺机施工的混凝土路面具有较高的密实度，混凝土具有高而稳定的弯拉强度。

滑模摊铺机铺筑时采用高频率密集排列的振捣棒振捣及强大的挤压力成型，使相同配合比的混凝土弯拉强度比传统工艺施工高 10% ~ 15%，混凝土具有较高的断裂韧性，抵抗超载、断板的能力得到增强。此外，滑模摊铺工艺需要配制计算机自动控制的大型搅拌楼，可提高混凝土的配制准确性和稳定性，混凝土拌和物均质性好、色泽均一，也提高了混凝土路面的内在质量。

2. 表面功能好

混凝土弯拉强度的提高就意味着其抗渗、抗冻、抗磨等耐久性也相应得到提高，有利于路面表面抗滑构造深度长期保持，促使行车更安全、可靠。

3. 路面动态平整度好

滑模摊铺机铺筑时沿基准线平稳运行，路面直顺度便于调整，可确保路面具有良好的动态平整度，提高了水泥混凝土路面的行车舒适性。

4. 混凝土拌和物质量稳定

混凝土路面采用滑模摊铺机施工时要求拌和物质量高度稳定，原材料计量精度高，水灰比和水泥用量变化小，总用水量基本无变化，确保路面不出现麻面或倒边等问题，再加上摊铺机完全一致的振捣和挤压，可确保路面质量的均质稳定，不会出现水泥浆或水分在表面积聚的现象，可有效延长路面使用年限。

5. 适应范围广

滑模式摊铺机施工可适应多种类型混凝土路面的施工。包括用预制钢筋支架和 DBI 两种方式铺筑的全缩缝代传力杆的混凝土路面、钢纤维混凝土路面、聚丙烯纤维混凝土路面、耐碱玻璃纤维混凝土路面、钢筋混凝土路面、连续配筋混凝土路面、双钢混凝土特大桥桥面等，对小半径、大坡度等具有特殊几何尺寸的公路也具有良好的适应性。

6. 生产效率高、施工进度快

常用的混凝土摊铺机每天平均可完成 8.5 m 宽、260 mm 厚的高速公路路面 600 ~ 1000 m。其间劳动力需要量小。大大加快了混凝土路面的施工进度，有利于缩短混凝土路面建设周期。

7. 便于提高科技和管理水平

由于滑模式摊铺机施工的机械化程度高，需要上下游设备密切协调配合，施工中的人为干扰因素少，其中材料、机械、组织管理的科技含量高，有利于提高施工队伍管理水平和培养高素质的道路建设人员。

8. 路面使用寿命大幅度延长

根据工程实践验证，在相同的交通量条件和工作条件下，采用滑模式摊铺机施工的混凝土路面比传统工艺施工的路面使用寿命延长 6 年左右。

（二）施工准备

采用滑模式摊铺机施工混凝土路面前的准备工作包括技术准备和物质准备等方面。施工前应做好相应的准备工作，避免施工过程中出现不必要的停顿。

1.技术准备

施工前，建设单位应组织设计、监理、设计及施工单位进行技术交底。了解设计单位设计意图，明确施工技术要求。

施工单位应根据设计文件、合同文件、现场施工条件及本单位的设备、人员等情况确定混凝土路面施工工艺流程，上报合理的施工组织设计文件，精心编制施工组织计划。开工前施工单位还应对工程参与人员进行岗位培训，明确各自的职责要求及相互关系。

施工放样是采用滑模式摊铺机铺筑混凝土路面的重要准备工作。首先根据设计图纸恢复道路中心线和混凝土路面边线，在中心线上每隔 20 m 设一中桩，同时布设曲线主点桩及纵坡变坡点、路面板胀缝位置等施工控制点，并在路边设置相应的边桩，重要的中心桩要进行拴桩。每隔 100 m 左右应设置一个临时水准点，以便复核路面高程。由于混凝土路面一旦浇筑成功就很难拆除，因此，测量放样必须经常复核，在浇捣过程中也要进行复核，做到勤测、勤核、勤纠偏，确保混凝土路面的平面位置和高程符合设计要求。

混凝土路面施工前，应对混凝土路面板下的基层进行强度、密实度及几何尺寸等方面的质量检测和相应的整修。基层质量检查项目及其标准应符合基层施工技术规范要求和混凝土路面设计规范要求。对于采用滑模式摊铺机施工的路面，基层宽度应留有供摊铺机行走的宽度，通常为 50 ~ 80 cm。

2.搅拌站建设与材料准备

混凝土路面施工前的物质准备工作包括：材料准备及质量检验、混合料配合比试验与调整、机械设备准备等。混凝土路面施工前必须做好各种机械的检修工作，便于施工时能顺利运行。

为缩短运输距离，搅拌站宜设置在铺筑路段的中间位置。搅拌站应能满足原材料储运、混凝土拌和物运输、钢筋加工、供水、动力等工作要求，力求紧凑，减少占地面积。搅拌站应保障水源充足、可靠，满足搅拌、清洗、养生用水的供应。场内水泥、粉煤灰、砂石材料储运应满足以下要求：

（1）水泥、粉煤灰储存与供应。每台搅拌机应至少配备两个水泥储仓，粉煤灰应至少配备一个储仓。备用的袋装水泥和粉煤灰应放置在地势较高的位置，严禁受潮或雨淋。

（2）砂石材料储运。施工前，宜储备 10 ~ 15 d 的砂石料。砂石料场应建在排水通畅的位置，地坪应做硬化处理，不同砂石材料应分仓堆放，严禁混杂。在低温、雨天、大风天气及日照强烈条件下应设置遮盖棚。

（3）搅拌站内原材料运输与混凝土拌和物运输应减少互相干扰。搅拌楼应设厚度不小于 200 mm 的硬铺装层，并设置排污管道、积水坑或搅拌楼产生的废水回收处理设备。

根据混凝土路面施工进度计划，施工前应分批备好所需的各种材料，并在使用前进行核对、调整，各种材料应符合规定的质量要求。新出厂的水泥应至少存放一周后方可使用。路面在浇筑前必须对混凝土拌和物的工作性进行检验并作必要的调整。

3. 运输设备配置

采用滑模式摊铺机施工时，主要工序是混凝土的拌和与摊铺成型，因此，应把混凝土摊铺机作为第一主导机械，拌和机作为第二主导机械。选择的主导机械应能满足施工质量和工程进度要求。拌和机与摊铺机应互相匹配，拌和质量、拌和能力、技术可靠性及工作效率等应能满足要求。在确保主导机械发挥最大效率的前提下，选用的配套机械要尽可能少。

通常情况下，运输设备的运输能力应略大于搅拌能力，由于滑模施工工程量较大，运输距离相对较长，应尽可能采用搅拌运输车，无此条件时可使用自卸汽车，基本能满足施工要求。由于自卸车的倒料一倾而下，增加了摊铺机的负荷，会引起摊铺机履带打滑，导致路面高程和平整度合格率降低。因此，实际施工过程中，为了提高施工进度和路面质量，可在滑模摊铺机之前增加一台螺旋布料机，既克服了上述缺点，又可实现二次搅拌，解决运输途中的混凝土水分流失和离析现象。

4. 防滑处理与养生设备的配置

滑模施工作为一种高效的机械化施工工艺，施工进度快，作业面宽，通常日工作量 1000 m 左右，作业面宽 8 m 以上，防滑处理与养生相应要求用高效的设备完成，采用拉毛养生机可连续完成拉毛或拉槽和养生剂的喷洒工作。

5. 通信设备的配置

滑模摊铺系统是快速的现代生产系统，现场要求配置有快速反应能力的无线电联络通信和生产指挥调度系统。

（三）施工过程

为提高混凝土路面质量，加速施工进度，必须制定合理的滑模摊铺的工艺流程。

1. 测量放样，悬挂基准绳

滑模式摊铺机的摊铺高度和厚度可实现自动控制。摊铺机一侧有导向传感器，另一侧有高程传感器。导向传感器接触导向绳，导向绳的位置沿路面的前进方向安装。高程传感器接触高程导向绳，导向绳的空间位置根据路线高程的相对位置来安装。基准绳设置有单向坡双线式、单向坡单线式和双线坡双线式。测量时沿线应每 200 m 增设一水准点，并在控制测量精度、平差后使用。摊铺机摊铺的方向和高程准确与否，取决于导向线的准确程度，因此导向绳经准确定位后固定在打入基层的钢钎上。

一般架设传感器的导向绳的长度在 1000 m 左右即可满足日间的工作量，导向绳距待摊铺的混凝土路面 1 ~ 1.5 m 为宜，高度为路面延伸至导向线实测高程加 20 cm，导向钢钎间距为 5 ~ 10 m，在路线曲线段还应进行加密。

2. 摊铺机调整和就位

摊铺机进入摊铺现场安装后，停在起始位置，使左右侧模板前后基本上和导向线平行且前后等距，起动发动机与自动方向调整系统，缓慢向工作方向行驶，按预设模板与导向线的距离，调整前后转向传感器，使前后模板与导向线完全平行。完成方向调整之后，在路面纵横方向各找两个点并打桩成矩形，用细线将纵向桩连接，线的位置与路面设计高程相等，然后将机器移至四根桩内，而前端有一定进料仰角，调整后退至起始位置。滑模摊铺机首次摊铺时应对其摊铺位置、几何参数和机架水平度进行调整和校核，确认无误后方可开始摊铺。其他机构的调整包括：

（1）振捣棒布置

振捣棒下缘位置应在最低点以下，棒间横向间距不宜大于 450 mm，均匀排列。两侧最边缘振捣棒与摊铺边缘不宜大于 250 mm。

（2）挤压板调整

挤压底板前倾角设置为 3° 左右，提浆夯板位置宜在挤压底板前缘以下 5 ~ 10 mm 之间。

3. 混凝土搅拌

搅拌前应先检查搅拌设备的各机构是否运转正常，并根据实验室提供的配料单将各材料数据输入搅拌设备微机里，在接到前方通知后，进行搅和。搅拌和时应根据拌和物粘聚性、均质性及强度稳定性试拌确定最佳拌和时间。通常全部原材料放齐的最短纯拌时间不少于 40 s，最长总搅拌时间不应超过 240 s，具体视搅拌机性能确定。外加剂应以稀释溶液加入，并扣除相应用水量。所生产的拌和物应色泽一致，有生料、干料、离析或外加剂成团的非均质混合物严禁用于路面铺筑。一台搅拌楼每盘出料之间的坍落度最大允许偏差为 ± 10 mm 并适合现场摊铺。

4. 混凝土拌和物运输与机前布料

把搅拌好的混凝土拌和物运到摊铺现场，在运输过程中要保证不漏浆、不变干、不离析，卸料时尽量不要堆积太高，不应超过 1.5 m。远距离运输或运输桥面、钢筋混凝土路面混凝土拌和物时宜采用混凝土运输车。

机前布料尽量使混凝土在全宽方向厚度较均匀，中间可高一点，布料高度通常比成型后的路面高出 6 ~ 10 cm 为宜。

5. 摊铺机摊铺

启动自动找平和自动转向传感器，向前行驶，当布料器接触到混凝土，根据料的情况进行二次布料，调整计量门位置使料充分进入振动料仓，振动棒完全接触混凝土后启动振动棒，抹平板和左右侧模板把振实的混凝土通过相互挤压后，经过传力杆和连接筋的安装、搓平梁的搓平、超级抹平器抹平，形成混凝土路面。在开始摊铺的 5 m 内，应在摊铺进行中对摊铺出的路面高程、边缘厚度、中线、横坡度等参数进行复核测量。

滑模摊铺机应缓慢、匀速、连续不间断地作业。严禁料多追赶，然后随意停机等待、间歇摊铺。摊铺速度应根据拌和物稠度、供料多少和设备性能控制在 0.5 ~ 3.0 m/min 之间，一般控制为 1.0 m/min。拌和物稠度发生变化时应相应改变摊铺速度。正常摊铺时的振捣频率在 6000 ~ 11000 r/min 之间调整，应防止过振、欠振或漏振。摊铺过程中应经常检查振捣棒的工作情况和位置，路面出现拉裂或麻面时应立即停机检查或更换振捣棒，机后出现砂浆带时必须调整振捣棒位置。

每天摊铺工作结束时，将两侧尾模板逐渐内收大约 1 ~ 2 cm，以利于第二天摊铺。

6. 对路面进行修整加工

为保证质量，对摊铺机摊铺过的路面，应人工检查并及时对有缺陷的部分进行修整抹平，同时还应及时检测路面的平整度和高程。一定时间后，由拉毛养生机对路面进行防滑和养生处理。

7. 摊铺机的第二天摊铺

启动自动找平及自动转向传感器，外放尾模板，并将找平机构上调 0.5 cm 左右，根据导向线后退，直至计量门与前一天施工的路面齐平，之后执行上述工序，在刚刚开始摊铺段逐步下调找平机构至原来位置。内收尾模板后进入正常摊铺作业，工作缝应由专人负责处理。

8. 滑模式摊铺机施工常见问题处理

（1）溜肩、塌边

解决溜肩和塌边现象，一种方法是采取加长侧向滑模板长度，提升边角混凝土的自稳性；再一种是在滑模后、路面成形即用边板支护。此外，还可改善、调整混凝土施工配合比，提高混凝土拌和物在振捣后骨料间的嵌合稳定性；提高混凝土的拌和精度，最大限度地减小混凝土坍落度的波动；滑模施工宜用阴槽模板，提高边角的自稳性；加强边角部分的的振捣，但也不能过振；在要求较高的场合，使用跨模施工工艺。

（2）欠振、气泡未排尽

摊铺机的工作速度一般控制在 1 m/min 左右，因此，要求混凝土拌和物在较短时间内振动密实，施工过程中可能会出现欠振和气泡未排尽的现象，影响混凝土路面的耐久性。解决欠振和气泡排不尽的问题，一方面可调整混凝土配合比的配制指标，引入振动粘度系数；二是调整振动棒的排列方式。

（3）混凝土板面沟槽现象

在挤平梁的后端，有时会出现混凝土表面大量欠料或产生沟槽现象。主要是由于：一是混凝土拌和物太干，坍落度过小，导致振动出浆困难，表面振动不密实；二是振动仓内料位太低，造成振动仓内补料不足；三是振动棒位置偏移。

（4）抹平后表面呈波浪状

经过超级抹平器的作用，有时表面形成波浪状，严重影响了表面平整度。应调整抹平板的挤压力，同时要根据板块的宽度调整抹平板的工作速度。

三、轨模式摊铺机施工

轨模式摊铺机施工是由支撑在平底型轨道上的摊铺机将混凝土拌和物摊铺在基层上。摊铺机的轨道与模板是连在一起的，安装时同步进行。轨模式摊铺机施工混凝土路面包括：施工准备、拌和与运输混凝土、摊铺与振捣、表面整修及养护等工作。其中施工准备的内容和要求与滑模式摊铺机施工工艺基本相同。

（一）混合料拌和与运输

确保混凝土拌和质量的关键是选用质量符合规定的原材料、拌和机技术性能满足要求、拌和时配合比计量准确。采用轨模式摊铺机施工时，拌和设备应附有可自动准确计量的供料系统；无此条件时，可采用集料箱配合地磅的方法进行计量。各种组成材料的计量精度应不超过下列范围：水和水泥 ±1%，粗细集料 ±3%，外加剂 ±2%。拌和过程中加入外加剂时，外加剂应单独计量。用强制式搅拌机拌和坍落度为 1 ~ 5 cm 的混凝土拌和物，最佳拌和时间应控制为：立轴式强制拌和机为 90 ~ 180 s；双卧轴强制式拌和机为 60 ~ 90 s，最短拌和时间不低于低限，最长拌和时间不超过高限的 3 倍。

通常采用自卸汽车运输混凝土拌和物，拌和物坍落度大于 5 cm 时应采用搅拌车运输。从开始拌和到浇筑的时间应满足下列要求：用自卸汽车运输时，不得超过 1 h；用搅拌车运输时，不得超过 1.5 h，若运输时间超过上述时间限制或在夏季浇筑时，拌和过程中应加入适量的缓凝剂。运输时间过长，混凝土拌和物的水分蒸发和离析现象会增加，因此，应尽量缩短混凝土拌和物的运输时间，并采取措施防止水分损失和混合料离析。拌和物运到摊铺现场后倾卸于摊铺机的卸料机内，摊铺机卸料机械有侧向和纵向两种。侧向卸料机在路面摊铺范围外操作，自卸汽车不进入路面铺摊范围卸料，设有供卸料机和汽车行驶的通道；纵向卸料机在摊铺范围内操作，自卸汽车后退供料，施工时不能像侧向卸料机那样在基层上预先安设传力杆。

（二）混合料摊铺与振捣

1. 轨模安装

轨模式摊铺机的整套机械在轨模上前后移动，并以轨模为基准控制路面的高程。摊铺机的轨道与模板同时进行安装，轨道固定在模板上，然后统一调整定位，形成的轨模既是路面边模又是摊铺机的行走轨道。模板应能承受机组的重量，横向要有足够的刚度。轨模数量应根据施工进度配备并能满足周转要求，连续施工时至少需配备三个全工作量的轨模。

轨模安装时必须精确控制高程，做到轨模平直、接头平顺，否则将影响路面的外观质量和摊铺机的行驶性能。

2. 摊铺

轨模式摊铺机有刮板式、箱式及螺旋式三种类型，摊铺时将卸在基层上或摊铺箱内的混凝土拌和物按摊铺厚度均匀地充满轨模范围内。刮板式摊铺机本身能在轨道上前后自由移动，刮板旋转时将卸在基层上的混凝土拌和物向任意方向摊铺。这种摊铺机质量轻，容易操作，易于掌握，使用较普遍，然而摊铺能力较小。箱式摊铺机摊铺时，先将混凝土拌和物通过卸料机一次卸在钢制料箱内，摊铺机向前行驶时料箱内的混合料摊铺于基层上，通过料箱横向移动按松铺厚度准确、均匀地刮平拌和物。螺旋式摊铺机由可以正向和反向旋转的螺旋布料器将拌和物摊平，螺旋布料器的刮板能准确调整高度。螺旋式摊铺机的摊铺质量优于前述两种摊铺机，摊铺能力较大。

摊铺过程中应严格控制混凝土拌和物的松铺厚度，确保混凝土路面的厚度和高程符合设计要求。通常应通过试铺来确定拌和物的松铺厚度。

3. 振捣与整平

摊铺机摊铺时，振捣机跟在摊铺机后面对拌和物做进一步的整平和捣实。在振捣梁前方设置一道长度与铺筑宽度相同的复平梁，用于纠正摊铺机初平的缺陷并使松铺的拌和物在全宽范围内达到正确的高度，复平梁的工作质量对振捣密实度和路面平整度影响很大。复平梁后面是一道弧面振动梁，以表面平板式振动将振动力传到全宽范围。拌和物的坍落度通常不大于 2.5 cm，骨料最大粒径控制在 40 mm 以下。当混凝土拌和物的坍落度小于 2 cm 时，应采用插入式振捣器对路面板的边部进行振捣，以达到应有的密实度和均匀性。振捣机械的工作行走速度通常控制在 0 ~ 8 m/min，但随拌和物坍落度的增减可适当变化，混凝土拌和物坍落度较小时可适当放慢速度。

（三）表面整修

振捣密实的混凝土表面应进行整平、精光、纹理制作等工序的作业，使竣工后的混凝土路面具有良好的路用性能。

1. 表面整平

振捣密实的混凝土表面用能纵向移动或斜向移动的表面整修机整平。纵向表面整修机工作时，整平梁在混凝土表面纵向往返移动，通过机身的移动将混凝土表面整平。斜向表面整修机通过一对与机械行走轴线成 10° 左右的整平梁作相对运动来完成整平作业，其中一根整平梁为振动梁。机械整平的速度决定于混凝土的易整修性和机械特性。机械行走的轨模顶面应保持平顺，以便整修机械能顺畅通行。整平时应使整平机械前保持高度为

10 ~ 15 cm 的壅料，并使壅料向较高的一侧移动，以确保路面板的平整，防止出现麻面及空洞等缺陷。

2. 精光及纹理制作

精光是对混凝土路面进行最后的精平，使混凝土表面更加致密、平整、美观，此工序是提高混凝土路面外观质量的关键工序之一。混凝土路面整修机配置有完善的精光机械，只要在施工过程中加强质量检查和校核，便可保证精光质量。

在混凝土表面制作纹理，是提升路面抗滑性能的有效措施之一。制作纹理时用纹理制作机在路面上拉毛、压槽或刻纹，纹理深度控制在 12 mm 范围内；在不影响平整度的前提下提高混凝土路面的构造深度，可提高表面的抗滑性能。纹理应与路面前进方向垂直，相邻板的纹理应相互沟通以利排水。纹理制作从混凝土表面无波纹水迹开始，过早或过晚均会影响纹理质量。

（四）养护

混凝土表面整修完毕，应立即进行湿治养护，使混凝土在开放交通时具有规定的强度，尤其在气温较高时，必须保持已浇筑的混凝土表面湿润，以免混凝土表面干裂。在养护初期，可用活动三角形罩棚遮盖混凝土，以减少水分蒸发，避免阳光照晒，防止风吹、雨淋等。混凝土泌水消失后，可在表面均匀喷洒薄膜养护剂。喷洒时在纵横方向各喷一次，养护剂用量应足够，通常为 0.33 kg/m² 左右。在高温、干燥、大风时，喷洒后应及时用草帘、麻袋、塑料薄膜、湿砂等遮盖混凝土表面并适时均匀洒水。养护时间由试验确定，以混凝土达到 28 d 强度的 80% 以上为准。使用普通硅酸盐水泥时约为 14 d，使用早强型水泥约为 7 d，使用中热硅酸盐水泥约为 21 d。在养护期间禁止车辆通行以保护混凝土路面。

（五）接缝施工

混凝土路面在温度变化时会产生较大的温度变形，使混凝土板产生胀缩和翘曲等，为消除和减小温度变形受到约束后产生的温度应力，避免混凝土路面出现不规则开裂，必须在混凝土路面的纵横方向上设置胀缝和缩缝。同时，在混凝土路面施工过程中由于各种原因造成路面施工中断会形成施工缝。接缝施工质量的好坏将直接影响到混凝土路面的使用性能及养护维修工作量的大小，因此，各类接缝的施工应做到位置准确、构造及质量符合设计及规范要求。

1. 胀缝施工

胀缝应与混凝土路面中心线垂直，缝壁垂直于板面，宽度均匀一致，缝中不得有粘浆或坚硬杂物，相邻板的胀缝应设在同一横断面上。胀缝传力杆的准确定位是胀缝施工成败的关键，传力杆固定端可设在缝的一侧或交错布置。施工过程中固定传力杆位置的支架应准确、可靠地固定在基层上，使固定后的传力杆平行于板面和路中线，误差不大于

5 mm。铺筑混凝土拌和物时严禁造成传力杆移位，否则，将导致混凝土路面接缝区的破坏。在传力杆滑动端安装长度为 10 cm 的套筒，套筒内底与传力杆的间隙为 1 ~ 1.5 cm，空隙内用沥青麻絮填塞，滑动端涂沥青。

机械化施工混凝土路面时，胀缝可在连续铺筑混凝土拌和物的过程中完成，也可在施工终了时完成。施工时用方木、钢挡板及钢钎固定胀缝板，钢钎间距 1 m。在摊铺机前方，先在路面胀缝的传力杆范围内铺筑混凝土拌和物，用两个插入式振捣器在胀缝两侧 0.5 ~ 1.0 m 的范围内对称均匀地捣实。摊铺机摊铺至胀缝两侧各 0.5 m 范围内时，将振动梁提起，拔去钢钎，拆除方木和挡板。留下的空隙用混凝土拌和物填充并用插入式振捣器捣实，人工进行粗面，并通过摊铺机的振动修平梁进行最终修平。待接缝板以上的混凝土硬化后用锯缝机按接缝板的位置和宽度锯两条缝，凿除接缝板之上的混凝土和临时插入物，然后用填缝料填满。因此，这种施工方法可确保接缝施工质量，胀缝的外观也较好。

施工终了时，先浇筑传力杆以下的混凝土拌和物，用插入式振捣器振捣密实，并注意校正传力杆的位置，然后再摊铺传力杆以上的混凝土拌和物。摊铺机摊铺胀缝另一侧的混凝土时，先拆除端头钢挡板及钢钎，然后按要求铺筑混凝土拌和物。填缝时必须将接缝板以上的临时插入物清除。胀缝两侧相邻板的高差应符合如下要求：高速公路及一级公路应不大于 3 mm，其他等级公路不大于 5 mm。

2. 横向缩缝施工

混凝土面板的横向缩缝通常采用锯缝的办法形成。混凝土结硬后应适时锯缝，合适的锯缝时间应控制在混凝土已达到足够的强度，而收缩变形受到约束时产生的拉应力仍未将混凝土面板拉断的时间范围内。经验表明，锯缝时间以施工温度与施工后时间的乘积为 200 ~ 300 个温度小时或混凝土抗压强度为 5 ~ 10 MPa 较为合适。缝的深度一般为板厚的 1/4 ~ 1/3。

3. 纵缝施工

纵缝施工应符合设计规定的构造，确保顺直、美观。纵缝为平缝带拉杆时，应根据设计要求，预先在模板上制作拉杆置放孔，模板内侧涂刷隔离剂，拉杆采用螺纹钢筋制作。缝槽顶面采用锯缝机切割，深度为 3 ~ 4 cm，并用填缝料灌缝。不切割顶面缝槽时，应及时清除面板上的粘浆。假缝型纵缝的施工应预先用门型支架将拉杆固定在基层上或用拉杆置放机在施工时置入。假缝顶面的缝槽采用锯缝机切割，深 6 cm，使混凝土在收缩时能从切缝处规则开裂。

4. 施工缝设置

施工中断形成的横向施工缝应尽可能设置在胀缝或缩缝处，多车道路面的施工缝应避免设在同一横断面上。施工缝设在缩缝处应增设一半锚固、另一半涂刷沥青的传力杆，传力杆必须垂直于缝壁、平行于板面。

5.接缝填封

混凝土养护期满即可填封接缝，填封时接缝必须清洁、干燥。填缝料应与缝壁粘附紧密、不渗水，灌注高度通常比板面低 2 mm 左右。当使用加热施工型填缝料时，应加热到规定的温度并搅匀，采用灌缝机或灌缝枪灌缝；气温较低时应用喷灯加热缝壁，使填缝料与缝壁结合良好。

四、三辊轴机组与小型配套机具施工

（一）机具的选型与配套

水泥混凝土路面采用机械化施工具有生产效率高，施工质量容易得到保障等优点，是我国水泥混凝土路面施工的发展方向。现阶段由于受机械设备、投资等因素的影响，只是在少数比较重要的公路上得到应用，小型配套机具施工仍然是一般公路普遍采用的施工方法。小型配套机具施工需要使用拌和机、运输车辆、振捣器、振动梁、抹面机具及锯缝机等按工序联合作业，这些机具应性能稳定可靠、操作简便、易于维修并能满足施工要求。三辊轴机组施工则是在小型机具施工方法基础上，通过对部分工艺机械进行适当整合，以提高小型机具施工的质量和速度。

机具的配套情况应根据混凝土路面的工程质量、施工进度要求及施工条件等确定，各种机具应能发挥最大效能。应选用拌和质量较好的强制式或锥形反转出料的混凝土拌和机，不重要的小型工程可使用跌落式拌和机。运输拌和物的车辆一般选用中小型机动翻斗车，运距较长时宜选用混凝土搅拌运输车。振捣拌和物的振动板功率应不小于 2.2 kW，插入式振捣器功率应不小于 1.1 kW。振动梁必须有足够的刚度，长度与一次摊铺振捣的宽度相适应；振动梁上应安装功率不小于 1 kW 的振动器两台，当一次铺筑宽度小于 3.5 m 时，可只设一台。提浆滚应有足够的刚度，表面光滑平整，长度与振动梁相近。通常用叶片式或磨盘式抹面机抹面，也可用 3 m 刮尺与手工工具配合抹面。采用拉毛器、压（切）槽器和滚筒压纹器等进行纹理制作。采用三辊轴机组施工时，摊铺机后应配置一台安插振捣棒组的排式振捣机，防滑沟槽应采用硬刻机制作。

小型配套机具施工混凝土路面的一般工序为：施工准备→模板安装→传力杆安设→混凝土拌和物拌和与运输→拌和物摊铺与振捣→接缝施工→表面整修→养护与填缝。其中，施工准备、传力杆安设、混凝土拌和物拌和与运输、接缝施工、表面整修、养护及填缝与轨模式摊铺机施工的方法基本相同。三辊轴机组施工的工艺流程与小型机具施工基本相同，只是其中的某些工序用简易机组来完成。

（二）模板安装与拆除

1.模板制作

采用三辊轴机组或小型配套机具施工时，通常应采用具有足够刚度的钢模板，能满足路面施工的要求。用于设置纵缝和施工缝的模板，应根据设计要求预留传力杆或拉杆的置放孔。模板高度应与面板的设计厚度一致，误差为 2 mm。模板之间的接头处应设有牢固的拼接装置，装拆方便。同时，模板的数量应能满足施工周转要求。

2.模板安装

安装模板前应对基层进行检测，基层的各项技术指标应符合基层施工规范的质量要求。模板的平面位置与高程应符合设计要求，平面位置偏差不大于 5 mm，纵向高程偏差不大于 3 mm。模板应安装稳固，能承受摊铺、振捣、整平时的冲击和振动作用。模板间的连接应紧密平顺，不得有错缝、错位和不平顺现象。模板接头处及基层与模板之间应填塞紧密以防止漏浆，模板内侧应涂隔离剂。模板安装就位后，要横向拉线，检查混凝土板中部的厚度，测量值小于设计厚度时，应将高出的基层削平以保证混凝土路面板的厚度。

（三）混合料拌和与运输

1.要求

混凝土拌和设备的型号和数量应根据工程量大小、工程进度、运输工具、拌和质量要求等因素确定，必要时应有备用的拌和机和发电设备，以确保混凝土路面施工能连续进行。拌和场内的粗、细集料必须分别堆放，不得混杂，进入拌和机的集料必须准确过磅，使用散装水泥时必须过磅，袋装水泥应抽查质量是否合格，必须严格控制加水量，根据集料的实际含水量和天气情况确定合适的施工配合比。投入拌和机的原材料数量应根据混凝土施工配合比和拌和机容量确定，原材料每盘称量的允许误差应不超过下列规定：水泥 $\pm 2\%$，水 $\pm 1\%$，集料 $\pm 3\%$，外加剂 $\pm 2\%$。

2.拌和

拌和前，应先在拌和机内用适量的拌和物或砂浆试拌并排除，然后根据规定的施工配合比进行拌和。向拌和机投料的顺序宜有利于拌和均匀，通常为碎（砾）石→水泥→砂。材料进入拌和机后应边拌和边加水，投入外加剂的顺序应根据使用规定确定。

应每天对混凝土拌和物的稠度进行检查，每班不少于两次，如，与规定值不符，应查明原因并及时纠正。每台班或拌和 200 m³ 混凝土拌和物，应制作两组抗折强度试验的试件，必要时可增制抗压强度试件。

3.运输

装运拌和物的储料斗或车厢内壁应平整、光洁、不漏浆，使用前后应冲洗干净。在运输途中混合料明显离析时，摊铺时应重新拌匀。

（四）拌和物摊铺、振捣与表面整修

1. 摊铺

混凝土拌和物摊铺前，应对模板和基层等进行全面检查，以确保混凝土面板的几何尺寸等符合设计要求。当混凝土面板的厚度大于 25 cm 时，宜分两层摊铺，下层摊铺总厚度的 3/5。摊铺时，料铲应反扣，严禁抛掷和搂耙，防止拌和物离析。

三辊轴机组施工应按作业单元分段摊铺和整平作业，单元长度通常为 20 ～ 30 m，振捣与整平作业之间的时间间隔不宜超过 15 min。三辊轴机组前的混合料宜高于模板顶面 5 ～ 20 mm 并根据情况及时补料或铲除。

2. 振捣

插入式振捣器与平板式振捣器配合使用时，应先用插入式振捣器振捣。插入式振捣器的移动距离不宜大于作用半径的 1.5 倍，至模板边缘的距离应不大于其作用半径的 0.5 倍。振捣时应避免碰撞模板、钢筋、传力杆和拉杆。平板振捣器纵横振捣时应重叠 10 ～ 20 cm。振捣器在每一位置的停留时间应足够长，平板振捣器不宜少于 15 s，插入式振捣器不宜少于 20 s，以便将混凝土拌和物振捣密实。当拌和物停止下沉，不再冒气泡并泛出水泥浆时，混凝土即被振捣密实，但不应过振。振捣时应辅以人工找平，并随时检查模板。如，模板发生位移、变形或松动，应及时纠正。振捣作业应在混凝土拌和物初凝前完成。混凝土分两次摊铺的，振捣上层混凝土拌和物时，插入式振捣器应插入下层拌和物 5 cm 以上，以便上下两层形成整体，上层混凝土拌和物的振捣必须在下层拌和物初凝前完成。

3. 整平与提浆

振捣后应立即用振动梁在模板上平移拖振，往返 2 ～ 3 遍，使混凝土泛浆整平，赶出水泡。在拖振过程中，凹陷处应用相同配合比的混凝土拌和物找补，严禁用纯砂浆填补。经振动梁整平后，用提浆滚往返滚浆，并保持规定的路拱。根据设计要求的平整度，用 3 m 直尺或刮尺刮平。

4. 表面整修

混凝土整平提浆后，应对板边和接缝进行处理，清除留在表面的粘浆，出现掉边、缺角时应及时进行修补。表面整修宜分两次进行，首先抹面找平，到混凝土表面无泌水时再做第二次抹面。表面整修时严禁在混凝土表面上洒水或撒水泥。可用叶片式或圆盘式抹面机抹面，抹面后混凝土应平整、密实。整修若遇烈日曝晒或干旱大风时，宜设遮阴碰。抹面后沿横坡方向进行纹理制作，纹理构造深度根据面层抗滑要求确定，一般槽深为 23 mm，槽宽为 45 mm，间距 20 mm。混凝土路面板的构造深度（TD）应符合设计要求。纹理制作时，不得影响表面平整度。

五、真空脱水工艺

真空脱水是在经粗平后的混凝土拌和物上覆盖吸垫，通过真空吸水泵将混凝土中的水分抽吸出，这样可缩短整面、锯缝的工艺间隔时间，加快工程进度。真空脱水工艺适用于厚度不大于 25 cm 的混凝土路面施工。采用真空脱水工艺施工时，混凝土拌和物的坍落度可比不采用该工艺时大，高温季节宜为 3 ~ 5 cm，低温季节宜为 2 ~ 3 cm；混凝土拌和物的最大用水量可增加 8 ~ 12 kg/m³。其他工序如，模板装拆、钢筋布置、混凝土拌和、运输与铺筑、接缝施工及养护等工序保持不变。

采用真空脱水工艺施工混凝土路面时，除应具备前述小型机具外，还需配置真空泵、真空吸垫及抹面机具等。真空泵应真空度稳定，有自动脱水计量装置，配备有效抽速不低于 15 L/s 的主机。吸垫应选用真空度均匀、密封性能好、脱水效率高、操作简便、铺放容易、清洗方便的品种，每台真空泵需要配备的吸垫不少于两块。抹面机具可用叶片式或浮动圆盘式提浆抹光机。

混凝土表面振捣粗平后，即可进行真空脱水。脱水前，应先检查真空泵的空载真空度值应不小于 0.08 mPa，吸管与吸垫连接后再开机检查。铺放吸垫时应以卷放为宜，避免皱折，周边与已脱水的混凝土重叠 5 ~ 10 cm。吸垫就位后，连接吸管并开机。在开机抽吸过程中，吸垫四周密封边应用小刷沿周边轻轻扫刷，以利密封。吸垫封严后开始脱水，真空度逐渐升高，最大真空度不宜超过 0.085 mPa。如果在规定的时间内真空度达不到要求，应及时检查，采取措施解决。达到脱水时间或脱水量要求后，先将吸垫四周掀起 12 cm，继续抽吸 15 s，便于吸尽表面和吸管中的余水。真空脱水时不准在吸垫上走动，检漏补修时，应穿软底鞋。吸垫在存放和搬迁时，应避免拖拉或与有尖角的物体接触，以免吸垫出现漏洞。每班工作完毕，应将吸垫、吸管、真空泵箱内的积聚物清除并冲洗干净。

真空吸水后，用功率较小的平板振捣器复振一次，再用振动梁或提浆滚复拉一次，使混凝土表面密实平整。经过真空脱水的混凝土面板锯缝时间比规定的时间提早 3 ~ 5 h，这样可大大缩短工序之间的间歇时间，对于加快工程进度效果明显。

五、其他水泥混凝土路面施工

除普通水泥混凝土路面外，碾压混凝土、钢纤维混凝土、连续配筋混凝土、混凝土预制块等也可用于路面结构，这些特殊的混凝土路面具有一系列良好的路用性能，其施工方法与普通混凝土路面有较大差异。

（一）碾压混凝土路面施工

碾压混凝土路面是指水泥和用水量较普通混凝土，显著减少的水泥混凝土拌和物经摊铺、碾压后成型的路面。这种路面具有节约水泥、施工进度快、开放交通早等特点，与普通混凝土相比可节约投资 20% ~ 30%。然而由于碾压混凝土路面施工时表面平整度不易达到要求，在车辆高速行驶下抗滑性能下降较快，因此，将碾压混凝土直接用在高速公路及一级公路面层还比较少见。用碾压混凝土做下面层，用普通混凝土或沥青混凝土做上面层的路面则具有良好的路用性能。尤其是碾压混凝土与沥青混凝土组成的复合式路面结构（RCC+AC），刚柔并济，具有抗滑、耐磨、平整、整体强度高、低造价、行车舒适等优点。

碾压混凝土的基本组成材料与普通混凝土相同，有时掺入粉煤灰等工业废料，形成强度和稳定性俱佳的密实骨架结构，降低路面造价。

碾压混凝土路面的主要施工设备为强制式拌和机、高密实度沥青混合料摊铺机、8 ~ 12 t 振动压路机、8 ~ 20 t 轮胎压路机等。施工工序为：碾压混凝土拌和物的拌和与运输→卸入沥青混合料摊铺机→摊铺→打入拉杆→钢轮压路机初压振动压路机复压→抗滑构造处理→养护→接缝施工。由于碾压混凝土拌和物是单位用水量较少的干硬性混合料，为提高拌和质量和施工效率，应采用强制式拌和机拌和。拌和物运到摊铺现场应立即摊铺整型，由于摊铺作业对碾压混凝土路面质量影响很大，摊铺应均匀、连续地进行，并在拌和物初凝前完成。摊铺完毕即开始碾压，碾压分初压、复压和终压三个阶段。初压用钢轮压路机或振动压路机不开振碾压两遍左右，使混凝土表面稳定。随后压路机开振充分碾压，直至达到规定的密实度要求，此阶段为复压。用 8 ~ 20 t 的轮胎压路机或振动压路机不开振动进行修整碾压，称为终压，目的是为了消除碾压轮迹和表面出现的拉裂，使表面密实。

（二）钢纤维混凝土路面

钢纤维混凝土是在混凝土拌和过程中加入适量的短钢纤维，从而增强混凝土的抗折强度和抗压强度。钢纤维混凝土路面的抗裂性、耐磨性和抗疲劳性优于普通混凝土路面。钢纤维混凝土对原材料的质量要求与普通混凝土基本一致，通常选用连续级配的集料，粗集料最大粒径不宜大于 20 mm。钢纤维最短长度宜大于集料最大公称粒径的 1/3，最大长度不宜大于集料公称最大粒径的 2 倍，应互不熔结和缠绕，截面尺寸不符合设计要求的钢纤维应不超过总质量的 5%，颗粒状、粉末状的钢屑应低于总质量的 0.05%，表面无油污、锈蚀和其他杂质，宜采用熔抽型或剪切型钢纤维。

钢纤维混凝土路面的施工方法与普通混凝土路面基本相同，有钢纤维混凝土应采用强制式拌和机拌和。投料的顺序与拌和时间为：有钢纤维分散设备时，以砂→水泥→碎石→水泥→砂的顺序投料，拌和时，先干拌 60 s，然后加水湿拌，同时开动分散机，将钢纤维投入拌和筒内，再拌和 60 ~ 120 s，无钢纤维分散设备时，以水泥→1/2 砂→碎石→1/2 砂→钢纤维的顺序投料，先干拌 120 ~ 180 s，后加水湿拌 60 ~ 120 s。

钢纤维混凝土路面可采用滑模摊铺机、轨模摊铺机或三辊轴机组施工。但布料与摊铺时应保证钢纤维分布的均匀性和连续性；布料松铺高度应通过试铺确定，相同坍落度下比普通混凝土高 10 mm 左右；振捣时除确保混凝土密实外应保证钢纤维在混凝土中均匀分布；

整平后的面板不得有裸露上翘的钢纤维，表面下 10 ～ 30 mm 深度范围内的钢纤维应基本呈水平状；采用滑模摊铺机施工时，振动棒组底缘应严格控制在面板表面位置，不得插入混凝土内；采用三辊轴机组施工时，密排振捣棒组不得插入混凝土内振捣，也不得人工插入振捣，应采用大功率平板式振捣器振捣；必须采用硬刻方式制作表面抗滑沟槽。其他工序作业与普通混凝土路面施工相同。

（三）钢筋混凝土和连续配筋混凝土路面施工

钢筋混凝土路面是在普通水泥混凝土路面板内设置纵、横向钢筋或钢筋网，提高混凝土路面的整体强度，避免路面板产生的裂缝不断张开。这种路面适用于面板平面尺寸较大、形状不规则、路基土质不均匀、路基可能产生不均匀沉降或板下埋有地下设施的路段。连续配筋混凝土路面则是沿路面板纵向配置连续的钢筋网的混凝土路面，除与其他路面交接处、邻近构造物处设置胀缝以及因施工需要设置施工缝外，不再设置任何横向接缝。钢筋混凝土路面和连续配筋混凝土路面具有传荷能力和抗变形能力强、使用寿命长等优点，适用于高速公路及一级公路的面层及桥头引道等路段。

上述两种混凝土路面所用原材料的技术要求和混合料配合比与普通混凝土路面一致，施工方法与要求也基本相同。不同之处在于钢筋混凝土路面施工时，先在钢筋设计位置的底部摊铺一层混凝土拌和物，大致整平后布置钢筋，然后再摊铺钢筋之上的混凝土拌和物。设置双层钢筋时，对于板厚不大于 25 cm 的路面，上下两层钢筋应先用架立筋绑扎成骨架并安放到设计位置上，然后浇筑混凝土，钢筋安放到位后不得在上面踩踏；对于厚度大于 25 cm 的面板，上下两层钢筋应根据设计位置分层安放，分层浇筑混凝土。连续配筋混凝土路面的纵向钢筋应采用闪光对焊或电弧焊焊接，焊头形式、焊接工艺和质量应符合有关规定。钢筋的接头应错开布置，不集中于某一横断面处。横向钢筋宜置于纵向钢筋之下，纵横向钢筋互相垂直。可用与混凝土路面板同标号的预制块布置钢筋。连续配筋混凝土路面与其他路面、桥梁、涵洞等构造物的连接处，应根据实际情况选用矩形地梁、混凝土灌注桩、宽翼缘工字梁接缝、连续设置胀缝等方式进行处理。

（四）混凝土预制块路面

混凝土预制块路面是将混凝土预制成一定尺寸的板状构件，然后根据设计要求安放在基层上。混凝土预制块为矩形块或异形块，其规格应根据设计和施工条件确定。预制块按抗压强度的不同可分为 C55、C35 及 C25 三个等级。C55 级适用于重要的二级公路或城市主干路，C35 级适用于一般公路，C25 级适用于轻型车辆行驶的公路和人行道。

混凝土预制块路面下的基层质量应符合基层施工规范的规定和设计要求。铺装混凝土预制块前应在基层上设置厚度为 3 ～ 5 cm 的砂垫层，砂的含水量应不大于 5%，粒径大于 5 mm 的颗粒含量应不大于 10%，根据含水量和铺砌方法确定砂垫层的松铺厚度。施工时将砂摊开并刮平，高程符合设计要求，摊铺与刮平砂垫层时不得站在砂垫层上进行。混凝土预制块应根据设计按人字形、十字形或顺序排列等形式铺好第一排砌块，随后的一排砌块应与第一排砌块稳固、紧密地靠齐，砌块间的缝隙宜为 2 ~ 3 mm。用于靠近边缘约束带的砌块应按设

计要求特制，也可以根据空隙尺寸用预制块切割。砌块镶嵌完毕，采用平板振捣器振压预制块表面，振捣器的振捣面积宜为 0.35 ~ 0.50 m²，离心力 16 ~ 20 kN，振动频率 7.5 ~ 10.0 HZ。初振时应避开无支撑的边缘和端部砌块。

六、特殊气候条件下施工

混凝土路面的施工受自然因素的影响很大，如，出现现场降雨、强风天气、现场气温高于40℃或现场连续5昼夜气温低于5℃和夜间最低气温低于-3℃的情况之一则必须停工。其他特殊气候条件下施工时应采取必要的措施确保工程质量。

（一）高温季节施工

施工现场气温高于30℃、拌和物温度为30 ~ 35℃、空气湿度低于80%时，最好不进行混凝土路面的施工，否则即为高温季节施工。在高温施工条件下，混凝土拌和物水分蒸发快，水泥水化作用加速，混凝土易出现干缩开裂。若必须施工则应考虑温度和湿度条件，采取有效的工艺措施，确保混凝土路面质量。这些措施包括：混凝土拌和站应搭设遮阴棚，取用料堆内部温度相对较低的材料；洒水降低粗集料、模板和基层的温度，尽量用温度较低的水；拌和物温度超过35℃时应在水中加冰；为延缓初凝时间可掺加缓凝剂，尽可能在气温较低的早晨和夜间施工；自卸汽车上的混凝土拌和物要加遮盖。

（二）低温季节施工

当施工现场连续5昼夜平均气温低于5℃，夜间最低气温在 -3 ~ -5℃之间，即为混凝土路面的低温季节施工。低温下因水泥水化速度降低而强度增长缓慢，结冰还会使新铺筑的路面受到破坏，因此，低温条件下施工混凝土路面时，必须有相应的工艺措施。当施工现场气温低于0℃或混凝土拌和物温度低于5℃时，应停止施工。

低温条件下施工混凝土路面，应做好现场防冻工作，以免施工机具、材料、水管等结冻而影响施工，拌和站搭设保温棚或其他挡风设施。采用早强型水泥，掺早强型减水剂、早强剂或引气剂等，不得使用矿渣硅酸盐水泥。施工过程中应采取措施提高混凝土的拌和温度及养护温度，确保混凝土的强度发展。混凝土拌和物摊铺温度低于10℃时，应采用加热水的方法使混凝土拌和物的温度提高。若加热水后拌和物温度仍达不到要求，可先将集料加热再进行拌和，最后投入水泥。加热时，水的温度应不超过60℃，集料温度应不超过40℃，最终使混凝土拌和物的温度不超过35℃。应随时检测水、集料在拌和前和混凝土拌和物出盘时的温度。

低温季节过后，气温上升至3℃以上方可进行混凝土路面的施工，然而集料应不带有冰雪，拌和时间适当延长。下承层应不受冰冻影响，铺筑混凝土路面前，应将下承层上的冰雪清除。混凝土路面施工的各个工序必须紧密衔接，以缩短工序间隔时间。运送混凝土拌和物的车辆应有保温设施。

路面混凝土养护可采用蓄热保温的方法进行。在路面铺筑完毕，开始进行表面修整前，应搭设保温棚。混凝土终凝后，应选用合适的保温材料覆盖路面，使用加热原材料拌和的混凝土热量和水泥的水化热蓄存起来，以减少面层热量散失，这样可使混凝土在适宜的温度条件下硬化。可用麦秸、稻草、油毡纸、锯末等材料铺成至少10 cm厚的保温层。如，预报次日最低气温在-2℃以下，应提高养护温度，防止混凝土冰冻。养护洒水宜在终凝后进行，洒水时应移去保温材料，洒后覆盖。养护时间应不少于28 d，头3 d养护温度应保持在10℃以上，后7 d养护温度应保持在5℃以上。

（三）雨季施工

雨季来临前，应及时与当地气象部门联系，定期获得天气变化资料，掌握月、旬降雨趋势，特别是近期预报的降雨时间、降雨量，了解和掌握施工作业段的汇水情况，以便安排施工。应拟订雨季施工方案和相应措施，拌和站、砂石料堆场应考虑防雨防洪，拌和站应搭设遮雨棚。

雨季施工混凝土路面时，雨天或遇阵雨均应停止施工。混凝土拌和物运输车辆应备有遮盖物，如遇雨应及时覆盖。雨后施工应及时排除基层表面积水。雨季集料的含水量变化大，应及时测定，以调整拌和机的加水量。尽量从料堆内部取料，严禁用含泥量大的底脚料。雨季空气湿度大，水泥贮放应防止漏雨和受潮。铺筑的混凝土面板达到终凝前，如遇下雨，应及时覆盖塑料膜，且不得触及路表面，以免影响路面的外观。需要在雨中操作时，现场应制备足够长度、轻便、易于移动的防雨工作棚。

七、施工质量检查与竣工验收

混凝土路面施工质量应符合设计和施工规范要求。为此应加强施工前的原材料质量检验，施工过程中应对每一道工序进行严格的质量检查和控制。对已完成的混凝土路面进行外观检查，测量其几何尺寸，并根据设计文件进行校核。此外，还要查阅施工记录，包括原材料试验和试件强度资料、配合比及隐蔽构造等，以检查结果作为评定工程质量的依据。

（一）施工质量控制

1. 原材料质量检验

施工前应对各种原材料进行质量检验，以检验结果作为判定材料质量是否符合要求的依据。在施工过程中，当材料规格和来源发生变化时应及时对材料进行质量检验。材料质量检验的内容包括材料质量是否满足设计和规范要求，数量供应能否满足工程进度，材料来源是否稳定可靠，材料堆放和储存是否满足要求等。质量检查时以"批"为单位进行，通常将同一料源、同一次购进的同品种材料作为一批，取样方法按试验规程进行。混凝土所用的水泥、粗细集料、水、外加剂、钢材、接缝材料等原材料的质量检查项目和标准应符合第一节所述的有关要求。

2. 施工过程中的质量控制

在混凝土路面施工过程中，应检查混凝土拌和物的配合比是否符合设计要求，对拌和、摊铺、振捣的质量等进行检查，并作好记录。混凝土的抗折强度以养护 28 d 龄期的小梁试件测定，以试验结果计算的抗折强度作为评定混凝土质量的依据。强度试验应按下列规定进行：

（1）用正在摊铺的混凝土拌和物制作试件，若施工时采用真空脱水工艺，则试件亦采用真空脱水工艺成型。

（2）每台班或每铺筑 200 m³ 混凝土，应同时制作两组试件，龄期分别采用标准养生 7 d 和 28 d。每铺筑 1000 ~ 2000 m³ 混凝土拌和物需增制一组试件，用于检查后期强度，龄期不少于 90 d。

（3）当普通硅酸盐水泥混凝土在标准养护条件下养生 7 d 的强度达不到 28 d 强度的 60%，应分析原因，并对混凝土的配合比作适当调整。

（4）铺筑完毕的混凝土路面，应抽检实际强度、厚度。可采用现场钻取圆柱试件测定，并进行圆柱劈裂强度试验，以此推算小梁抗折强度。

（二）竣工验收

混凝土路面施工完毕，施工单位应将全线以 1 km 作为一个检查段，根据随机取样的方法选择对每一检查段的测点，按混凝土面层质量验收和允许偏差的规定进行自检，并向监理部门和建设单位提供全线检测结果及施工总结报告。施工监理单位应会同施工单位一起，按随机抽样的办法选择一定数量的检查段进行抽样检查，抽样总长度不宜少于全程的 30%，检查的内容和频度应符合规范规定。检查指标的评定标准为：对于高速公路及一级公路，可考虑 α_1=95% 的保证率；对于其他等级公路可考虑 α_1=90% 的保证率。检查段应不少于 3 个，每段长度为 1 km。

混凝土路面完工后，应根据设计文件、交工资料和施工单位提出的交工验收报告，按国家建设工程竣工验收的办法组织验收。验收时应提交设计文件和交工资料、交工验收报告、混凝土强度试验报告、材料检查及材料试验记录、基层检查记录、工程重大问题处理文件、施工总结报告、工程监理总结报告等。路面外观应无露石、蜂窝、麻面、裂缝、啃边、掉角、翘起和轮迹等现象。

第四节 公路小桥施工

一、桥梁组成及施工方法概述

道路路线通过江河、湖泊、山谷、深沟以及其他路线障碍物时，为了确保道路的连续性和车辆的正常行驶，就需要修建专门的人工跨越构造物——桥梁。根据桥梁结构的外形、受力特点、建筑材料、工程规模等的不同可将其做多种形式的分类，各类型桥梁中又可根据细部构造的不同做进一步划分，因此，桥梁工程具有多样性。本书只介绍结构形式相对简单的混凝土简支梁（板）桥的主要部位，目的在于简要介绍桥梁各部位的施工方法。

公路简支梁桥一般由基础、墩（台）、桥跨结构、桥面系等部分组成。桥墩和桥台是支撑桥跨结构并将恒载和活载传至地基的建筑物。通常设置在桥两端的桥台，它除了上述作用外，还起着衔接路基、抵御路堤填土压力的作用。将桥墩和桥台全部荷载传至地基的部分称为桥梁基础，它是确保桥梁安全工作的重要组成部分。由于基础通常深埋于土层之中，并且有时需在水下施工，故也是桥梁施工中比较困难的部分。通常人们习惯地称桥跨结构为桥梁的上部构造，称桥墩和桥台为桥梁的下部构造。桥梁工程具有施工部位多，且各部位施工方法多样等特点，施工技术也相当复杂。

1. 基础施工

一般来说，桥梁基础工程发展到今天，已经不受水文、地质条件的控制，所重视的是工程结构本身的安全和经济性。目前国内已经形成了适合我国国情的一整套桥梁基础施工工艺及相应的设备。

桥梁基础工程由于在地面以下或在水中，属于隐蔽工程，涉及地质和水文地质等问题，进而增加了它的施工复杂性和不可预见性，使桥梁基础施工无法采用统一的模式。但桥梁基础形式大致可以分为扩大基础、桩基础、管柱基础、沉井基础和组合基础等，这些形式的基础可采用相应的方法组织施工。

2. 墩（台）施工

桥梁墩（台）施工方向为垂直向上，解决材料、设备垂直提升和施工安全问题是施工的主要矛盾。根据墩柱的断面形式、高度、工期要求、现场施工条件及设备能力，混凝土墩柱可采用常规模具施工、翻模施工、爬架施工及滑模施工等方法。

3. 上部构造施工

桥梁上部构造施工要解决的主要问题是材料、构件的垂直提升，而且单个提升单元的质量往往较大。对这一问题的解决方法不同，就出现多种上部构造施工方法。此外，由于桥梁类型多、跨度变化大，再加上结构生产的预制化、结构设计方法的进步和机械设备的发展，施工方法也相应得到进步和发展，进而也形成了多种多样的施工方法。主要有：

（1）就地浇筑法

就地浇筑法是在桥位处搭设施工支架，在支架上浇筑梁体混凝土，待其达到强度要求后拆除模板、支架。是传统的施工方法。

（2）预制安装法

在预制工厂或现场预制场进行梁体的预制工作，然后采用一定的架设方法将梁体安装到预定设计位置。预制安装法施工是目前公路混凝土简支梁桥上部构造施工的主要方法。

（3）悬臂施工法

悬臂施工法是从桥墩开始，两侧对称进行现浇梁或将预制节段对称进行拼装。前者称悬臂浇筑施工，后者为悬臂拼装施工。连续刚构桥的上部构造即采用悬臂浇筑方法施工。

（4）转体施工法

转体施工是将桥梁构件先在桥位处岸边（或路边适当位置）进行预制，待混凝土达到设计强度且组件成型后旋转构件就位的施工方法。转体施工时的静力组合不变，它的支座位置就是施工时的旋转支承和旋转轴，桥梁完工后，根据设计要求改变支承情况。

（5）顶推施工法

顶推施工是在沿桥纵轴方向的台后设置预制场地，分节段预制，并用纵向预应力筋将预制节段与施工完成的梁体联成整体，然后通过水平千斤顶施力，将梁体向前顶推出预制场地，之后继续在预制场进行下一节段梁体的预制，循环操作直至梁体施工完成。连续梁桥的施工可采用这种方法。

（6）移动模架逐孔施工法

逐孔施工是中等跨径预应力混凝土连续梁桥的一种施工方法，它使用一套安装在桥梁下部构造上的支撑体系构成施工平台，即为移动模架，形成上部构造施工场地，各主要施工工序在移动模架上完成，施工时从桥的一端向前逐孔进行，直到对岸。

（7）横移施工法

横移施工是在拟安装结构的位置侧面先进行构件预制，然后横向移动该预制构件至规定位置上形成桥垮。

（8）提升与浮运施工法

这是一种采用竖向运输就位的施工方法。提升施工是在拟安装结构物以下的地面上预制该结构并把它提升就位。浮运施工是将梁体在岸上预制，通过大型浮船移运至桥位，利用船的上下起落或吊装设备将梁体安装就位的方法。

选择确定桥梁的施工方法，务必需要根据桥位的地形、环境、安装方法的安全性、经济性、施工速度等因素充分考虑。

二、桥梁基础及墩（台）的施工

（一）扩大基础施工

扩大基础是桥涵及其他构造物常用的基础形式，其平面尺寸常为矩形，基础平面尺寸通常均较其上面构造物的底面（如墩的底面）要大。明挖扩大基础施工的主要内容包括基础的测量放样、基坑开挖、基坑排水、基底处理与地基加固、圬工砌筑等。

1. 测量放样

为修筑基础而开挖的临时性坑井称为基坑。基坑属于临时性工程，其作用是提供一个空间，使基础的砌筑作业得以根据设计规定的位置进行。在坑基开挖前，应先进行基础的测量放样工作，以便正确地将设计，图上的基础位置准确地设置到桥址上。放样工作是根据桥梁中心线与墩（台）的纵横轴线，推出基础边线的定位点，再放线划出基坑的开挖范围。

2. 基坑的开挖

扩大基础的基坑一般采用明挖法施工。基坑开挖至设计高程后，应及时进行坑底土质和承载力鉴定、清理及整平工作，然后砌筑基础结构物。

根据坑壁稳定等情况将基坑开挖分为无支护开挖和有支护开挖：当地基土质坚实、基坑开挖后能保持坑壁稳定时，可不设置支撑，采用放坡开挖；当土质较差、开挖深度较大、放坡受到用地或其他条件限制等因素的影响时，需要进行各种形式的坑壁支撑。

在干涸无水的河滩中（或有水但经改河、筑堤能排除地表水的河沟中）、地下水位低于基础或渗透量小，不影响坑壁稳定、基础埋置不深、施工期较短、基坑开挖时不影响邻近建筑物安全等情况下，可考虑选用坑壁不加支撑的基坑开挖方案。当坑壁土质不稳定并有地下水影响、放坡开挖工程量过大、施工现场与邻近建筑物过近，不能采用放坡开挖时，须采用坑壁有支撑的基坑开挖方案。

根据施工时水的条件分为无水开挖和有水开挖：在坑基开挖过程中有水渗入时，需要在基坑四周开挖边沟和集水井以便排除积水。在水中开挖基坑时，通常要在基坑周围预先修筑临时性的挡水结构物（称为围堰），然后将围堰内水排干，再开挖基坑。

当基础位于地表水以下，且地下水流速较大时，最常用的方法是采用围堰法。其作用主要是防水和围水，并具有支撑基坑坑壁的作用。围堰的结构型式和材料要根据水深、流速、地质情况、基础型式以及通航要求等条件进行选择。然而不论何种形式和材料的围堰，均必须满足下列要求。

（1）围堰顶部宜高出施工期间最高水位 70 cm，最低不应小于 50 cm，用于防御地下水的围堰宜高出水位或地面 20 ~ 40 cm；

（2）围堰外形应适应水流排泄，大小不应压缩流水断面过多，以免壅水过高危害围堰安全，或影响通航、导流等；

（3）应尽量采取措施防止或减少渗漏，以减轻排水工作。对围堰外围边坡的冲刷和修筑围堰后引起的河床的冲刷均应有防护措施；

（4）围堰施工通常应安排在枯水期进行。

3. 基坑排水

基坑坑底位于地表水或地下水位以下时，水会渗入坑内，因此，必须设法把坑内的水排除，以便于施工。常用的基坑排水方法有：

（1）集水坑排水。除严重流沙外，通常情况下均可适用。集水坑（沟）的大小，主要根据渗水量的大小而定；排水沟底宽不小于 0.3 m，纵坡为 1% ~ 5%。，如排水时间较长或土质较差时，沟壁可用木板支撑防护。集水坑一般设在下游位置，坑深应大于进水笼头高度，并用荆笆、竹篾或木笼围护，以防止泥沙阻塞吸水笼头。

（2）井点排水。当土质较差并有严重流沙现象、地下水位较高、挖基较深或坑壁不稳定，用普通排水方法难以解决时，可采用井点排水法。井点排水应根据基坑土的渗透系数、降水深度要求选用喷射井点法或深井点法。

4. 基底处理

天然地基基础靠基底土壤直接承担荷载，故基底土壤状态的好坏，对基础及墩（台）、上部结构的正常工作影响很大，促为使土壤更有效的承担荷载，有时需要进行基底处理工作，处理方法视基底土质而异。

5. 地基加固

当桥涵所在位置的土层为压缩性大、强度低的软弱土层时，除可采用桩基、沉井等深基础外，也可视具体情况采用相应的加固处理措施，以提高其承载能力，然后在其上修筑扩大基础，以求获得缩短工期、节省投资的经济效果。对于一般软弱土层地基，其加固处理方法可归纳为三类，即：

（1）换土法

将基础下软弱土层全部或部分挖除，换填物理力学性质较好的土；

（2）挤密土法

用重锤夯实或采用砂桩、石灰桩、砂井等方法处理，使软弱土层挤压密实或排水固结；

（3）胶结土法

用化学浆液灌入或粉体喷射搅拌等方法，使土壤颗粒胶结硬化。

实际工程中可根据软弱土层的厚度及其物理力学性质、要求的承载能力大小、施工期限、施工机具和材料供应等因素，就地取材、因地制宜予以选用。

6. 圬工砌筑

在基坑中砌筑基础圬工，可分为无水砌筑、排水砌筑及水下灌注三种情况。基础圬工用料应在基坑开挖完成前准备好，以保证能及时砌筑基础。

排水砌筑的施工要点是：确保在无水状态下砌筑圬工，禁止进行带水作业或用混凝土将水赶出模板外的灌注方法。基础边缘部分应严密隔水；水下部分圬工必须待水泥砂浆或混凝土终凝后才允许浸水。

水下灌注混凝土通常只有在排水困难时采用。基础圬工的水下灌注分为水下封底和水下直接灌注基础两种。封底后仍要排水再砌筑基础，封底只是起封闭渗水的作用，其混凝土只作为地基而不作为基础本身，它适用于围堰开挖的基坑。

（二）桩基础施工

当地基浅层土质比较差，持力土层埋藏较深，需要采用深基础才能满足结构物对地基强度、变形和稳定性要求时，可用桩基础。桩基础是常用的桥梁基础形式之一。

桩基按材料分类有木桩、钢筋混凝土桩、预应力混凝土桩及钢桩等。按桩的制作方法分为预制桩和钻（挖）孔灌注桩；按施工方法分为：锤击沉桩、振动沉桩、射水沉桩、静力压桩、就地灌注桩与钻孔埋置桩等，前四种又统称为沉入桩。应该依据地质条件、设计荷载、施工设备、工期限制及对附近建筑物产生的影响等选择桩基的施工方法。本书只介绍公路上常用的就地灌注混凝土桩基础施工。

就地灌注混凝土桩系指采用不同的钻（挖）孔方法，在土中形成一定直径的井孔，达到设计高程后，将钢筋骨架（笼）吊入井孔中，灌注混凝土形成为桩基础。这种桩的孔径从 25 cm 到 200 cm 以上，桩长从十余米到百米以上，可适用于各种类型桥梁基础。就地灌注混凝土桩的施工工艺发展至今已比较成熟，应用较广。

1. 钻孔灌注桩成孔

钻孔灌注桩具有入土深、单桩承载力较沉入桩大、施工进度快、用筋数量少、对周围环境影响小、设备轻便等优点。

钻孔灌注桩施工的关键是钻孔，钻孔的方法分为三种类型：即冲击法、冲抓法与旋转法。冲击法是用冲击钻机或卷扬机带动冲锤，借助锤头下落产生的冲击力，以反复冲击方式破碎土石或把土石挤入孔壁中，用泥浆浮起钻渣，或用抽渣筒或空气吸泥机排出而形成钻孔；冲抓法是利用冲抓锥自重产生的冲击力，切入土层或破碎土层，叶瓣抓土、弃土以形成钻孔；旋转法是用回旋钻机通过钻杆带动锥或钻头旋转切削土壤，用泥浆浮起并排出钻渣后形成钻孔。根据上述各种钻孔方法的实用范围和特点，结合机具设备的供应情况、设计和工期要求以及土层状况，可选择合适的成孔方法。

各种钻孔灌注桩施工因成孔方法不同和现场情况各异，施工工艺流程不会完全相同。在施工前应安排好施工计划，编制具体的施工流程图，作为安排各工序施工操作和进度的依据。通常情况下，钻孔施工的主要工序是：埋设护筒、制备泥浆、钻孔、清底、钢筋笼制作与吊装以及灌注水下混凝土等。下面就其要点作简略介绍。

（1）埋设护筒

钻孔成败的关键是防止孔壁坍塌。当钻孔较深时，在地下水以下的孔壁土在静水压力作用下会向孔内坍塌，甚至发生砂流现象。钻孔内若能保持比地下水位高的水头，增加孔内的静水压力，能稳定孔壁、防止坍塌。护筒除起这个作用外，同时还有隔离地表水、保护孔口地面、固定桩孔位置和起到钻头导向作用等。

（2）泥浆制备

钻孔泥浆由水、黏土（膨润土）和添加剂组成。具有悬浮钻渣、冷却钻头、润滑钻具、增大静水压力，并在孔壁形成泥皮，隔断孔内外渗流，防止坍孔的作用。调制的钻孔泥浆及经过循环净化的泥浆，应根据钻孔方法和地层情况采用不同的性能指标。泥浆稠度应根据地层变化或操作要求，机动掌握，泥浆太稀，排渣能力小，护壁效果差；泥浆太稠又会削弱钻头的冲击功能，减小钻进速度。

（3）成孔方法

就地灌注混凝土桩的成孔方法有许多种，国内常用的方法有正循环回转法、反循环回转法、潜水电钻法、冲抓锥法和冲击锥法。在钻孔时，钻孔必须在孔位、孔径、孔形、孔深等方面都满足设计要求。因此，在钻孔中，必须采取有效措施，以尽量减少事故发生，尤其要注意保证钻孔的垂直度。

（4）孔底清理

孔底清理应紧接在钻孔达到设计要求深度后，以避免历时过长以致泥浆沉淀，引起钻孔坍塌。对于摩擦桩，当孔壁容易坍塌时，要求在灌注水下混凝土前沉淀厚度不大于30 cm；当孔壁不易坍塌时，不大于 20 cm，对于柱桩，要求在射水或射风前，沉淀厚度不大于 5 cm。清孔方法根据使用的钻机不同而灵活应用。通常可采用正循环回钻机、反循环回钻机、真空吸泥机以及抽渣筒等清孔。

2. 挖孔灌注混凝土桩成孔

挖孔灌注桩是用人工和小型爆破，配合简单机具挖掘成孔，灌注混凝土形成桩基。适用于无水或者是极少水的较密实的各类土层。桩径（或边长）不宜小于 1.4 m，孔深通常不宜超过 20 m。其特点是需要的机具设备少，成孔后可直接观测孔内的土质状况，桩基质量有可靠的保障。对于挖孔过深（超过 15 ~ 20 m）、孔壁可能坍塌、渗水量稍大等情况，应慎重选择施工工艺，增加护壁措施和通风条件，以确保施工安全。

桩孔成形后，根据地下水渗流情况和地表水情况选择采用水下灌注工艺或常规灌注方法完成桩基混凝土施工。

（三）桥梁墩（台）施工

1. 桥墩的类型

桥墩一般指多跨桥梁的中间支撑结构，除承受上部结构的竖向压力和水平力外，还受风力及可能发生的流水压力、冰压力、船只和桥下漂流物的撞击力、地震力的作用。此外，还要承受施工时的临时荷载。因此，桥墩应有足够的强度、刚度和稳定性，以确保整个桥跨的正常工作。

桥墩形式的采用，取决于桥上线路或道路条件、桥下水流速度、墩位处水深、水流方向与桥梁中轴线的夹角、通航及桥下漂流物、基底土壤的承载能力、梁部结构及施工方法等。桥墩按受力和使用特点一般分为：重力式实体桥墩、空心桥墩、柱式桥墩、轻型桥墩和拼装式桥墩。

1）重力式实体桥墩

重力式实体桥墩主要依靠自身的重力来平衡外力确保桥墩的稳定，适用于地基良好或桥下有通航、流水等漂流物的大、中、小桥梁。重力式桥墩一般用混凝土或片石混凝土砌筑，截面尺寸及体积较大，其自重和阻水面积也较大，外形粗壮，很少应用于城市桥梁。重力式实体桥墩按截面形状分为矩形桥墩、圆形桥墩和圆端形桥墩。

（1）矩形桥墩

矩形桥墩截面为矩形，具有房工较省、模板简单、施工简便等优点，但对水流的阻力特别大，并促使水流紊乱而导致桥墩周围发生较大的局部冲刷，因此矩形桥墩一般适用于无水、静水或靠近岸边水流流速较小处。山区的跨谷桥及其他旱桥常采用矩形桥墩。

（2）圆形桥墩

圆形桥墩截面为圆形，不受水流与桥梁轴线相交角度的限制。当水流流向不稳定或水流与桥梁轴线斜交角度大于15°时应采用圆形桥墩。由于圆形桥墩各个方向的尺寸相同，不能根据桥墩纵、横向受力及使用要求不同的特点采用不同的尺寸，增大了桥墩的阻水面积，故对于斜交小于15°及横向宽度较大的桥墩不宜采用。同时，因为截面为圆形，不宜用石料砌筑。

（3）圆端形桥墩

圆端形桥墩截面中间为矩形，两端各加一个半圆，能使水流顺畅地通过桥孔，与矩形桥墩相比，它可减小水流对桥墩周围河床的局部冲刷和水流压力。这种桥墩一般用于斜交角小于15°时的水中桥墩。

2）空心桥墩

空心桥墩是指在一些高大的桥墩中，为了减少圬工体积，节省材料，或为了减轻自重，降低基底的承压应力，将墩身内部作成空腔体的桥墩，这种桥墩在外观上与实体重力式桥墩无大的差别，只是自重较实体重力式桥墩轻。

3）柱式桥墩

柱式桥墩的结构特点是由分离的两根或多根立柱或桩柱组成，是公路桥梁中采用较多的桥墩型式之一。它的外型美观，圬工体积少，而且结构轻巧，桥下通视情况良好。柱式桥墩的型式主要有单柱式、多柱式、哑铃式以及混合柱式四种。柱身截面大多为圆形和矩形。

4）轻型桥墩

轻型桥墩截面大多为薄壁矩形或薄壁圆端形实体截面，适用于小跨度、低墩的公路桥梁。轻型桥墩不像重力式桥墩那样要满足独立的稳定性要求，因此可减少圬工材料，获得较好的经济性。

5）拼装式桥墩

拼装式桥墩又称装配式桥墩，是前述的柱式桥墩及轻型桥墩采用部分构件现浇，部分构件预制，现场组拼而成的桥墩。采用拼装式桥墩可提高施工质量、缩短施工周期、减轻劳动强度，使桥梁建设向结构轻型化、制造工厂化及施工机械化发展。拼装式桥墩适用于交通较为方便、同类桥墩数量多的长大干线中的中小跨度桥梁。然而使用该类桥墩时应采用轻巧的结构型式和简单可靠的装配方法。应注意提高构件的强度和精度以保证整个结构的正常使用。

桥台作为桥梁的重要组成部分，起着支承桥跨结构和衔接桥跨与路基的作用，它不仅要承受桥跨传来的荷载及自重，而且还要承受台背回填土的压力及填土上车辆荷载产生的附加压力。因此，桥台本身应具有足够的强度、刚度和稳定性，对桥台地基的承载力、沉降量、地基与基础之间的摩阻力等都有一定的要求，以避免在荷载作用下桥台发生过大的水平位移、转动或沉降而影响桥跨的正常使用。

桥台由台顶、台身及基础三部分组成。为了加强桥台与路堤的衔接，桥台尾部应伸入路堤一定的深度，路堤前端填土应按一定的坡度做成锥体，并铺砌护坡。台帽设有支承垫石用于支承桥跨结构。

2. 桥台的类型

常用的中、小跨度的桥梁桥台类型有重力式桥台和轻型桥台两种

1）重力式桥台

重力式桥台为就地建造的整体式重型结构，主要靠自重来平衡台后的土压力，桥台本身大多用砌石、片石混凝土或混凝土等圬工材料构成，台帽则一般为钢筋混凝土。重力式桥台依据桥台的形状及台背填土情况分类，有U形桥台、T形桥台、埋式桥台、耳墙式桥台及挖台。其中常用的桥台为U形桥台，它的优点是构造简单，可以用混凝土或片、块石砌筑，它适用于填土高度在 8 ~ 10 m 以下或跨度稍大的桥梁；缺点是桥台体积和自重较大，也增加了对地基的要求。此外，桥台的两个侧墙之间填土容易积水，冻结后冻胀，使侧墙产生裂缝。因此，宜用渗水性较好的土夯填，并做好台后排水措施。

2）轻型桥台

轻型桥台多在公路桥梁中采用，一般体积较小，外观轻巧、自重轻、圬工体积少，它主要借助桥台各部分的整体刚度和材料强度承受外力，从而节省圬工，降低对地基承载力的要求和扩大应用范围，为在软土地基上修建桥台开辟了经济可行的途径。轻型桥台种类繁多，可分为以下几种：

（1）设有支撑的轻型桥台

这种桥台的特点是，台身为直立的薄壁墙，台身两侧有翼墙。在两桥台下部设有钢筋混凝土支撑梁，上部结构与桥台通过锚栓连接，于是便构成四铰框架结构系统，并借助两端台后的被动土压力来保持平衡。它的基础将视作为弹性地基上的梁来计算，通常用 C15 混凝土，当基础长度大于 12 m 时须配置钢筋。支撑梁的截面尺寸为 12 cm × 30 cm，用 C20 钢筋混凝土浇筑，搁置在基础之上，并垂直于桥台。支撑梁应对称于桥中心线布置，中距约为 2 ~ 3 m。支撑梁也可用混凝土或块石砌筑，达到节约钢筋，但截面尺寸不应小于 40 cm × 40 cm。

（2）埋置式桥台

埋置式桥台是将台身埋在锥形护坡中，只露出台帽在外以安置支座及上部构造。这样，桥台所受的土压力大为减小，桥台的体积也就相应的减少。然而由于台前护坡是用片石作表面防护的一种永久性设施，存在着有被洪水冲毁而使台身暴露的可能，故设计时必须慎重地进行强度和稳定性验算。

（3）钢筋混凝土薄壁桥台

钢筋混凝土薄壁桥台是由扶壁式挡土墙和两侧的薄壁侧墙构成。挡土墙由厚度不小于 15 cm（一般为 15 ~ 30 cm）的前墙和间距为 2.5 ~ 3.5 m 的扶壁所组成。台顶由竖直小墙和支于扶壁上的水平板构成，用以支撑桥跨结构。两侧薄壁可以与前墙垂直，有时也做成与前墙斜交。前者称 U 型薄壁桥台，后者称八字形薄壁桥台。这种桥台不仅可以减少圬工体积 40% ~ 50%，同时因自重减轻而减少了对地基的压力，故适用于软土地基的条件，但其构造和施工比较复杂，而且钢筋的用量也较多。

（4）加筋土桥台

在台后路基填土不被冲刷的中、小跨径桥梁，台高在 3 ~ 5 m 时，可采用加筋土桥台。这类桥台一般由台帽和竖向面板、拉杆、锚定板及其间填料共同组合的台身组成。拉杆两端分别为加筋土的挡土结构。拉杆应具有柔性，并要采取防腐蚀措施。锚定板尺寸不宜小于 75 cm × 75 cm，且通常埋设在路基填土的主动土压力滑裂面以外 3.5H，H 为锚定板的边长。

3. 墩（台）施工

桥梁墩（台）是桥梁建筑中的重要部分。施工时，首先要通过施工测量精确确定墩（台）的设计位置，使用刚度、强度、几何尺寸等满足要求的模板并正确进行安装，采用质量符合要求的建筑材料，严格执行施工规范的规定，以确保工程质量。

桥梁墩（台）施工的方法主要有两类：一类是就地浇筑与砌筑；一类是拼装预制混凝土砌块、钢筋混凝土或预应力混凝土构件。拼装式墩（台）适用于山谷架桥、跨越平缓无漂流物的河沟、河滩等的桥梁。尤其是在工地施工干扰多、施工场地狭窄、缺水与砂石料供应困难的地区，效果尤为显著。装配式墩（台）具有结构形式轻便、建桥速度快、圬工省、预制构件质量可得到有效保证等优点。常用的有砌块式、柱式、管节式或环圈式墩（台）等。

大多数的公路桥梁施工现场主要采用就地浇筑与砌筑，这种方法的施工期限较长，需要耗费较多的劳力与物力。近年来，随着起重机和运输设备的发展，采用拼装预制构件建造各型墩（台）的施工方法有了一定的发展。

1）就地浇筑混凝土墩（台）

就地浇筑混凝土墩（台）的施工有两个主要的工序，一是制作与安装墩（台）的模板；二是混凝土的浇筑与振捣。

（1）墩（台）的模板

根据《公路桥涵施工技术规范》的规定，模板的设计与施工应符合如下要求：①具有必须的强度、刚度和稳定性，能可靠的承受施工过程中可能产生的各项荷载，以确保结构物各部形状、尺寸正确；②尽可能采用组合钢模板或大模板，以节约木材、提升模板的适应性和周转率；③模板板面平整，接缝严密不漏浆；④拆装容易，施工时操作方便，保证安全。

模板一般用木材或钢板制成。木模质量轻，便于加工成结构物所需要的尺寸和形状，但装拆时易损坏，重复使用少。对于大量或定型的混凝土结构物，则多采用钢模板，钢模板造价较高，但可重复多次使用，且拼装拆卸方便，工程结构物外观较好。

（2）混凝土的浇筑

在墩（台）混凝土施工中，要严格控制混凝土的配合比、水灰比和坍落度等指标符合设计和施工技术规范要求。为防止墩（台）基础第一层混凝土中的水分被基底吸收或基底水分渗入混凝土，对墩（台）基底处理除应符合天然地基的有关规定外，尚应符合以下规定：①基底为非粘性土或干土时，应将其湿润；②如为过湿土时，应在基底设计高程下夯填一层10～15 cm厚片石或碎石层；③基底面为岩石时应加以湿润，铺一层厚2～3 cm水泥砂浆，然后于水泥砂浆凝结前浇筑第一层混凝土。

2）石砌墩（台）的施工

石砌墩（台）具有就地取材和经久耐用等优点，在石料丰富的地区建造墩（台）时，在施工期限许可的条件下，为节约水泥，应优先考虑石砌墩（台）的方案。

石砌墩（台）是用片石、块石或粗料石以水泥砂浆砌筑的。石料与砂浆的规格要符合有关规定。浆砌片石一般适用于高度小于6 m的墩（台）身、基础、镶面以及各式墩（台）身填腹；浆砌块石通常用于高度大于6 m以上的墩（台）身、镶面或应力要求大于浆砌片石砌体强度的墩（台）；浆砌粗料石则用于磨耗及冲击严重的镶面工程以及有整齐美观要求的桥梁墩（台）身等。

在砌筑前应按设计图放出实样，挂线砌筑。砌筑基底的第一层砌块时，如基底为土质，只在已砌石块的侧面铺上砂浆即可，不需坐浆；如基底为石质，应将其表面清洗、润湿后，先坐浆再砌筑。砌筑斜面墩（台）时，斜面应逐层放坡，以保证规定的坡度。砌块间用砂浆粘结并保持一定的缝厚，所有砌缝要求砂浆饱满。形状比较复杂的工程，应先做出配料设计图，注明块石尺寸；形状比较简单的，也要根据砌体高度、尺寸、错缝等，先行放样配好料石再砌。

3）墩（台）帽施工

墩（台）帽是支撑桥跨结构的部位，其位置、高程及垫石表面，均要确保符合设计和规范要求的精确度，以避免桥跨结构安装困难。台帽内在质量应符合相关要求，避免台帽、垫石出现裂纹，影响墩（台）的使用寿命。墩（台）帽施工的主要工序为：

（1）墩（台）帽放样

墩（台）混凝土浇筑或砌筑至离墩（台）帽底下约30～50 cm的高度时，即须测出墩（台）纵横中心线轴线，并开始树立墩、台帽模板，安装锚栓孔或安装预埋支座垫核、绑扎钢筋等。台帽放样时，应注意不要以基础中心线作为台帽背墙线。浇筑前应反复核算，以确保墩、台帽中心、垫石支座等位置方向与水平高程等符合设计要求。

（2）墩（台）帽模板安装

墩（台）帽是支撑上部结构的重要部分，其几何尺寸、位置和水平高程的精度要求较严，浇筑混凝土应从墩（台）帽下约30～50 cm处至墩（台）帽顶面一次浇筑，以保证墩（台）帽有足够厚度的紧密混凝土。台帽背墙模板应特别注意纵向支撑或拉杆的刚度，避免灌注混凝土时发生过大变形。

（3）钢筋和支座垫板的安装

墩（台）帽上的支座垫板的安设通常采用预埋支座垫板和预留锚栓孔的方法。前者须在绑扎墩（台）帽和支座、垫石钢筋时，将焊有锚固钢筋的钢垫板安设在支座的准确位置上，即将锚固钢筋和墩（台）帽骨架钢筋焊结固定，同时将钢垫板作一木架，固定在墩、台帽模板上。此法在施工时垫板位置不易准确，应经常检查与校正。后者须在安装墩（台）帽模板时，安装好预留孔模板，在绑扎钢筋时注意将锚栓孔位置留出。此法安装支座施工方便，支座垫板位置准确。

三、梁桥上部构造的施工

为了更好地进行桥梁的施工，通常应先对全桥的工程特点、技术状况、水文条件、机械设备能力、劳动力等条件制订全面的规划。包括拟订切实可行的施工方案和方法、安排施工进度计划、确定合理的施工场地布置等。以便对桥梁施工的全过程做到心中有数，便于加强施工管理工作，实现有计划、科学地组织施工。对于某些复杂的工艺，还要在进行施工前安排适当的科学实验工作，必要时应预先准备好补充的施工方案。由于类型多样，桥梁的上部构造施工具有多样性。本书只简要介绍简支梁桥的上部构造施工方法。

钢筋混凝土和预应力混凝土简支梁桥上部构造施工可分为就地浇筑（或简称"现浇"）和预制安装两大类。

（一）就地浇筑梁体施工

就地浇筑法是在桥位处搭设施工支架，在支架上浇筑梁体混凝土，待其达到规定强度后拆除模板、支架。就地浇筑施工无需预制场地，而且不需要大型起吊、运输设备将梁体吊装到预定位置，梁体的主筋可不中断，桥梁整体性好。它的缺点主要是工期长，施工质量不容易控制；对预应力混凝土梁而言，由于混凝土的收缩、徐变引起的应力损失比较大；施工中的支架、模板耗用量大，施工费用高；搭设支架影响排洪、通航，施工期间可能受到洪水和漂流物的威胁。

就地浇筑梁体的施工分三个步骤进行：准备工作；混凝土浇筑、养护及预应力筋张拉；模板和支架拆除。

1. 准备工作

现场浇筑施工的梁桥在浇筑混凝土前要进行周密的准备工作和严格的检查。通常，就地浇筑施工时一次浇筑的混凝土工程量大，需要连续作业，因此，准备工作相当重要，不可疏忽大意。

（1）支架与模板的检查

在浇筑混凝土之前应对支架和模板进行全面、严格的检查，核对设计图纸的要求，支架的接头位置是否准确、可靠，卸落设备是否符合要求，确保支架稳定、不变形；检查模板的几何尺寸是否符合设计要求，模板安装是否密贴、稳固，螺栓、拉杆、撑木是否牢固，模板内壁是否涂抹脱模剂等。

（2）钢筋和钢索位置的检查

检查钢筋与套管是否正确地按设计图纸规定的位置布置，钢筋骨架绑扎是否牢固，套管端部、连接部分与锚具处应特别注意防止漏浆，检查锚具位置、压浆管和排气孔是否可靠，各种预埋件是否齐备。

（3）浇筑混凝土前的准备工作

应检查混凝土供料、拌制、运输系统是否符合规定要求，在正式浇筑前对灌注的各种机具设备进行试运转，以防止在使用中发生故障，要根据浇筑顺序布置好振捣设备，检查螺帽紧固的可靠程度，对大型就地浇筑施工结构，必须有备用的机械、动力。

在浇筑混凝土前，应会同监理部门对支架、模板、钢筋、预留管道和预埋件进行检查合格后，方可进行浇筑混凝土的工作。

2. 混凝土的浇筑

为了确保结构的整体性，应尽量做到一次浇筑完成。当构件几何尺寸较大或工艺上需要分层浇筑时，应防止在浇筑上层混凝土时扰动和破坏下层混凝土，此时增加浇筑层次须有一定的速度，使上层浇筑的混凝土在先浇筑的混凝土初凝之前完成。同时，在确定主梁混凝土浇筑顺序时，不应使模板和支架产生有害的下沉，为了对浇筑的混凝土进行振捣，应采用适宜的分层浇筑厚度。当在斜面或曲面上浇筑混凝土时，通常从低处开始。

3. **混凝土的养护、预应力筋张拉及模板拆除**

（1）混凝土的养护

混凝土浇筑完成后应及时进行养护，确保混凝土在适宜的条件下硬化，在确保混凝土获得规定强度的同时，防止出现裂缝。要防止混凝土受雨淋、日晒、受冻及受荷载的振动、冲击。由于混凝土在硬化过程中发热，在夏季和干燥的气候下应进行湿治养生，而在冬季应保护其不受冻，采用加温的养生方式。

（2）预应力筋的张拉

后张法预应力混凝土梁，必须待混凝土达到设计要求的强度后才能进行张拉。

（3）模板拆除与卸架

当混凝土养护达到规定的强度标准后才能拆除侧模。预应力混凝土梁应在预应力筋张拉完毕或张拉到一定数量后才能拆除底模，以免梁体混凝土受拉。

施工支架的拆除必须根据设计规定的程序进行。梁的落架程序应从梁挠度最大处的支架节点开始，逐步卸落相邻两侧的节点，并要求对称、均匀、有顺序地进行，同时要求各节点分多次进行卸落，以使梁的沉落曲线逐步加大，确保施工安全。通常简支梁可从跨中向两端进行。

（二）桥梁上部构造预制安装施工

在预制工厂或在运输方便的桥址附近设置预制场进行梁的预制工作，然后采用一定的架设方法将梁体安装到预定设计位置。预制梁体安装的方法很多，需要不同的安装设备，可根据施工的实际情况合理选择。

1. **预制安装法施工的特点**

（1）由于是工厂生产制作，构件质量好，有利于确保构件的质量和尺寸精度。

（2）上下部结构可以平行作业，因而可缩短现场工期。

（3）能有效利用劳动力，并由此降低工程造价。

（4）由于施工速度快，可适用于紧急施工工程。

（5）将构件预制后由于要存放一段时间，因此在安装时已有一定龄期，可减少混凝土收缩、徐变引起的变形。

2. **构件的预制**

构件是在预制场（厂）内预制的，预制场地的布置必须合理。预制场（厂）内布置的原则使各工序能密切配合，便于流水作业，缩短运输距离和占地面积尽量少。

构件的预制工艺又分为许多种，应视具体情况合理的选择。简支梁桥常采用先张法生产和后张法生产。

（1）先张法预制工艺

先张法预制梁工艺是在浇筑梁体混凝土前张拉预应力筋，将其临时锚固在张拉台座上，然后立模浇筑混凝土，待混凝土达到规定强度后，逐步将预应力筋放松，这样由于预应力筋的弹性回缩通过其与混凝土之间的粘结作用，使混凝土获得预应力。

（2）后张法预制工艺

后张法预制工艺的步骤是先制作留有预应力筋孔道的梁体，待混凝土达到规定强度后，再在孔道内穿入预应力筋进行张拉锚固，最后进行孔道压浆并浇灌梁端封头混凝土。

后张法预制工序较先张法复杂（例如需要留孔道、穿筋、灌浆等）、且构件上耗用的锚具和埋设件等增加了用钢量和制作成本，然而鉴于此法不需要强大的张拉台座，便于在现场施工，而且又适宜于配置曲线形预应力筋的大型和重型构件制作，因此目前在公路桥梁上得到广泛的应用。

3. 梁体的安装

1）预制梁的出坑和运输

为了将预制梁构件从预制场（厂）运往桥孔现场，首先得把构件从预制底座上移出来，即所谓的"出坑"。钢筋混凝土构件在混凝土强度达到设计强度的70%、预应力混凝土构件在进行预应力张拉以后，即可进行这一工作。构件出坑时，常用的方法是，龙门吊起吊出坑、三脚扒杆偏吊出坑和横向滚移出坑。而预制梁从预制场至施工现场的运输称场外运输，根据运输距离和运输构件几何尺寸可采用大型平板车、驳船或火车运至桥位现场。预制梁在施工现场内的运输称为场内运输，常用轨道龙门吊运输、轨道平车运输，也可采用纵向滚移法运输。

2）预制梁的安装

由于可采用的吊装设备多种多样，预制梁体的安装也可采用多种方法，主要为：

（1）用跨墩龙门吊机安装

跨墩龙门吊机适用于架设水上岸滩的桥孔，同时，也可用来架设水浅、流缓、不通航河流上的跨河桥孔。

在水深不超过5 m、水流平缓、不通航的中小河流上的小桥孔，也可采用跨墩龙门吊机架梁。这时必须在水上桥墩的两侧，架设龙门吊机轨道便桥。便桥基础可用木桩或钢筋混凝土桩。在水浅流缓而无冲刷的河上，也可用木笼或草袋筑岛来做便桥的基础。便桥的梁可用贝雷梁组拼。

（2）用穿巷吊机安装

穿巷吊机可支承在桥墩和已架设的桥面上，不需要在岸滩或水中另搭脚手架与铺设轨道。因此，这种方法适用于在水深、流急、沟深的大河上架设梁体。

（3）用导梁、龙门架及蝴蝶架（联合架桥机）安装

当桥很高或水很深时，可使用导梁、龙门架和蝴蝶架联合架梁。施工时由跨过两个跨

径的导梁和两台立于相邻墩（台）顶上的龙门架与蝴蝶架联合使用来完成架梁工作。载着预制梁的平车沿导梁移至跨径上，由龙门架吊起后将梁横移降落就位。最后一片梁吊起以后将安装梁纵向拖拉至下一跨径，再将梁降落就位。

（4）用扒杆"钓鱼"法安装

用扒杆"钓鱼"法安装是用立于安装孔墩（台）上的两付人字扒杆配合运梁设备，以绞车牵引，把梁悬空吊过桥孔，再落梁就位。此法适用于梁体较轻的小跨径桥梁的安装。

（5）自行式吊车安装

当梁的跨径较小、重量较轻、且预制梁能运抵桥头引道上时，直接用自行式伸臂吊车（汽车吊或履带吊）在桥上架梁甚为方便。显然，对于已架桥孔的主梁，当横向尚未连成整体时，必须核算吊车通行和架梁工作时的承载能力。此种架梁方法，几乎不需要任何辅助作业。

（6）浮吊安装

在通航河道或深水河道上架桥，可采用浮吊安装预制梁。当预制梁分片预制安装时，浮船宜逆流而上，先远后近安装。

用浮吊安装预制梁，施工速度快，高空作业较少，吊装能力强，是大跨多孔河道桥梁的有效施工方法。采用浮吊架设要配置运输驳船，岸边设置临时码头，同时在用浮吊架设时要有牢固锚碇，作业务必要注意施工安全。

第五章　施工组织设计概论

第一节　公路施工组织设计的任务与原则

一、公路施工的特点

公路是通过设计和施工，消耗大量的物资资源及人力而完成的建筑产品。和工业生产比较，公路施工同样是把一系列的资源投入产品（即工程）的生产过程，生产上的阶段性和连续性，组织上的专业化和协作化，它们是一致的。然而，由于公路施工自身的特殊性，它不仅与工业生产不同，而且与房屋、水利等土建工程施工也有一定差异。

（一）线性分布工程，施工流动性大

公路是沿地面延伸的线性人工构筑物。由于它的线性特性，使施工流动性大，临时工程多，施工作业面狭长，施工组织与管理的工作量大，同时也给施工企业员工的生活安排带来一定的困难。

工程数量分布不均匀。大、中型桥梁、隧道、高填深挖路段的路基土石方工程等，往往是控制工期的集中工程。路面工程、小桥、涵洞、交通工程设施、环境绿化等，可视为线性分布工程。

（二）固定性的建筑，占用土地多

公路工程的全部构筑物都固定于一定地点的自然地面上，因此占用土地多。不仅有公路构筑物本身的永久性占地，而且还有施工期间的临时占地。如，设计速度 100 km/h 的一级公路的永久性占地，通常不会低于每公里 33333 m²（50 亩），这是任何一项土建工程都无法相比的。临时占地如便道、便桥、工棚、施工场地等。因此，精心设计、精心施工是十分必要的。

（三）类型繁多，施工协作性要求高

公路线形及构造物型式受地形、地质、水文等自然条件的影响，又因公路等级和使用

要求而异。因此，公路工程类型多种多样，标准化难度大，必须个别设计，施工组织亦须个别进行。就是同一地区相同技术等级的公路，也不可能采用同样的施工组织，这是因为施工时的技术条件（物资供应、机具设备、技术力量等）、自然条件（季节、气候等）和工期要求等不尽相同的缘故。

为了按计划正常施工，建设、设计、施工、监理等单位必须密切配合，施工单位的材料、动力、运输各部门应通力协作，还需要地方各级政府部门和施工沿线各相关单位的大力支持。因此，公路施工过程中的综合平衡和合理调度、严密的计划和科学的管理是特别重要的。

（四）工程形体庞大，施工周期长

公路结构物与其他土建工程一样，具有体形庞大的特点，加之公路工程的线性特性，使这一特点对施工的影响更为严重。首先是同一地点要依次进行多个分部工程作业，致使施工周期长，特别是集中土石方、特大桥等处，在较长时间内占用和消耗大量的人工、材料、机具，直到整个施工周期结束，才能得到直接使用的建筑产品；其次是施工各阶段、各环节必须有机地组成整体，在时间上不间断，空间上不闲置，才能有正常的施工秩序，否则将导致工期延迟，从而造成人力、物力和财力的大量浪费。

（五）野外作业，受外界干扰和自然因素影响

公路施工大都是野外露天作业，自然地理及气候条件，特别是灾害性天气、不良地质、不良水文等，不但影响施工，而且还会给工程造成损失；此外，来自自然的（如地形艰险、地质条件变化）和人为的（如拆迁受阻、与其他工程交叉）干扰，以及环境因素等，如果处理不当，将对工程的进度、质量、造价等造成很大的影响。

（六）工程质量影响国民经济各部门

公路关系到一个地区的总体规划和国民经济的发展，等级较高的公路总是位于经济较发达的地区，公路施工质量如不符合要求，不仅造成公路建设的直接经济损失，而且严重时会影响工农业生产和人民生活，其间接经济损失和不良的社会影响将是无法估量的。因此，"百年大计，质量第一"的方针应落实到每一个施工环节上。

二、施工组织设计的基本概念

公路施工组织设计，是公路建设项目在设计、施工阶段必须提交的技术文件，它是准备、组织、指导施工和编制施工作业计划的依据。因此，施工组织设计，是公路工程建设管理规定的主要管理制度之一，是对整个施工活动实行全面的有效控制的基础。

在中华民族几千年的文明文上，有过无数工程建设施工组织的成功事例。宋代学者沈括在他的《梦溪笔谈》一书中，有一篇《一举而三役济》的文章，记载了北宋大中祥符八

年（1015 年），大臣丁谓受命重建宫殿的事迹就是一例。宫殿毁于火灾，丁谓的重建方案是：先在废墟周围取土烧砖，然后引汴河水进入取土形成的沟中，再用船将木材、石料等外地材料运到工地，材料备齐后清理废墟填平水沟，最后重建宫殿。这个施工组织方案，在古代运输手段原始落后、完全手工操作、社会分工很差的条件下无疑是十分合理的，它必然取得减少费用、少用人工和缩短工期的良好效果。

那么，什么是施工组织设计呢？概括地说，就是在工程施工前编制的，用来指导拟建工程施工准备和组织施工的全面性的技术、经济文件。施工组织设计应从工程施工的全局出发，根据工程的特点，根据客观的施工规律和当时当地的具体施工条件和工期要求，统筹考虑施工活动中的人工、材料、机械、资金和施工方法等主要因素，对整个工程的施工在时间上和空间上做出科学而合理的安排。

施工组织设计可以是对整个基本建设项目起控制作用的总体战略部署，也可以是对某一单位工程的具体施工作业起指导作用的战术安排。以上二者均称为公路建设项目的施工组织设计，只是前者以施工的宏观控制为核心，后者以施工现场的实施为重点。做好施工组织设计的关键是根据客观的施工条件，充分考虑施工过程中可能出现的各种情况，选择切实可行的施工方案和效果最好的施工组织方法。由于公路施工受到各种因素的制约，因此，不存在固定模式的、标准化的施工组织设计。

三、施工组织设计的任务与作用

工程施工需要时间（工期）、占用空间（场地）、消耗资源（人工、材料、机具等）、投入资金（造价）、确定施工方案、选择施工方法等。公路施工需要具备哪些基本条件，如何按照施工的客观规律来考虑工期的安排、场地的布置、资源的消耗等要素，就成为公路施工组织设计必须认真解决的问题。

施工组织设计的主要任务是：确定开工前必须完成的准备工作；做好施工部署，制定经济、合理的施工方案，选择合适的施工方法和施工机具；统筹安排施工顺序，确定合理可行的施工进度计划；确定施工需用的人工、材料、机具等资源的数量；布置施工现场，做到少占农田、节约开支、有利生产、方便生活；拟定切实有效的施工技术、质量、安全措施，确保工程顺利进行。

施工组织设计的作用有：使复杂的施工过程明细化、程序化，实现有组织、有计划、有秩序的施工；合理的施工进度计划确保待建项目费用省、效率高、质量好，按合同工期完成；在施工前使工程技术人员和管理人员对工程所需的各种施工资源数量和先后顺序做到心中有数，对施工现场平面进行合理布置，实现安全生产、文明施工；针对预计可能出现的各种情况进行相应的准备，能防患于未然；可以把工程的设计与施工、技术与经济、前方与后方、整个企业的施工安排和具体工程的施工组织紧密地联系起来。

编制施工组织设计，本身就是施工准备工作的一项重要内容。公路施工从准备工作开始，也就是说，施工组织设计起着指导施工准备工作、全面布置施工活动、控制施工进度、进行劳动力和机械调配的作用，同时对施工活动内部各环节的相互关系和与外部的联系、确保正常的施工秩序起着有效的协调作用。总之，对于能否优质、高效、按时、低耗地完成公路工程施工任务起着决定性的作用。

四、公路施工组织设计的一般原则

我国公路工程施工组织设计，虽在 20 世纪 50 年代就已开始，然而真正形成制度并在公路建设中发挥举足轻重的作用，还是自改革开放以来近 20 余年的事。根据公路建设的现实，以及实施施工组织设计中的经验和教训，施工组织设计一般应遵循以下基本原则。

（一）认真贯彻我国公路建设和经济发展的方针政策

公路工程建设的投资巨大，耗用的人力、物力等各种资源多，必须纳入国家或地方政府的计划安排，公路建设才有可靠的保障。组织施工应严格按基本建设程序办事，认真做好施工组织设计，充分发动群众，建立和健全各项施工的技术保障措施和相应的施工管理制度，进而确保正常的施工秩序。

随着国家经济的发展，公路建设突飞猛进，建设资金从单一的国家投资来源，增加到地方投资、银行贷款、国外投资、发行股票及债券等多种渠道。公路施工，特别是高速公路的施工，更应该以现行政策为依据，利用施工组织设计调动各方面的积极性，努力提升劳动生产率，加快工程进度，提高工程质量，降低成本，全面完成公路建设计划。

（二）根据建设期限的要求，统筹安排施工进度

公路施工的目的，在于保质保量地把拟建项目迅速建成，尽早交付使用，早日发挥工程的社会效益和经济效益。因此，保证工期是施工组织设计中考虑的首要问题。根据规定的建设期限，按轻重缓急进行工程排队，全面考虑、统筹安排施工进度，做到保证重点，让控制工期的关键项目早日完工。在施工部署方面，既要集中力量保证重点工程的施工，又要兼顾全面，避免过分集中而导致人力、物力的浪费，同时还需要注意协调各专业之间的相互关系，按期完成施工任务。

（三）采用先进技术，实现快速施工

先进的科学技术是提升劳动生产率、加快施工速度、提高工程质量、降低工程成本的重要源泉。同时，积极运用和推广新技术、新工艺、新材料、新设备，减轻施工人员的劳动强度，是现代化文明施工的标志。

施工机械化是公路工程实现优质、快速的根本途径，扩大预制装配化程度和采用标准构件是公路施工的发展方向。只有这样，才能从根本上尽可能减少公路施工的手工操作，

实施快速施工。在组织施工时，应结合当时的机具实际配备情况、工程特点和工期要求，做出切实可行的布置和安排。注意机械的配套使用，提升综合机械化水平，充分发挥机具设备的效能。对于基础工程、路基土石方、起重运输等用工多和劳动强度大的工程，以及特殊路基、高级路面等工序复杂的工程，尤其应优先考虑机械化施工。

（四）实现连续、均衡而紧凑的施工

公路施工系野外流动作业，受外界的干扰很大，要实现连续、均衡而紧凑的施工就必须科学、合理地安排施工计划。计划的科学性，就是对施工项目做出总体的综合判断，采用现代数学的方法，促使施工活动在时间上、空间上得到最优的统筹安排，也就是施工优化。计划的合理性，是指对各个项目相互关系的合理安排，如，施工程序和工序的合理确定等。要做到这些，就必须采用系统分析、流水作业、统筹方法、电子计算机辅助管理和先进的施工工艺等现代化科学技术成果。

施工的连续性和均衡性，对于施工物资的供应、减少临时设施、生产和生活的安排等都是十分有利的。安排计划时，在保证重点工程施工的同时，可以将一些辅助的或附属的工程项目适当穿插。还应考虑季节特点，将一些后备项目作为施工中的转移调节项目。采取这些措施，才能使各专业机构、各工种工人和施工机械，能够不间断地、有次序地进行施工，尽快地由一个项目转移到另一个项目上去，进而实现在全年中能够连续、均衡而又紧凑地组织施工。

（五）保证工程质量和安全施工

公路是永久性的构筑物，工程质量的好坏不但影响施工效果，而且直接影响到沿线国民经济的发展和人民的生活。本着对国家建设高度负责的精神，严肃认真地按设计要求组织施工，确保工程质量，这是每个施工管理者成有的态度。安全施工，既是施工顺利进行的保障，也是党和国家对劳动者关怀的体现。如果施工中发生质量事故或安全事故，不但会耽误工期、造成浪费，有时甚至会引起施工工人思想情绪波动、造成难以弥补的损失。

为此，在进行施工组织设计时，要有保证工程质量和安全施工的措施，在组织施工时，要经常进行质量、安全教育，遵守有关规范、规程和制度。实行预防为主的方针，质量和安全保障措施具体可靠，认真贯彻执行，把质量事故和安全事故消灭在萌芽状态之中。

（六）增产节约，降低工程成本

公路工程建设耗费的巨额资金和大量的物资，是按工程概、预算的规定计算的，即有一个"限额"（承包人则以合同价格为限额）。如果施工时突破这一限额，不仅施工企业没有经济收益，而且从基本建设管理角度也是不允许的。因此，施工企业必须实行经济核算，贯彻增产节约的方针，才能不断降低工程成本，增强企业自身的经济实力和社会竞争力。

社会经济实力的增长，一方面是以现有生产条件为基础，挖掘潜力、增加生产，另一

方面则是依靠资金的积累，进行投资，增加生产设备，实现扩大再生产。公路施工涉及面广，需要资源的品种及数量繁杂，在施工组织设计和施工管理中，只有认真实行经济核算，增加生产，厉行节约，上面所述的科学合理的施工计划安排，就会收到更大的经济效益。此外，还应做到一切施工项目都要有降低成本的技术组织措施，尽可能减少临时工程，充分利用当地资源，以及降低一切非生产性开支和管理费用。

第二节　公路施工组织设计的阶段与内容

在公路基本建设项目的设计阶段和施工阶段，都必须编制相应的施工组织设计文件。在初步设计阶段编制施工方案（也称为施工组织规划设计），在技术设计阶段编制修正施工方案（也称为施工组织总设计），在施工图设计阶段编制施工组织计划，在施工阶段编制实施性施工组织设计。

一、施工方案

公路工程两阶段初步设计和三阶段初步设计中的施工组织设计文件称为施工方案。自方案由以下内容的文件组成。

1. 施工方案说明

（1）施工组织、施工力量的设想和施工期限的安排，关键工程项目的施工方案比较、论证、决策情况。

（2）主要工程、控制工期的工程和特殊工程采用的施工方案。

（3）主要材料的供应，施工机具、设备的配置及临时工程的安排。

（4）下一设计阶段应解决的问题及注意事项。

2. 人工、主要材料及机具、设备安排表

列出主要材料、机具、设备的名称、单位、总数量和人工数量，并分上半年、下半年编列。主要材料通常指施工中价格高的钢材、木材、水泥、沥青等，以及施工中用量大的如，石料、砂等，和施工中有特殊重要用途的如处理软土地基的土工织物、高强度水泥混凝土供用的外加剂等。

3. 工程概略进度图

根据劳动力、施工期限、施工条件以及施工方案按年和季度进行施工进度概略安排。图中应列出工程项目名称、单位、数量，按年度和季度列示出各项工程施工的起止时间、机动时间、衔接时间等。

4. 临时工程一览表

列出临时工程名称，如，便桥、便道、预制场、电力设施、通信设施等。列出各项临时工程的地点或桩号、工程项目及数量等。

5. 公路临时用地表

列出临时用地的位置或桩号、工程名称、隶属（县、镇、村、个人）关系、长度、宽度、土地类别及数量等。

上述施工方案说明列入初步设计文件的第一篇即总说明书中，其余4项构成第十篇即施工方案文件。

二、修正施工方案

采用三阶段设计的公路工程，在技术设计阶段编制的施工组织设计文件称为修正施工方案。修正施工方案根据初步设计的审查意见和施工方案说明中，提出应进一步解决的问题及注意事项进行编制，修正施工方案的编制深度和提交的文件内容，介于施工方案和施工组织计划之间。

三、施工组织计划

公路工程不论采用几个阶段设计，都要在施工图设计阶段编制施工组织计划。施工组织计划由以下内容的文件组成。

1. 说明

（1）初步设计（或技术设计）批复意见的执行情况。

（2）施工组织、施工期限、主要工程的施工方法、工期、进度及采取的措施。

（3）劳动力计划及主要施工机具的使用安排。

（4）主要材料供应、运输方案及临时工程的安排。

（5）对缺水、风沙、高原、严寒等地区以及冬季、雨季施工所采取的措施。

（6）对高速公路和一级公路的交通工程及沿线设施施工协调和分期实施有关问题的说明。

（7）施工准备工作的意见，如，拆迁、用地、修建便道、便桥、临时房屋，架设临时电电信设施等。

2. 工程进度图

图中应列出工程项目名称、单位、数量、劳动力等，按年、月分别绘出各工程项目施工延续工期并标出其月计划工日数，绘出劳动力安排示意图等。

3. 主要材料计划表

表中列出主要材料的名称、规格、单位、数量、来源、运输方式，按年、季的计划用量等。

4. 主要施工机具、设备计划表

表中列出机具、设备的名称、规格、数量（台班数、台数）、使用期限（开始和结束时间），按年、季的计划用量等。

5. 临时工程数量表

包括：便道、便桥、预制场地、施工场地、电力及通信线等。列出各项临时工程的地点或桩号、工程名称、工程说明、工程数量等。

6. 公路临时用地表

列出临时用地的位置或桩号、工程名称，土地的隶属（县、镇、村、个人）关系、长度、宽度，土地的类别及数量。施工组织计划为施工图设计文件的第十二篇。

四、实施性施工组织设计

在公路工程的招标、投标阶段和施工阶段，由施工单位编制的施工组织设计统称为实施性施工组织设计，招标、投标阶段由施工企业的经营管理层编制的施工组织设计文件称为标前施工组织设计，中标后由施工项目管理层编制的施工组织设计文件称为标后施工组织设计。标前施工组织设计是规划性的，目的是力争中标、签订工程承包合同，施工条件是一种预计，内容较概略。标后施工组织设计是操作性的，目的是组织项目施工、提高效益，施工条件确定，内容全面而具体。根据公路工程招标文件的规定，如果中标，标后施工组织设计应与标前施工组织设计基本上保持一致。

投标时编制的施工组织设计文件通常又称为施工组织设计大纲，内容必须符合招标文件的要求，通常由以下七张表或图组成：施工组织设计的文字说明；分项工程进度计划；工程管理曲线；施工总平面布置图；主要分项工程施工工艺框图；分项工程生产率和施工周期表；施工总体计划表。其中文字说明部分应包括：设备、人员动员周期以及设备、人员、材料运到施工现场的方法；主要工程项目的施工方案、施工方法；各分项工程的施工顺序，确保工程质量和工期的措施；重点（关键）和难点工程的施工方案、施工方法及其措施，冬季和雨季的施工安排，质量、安全保证体系，其他应说明的事项。

工程中标后，正式开工前编制的实施性施工组织设计文件，根据工程对象的不同又分为：施工组织总设计、单位工程施工组织设计和分部分项工程施工组织设计。施工组织总设计的编制对象是整个施工项目，在公路施工项目的准备阶段编制；单位工程施工组织设计针对某一单位工程，在其开工前编制；分部分项工程施工组织设计针对现场作业按施工工序编制。施工组织总设计、单位工程施工组织设计和分部分项工程施工组织设计，是同一工程项目的不同广度、深度和作用的三个层次的施工组织设计，它们是一个相互关联的整体，层层细化，实现对工程施工活动的有效管理与控制。

编制实施性施工组织设计时，施工原则、施工方案和施工方法已确定，施工条件明确。为确保这一阶段的施工组织设计能在工程施工中顺利实施，就必须根据不同的工程对象分别对各单位工程、各分部分项工程、各工序和施工队进行施工进度的日程安排和具体的操作设计。实施性施工组织设计文件的内容与施工图设计阶段的施工组织计划相似，但更具体、更详细。工程进度图应按月、旬、周安排，以分部工程施工为编制对象时，应列出各工序的施工持续时间，并编制相应的人工、材料、机具、设备计划。

综上所述，从施工方案到实施性施工组织设计，后一阶段比前一阶段的要求更高，内容也更详细，然而各个阶段既是独立的又是相互联系的。前一阶段是后一阶段施工组织设计的基础，后一阶段是对前一阶段施工组织设计的深化和落实。

上述施工组织设计文件的内容，是就通常情况而言，对于某一具体工程的施工组织设计，应结合该工程的实际情况，以满足公路工程的设计、施工要求为原则进行适当的调整和补充。

第三节　原始资料的调查与分析

一、调查的目的和方法

开展任何工作都应首先深入了解有关情况，才能避免盲目性，从而做出正确的决策。要编制出切实可行的施工组织设计，事先必须掌握准确可靠的原始资料，以此为依据，才能做好施工方案、安排施工进度，进而才能正确做出各项资源供应和施工现场部署。

公路施工涉及面广、专业多、材料及机具类型繁多、投资大，需要协调的问题各种各样。如果原始资料出现差错，对施工组织设计的编制和施工作业的正常进行都会造成不利影响，常常导致延误工期、质量低劣、事故频繁等严重后果。因此，施工前应有计划、有步骤地认真做好原始资料的调查、收集和分析工作。

为编制设计阶段的施工组织设计文件而进行的原始资料调查，是由设计单位在公路的勘察设计阶段进行的。为编制施工阶段的施工组织设计文件而进行的原始资料调查，则由施工单位在公路施工准备阶段进行。勘察阶段的调查由公路设计时外业勘测中的调查组，随着公路设计资料的调查同时完成。施工阶段的调查是对设计阶段调查结果的复核和补充，由开工前组成的调查组来完成。设计阶段和施工阶段的调查方法及内容基本相同，都要深入现场，通过实地勘察、座谈访问、查阅历史资料，并采取必要的测试手段获得所需数据及资料。

调查的主要内容有：工程所在地点的地形、地质、水文、气候条件，自采加工材料场储量、地方生产材料情况、施工期间可供利用的房屋数量；当地劳动力资源、工业生产加工能力、运输条件和运输工具；施工场地的水源、水质、电源，以及生活物资供应情况；当地民俗风情、生活习惯等。

二、自然条件调查

（一）地形、地貌

重点调查公路沿线大桥、隧道、附属加工场、工程困难地段。调查资料用于选择施工用地、布置施工平面图、规划临时设施、掌握障碍物及其数量等。

（二）地质

用以选择路基土石方施工方法、确定特殊路基处理措施、复核地基基础设计及其施工方案、选定自采加工材料料场、制定障碍物的拆除计划等。

（三）水文地质

1. 地下水

判定水质及其侵蚀性质和施工注意事项、研究降低地下水位的措施、选择基础施工方案、复核地下排水设计。

2. 地面水

制订水下工程施工方案、复核地面排水设计、确定临时供水的措施。

（四）气象

1. 气温

确定冬季施工及夏季防暑降温措施，估计混凝土、水泥砂浆的强度增长情况，选择水泥混凝土工程、路面工程及砌筑工程的施工季节。

2. 降雨

确定雨季施工措施、工地排水及防洪方案，确定今年施工作业的有效工作天数及桥涵下部构造的施工季节。

3. 风力及风向

布置临时设施，确定高空作业及吊装的方案与安全措施。

（五）其他自然条件

如，地震、泥石流、滑坡等、必要时亦进行调查，并注意它们对基础和路基的影响，便于采取专门的施工保障措施。

三、施工资源调查

1. 筑路材料

（1）外购材料的供应及发货地点，规格、单价、可供应数量，运输方式及运输费用。

（2）地方材料的产地、质量、单价，运输方式、运输距离及运输费用。

（3）自采加工材料的料场、加工场位置、可开采数量、运距等情况。

2. 交通运输条件

工地沿线及邻近地区的铁路、公路、河流的位置，车站、码头到工地的距离和卸货与存储能力。装卸运输费用标准。公路桥梁的最大承载力，航道的封冻、洪水及枯水期。当地汽车修理厂的情况及能力，民间运输能力。

3. 供水、供电、通信

施工由当地水厂供水的可能性，当地供水的水量、水压、水质，输水管道的长度。工地自选水源的可能性，其水质、引水力式、投资费用及设施。当地电源供电的容量、电压、电费、每月停电次数，如需自行发电，应了解发电设备、燃料、投资费用等。对于通信，应了解当地邮电机构的设置情况。

如，当地能为施工提供水、电力及通信服务，应签订相应的协议书或意向书。以利于施工现场的相关部门提前做好准备。

4. 劳动力及生活设施

（1）当地可功用的劳动力数量、技术水平,如系少数民族地区,还应了解当地风俗习惯。

（2）可供作临时施工用房的栋数、面积、地点，以及房屋的结构、设备情况。

（3）工地所在地区的文化教育、生活、医疗、消防、治安情况及其支援能力。

（4）环境条件，如，附近有无有害气体、污水及地方性疾病等。

5. 地方施工能力

如当地钢筋混凝土预制构件厂、木材加工厂、采石场、混凝土搅拌站等建筑施工附属企业的生产能力，这些地方企业满足公路施工需求的可能性和数量。

四、施工单位能力调查

在公路设计阶段，如可行性研究报告没有明确对施工单位的要求，应向建设单位调查了解，确定是由专业队伍施工还是由地方力量施工。对施工单位，主要调查其施工能力，如，施工工人数量及水平、技术人员数量及类别、施工机械设备的装备水平、施工学位的资质等级及近年的施工业绩等。

对实行招标、投标的工程，在设计阶段不可能明确施工单位，编制施工组织设计时，应从工程设计的角度出发，提出优化的、最合理的意见作为依据。在施工阶段，施工单位已确定，施工单位能够调动的施工力量，包括本单位自身的施工能力和按合同规定允许分包的其他施工能力，都是编制施工组织设计的依据。

第四节 施工组织的基本方法

公路施工组织的主要方法是流水作业法和网络计划法，个别情况下也可采用顺序作业法和平行作业法。由于不同地区、不同等级公路的建设规模、技术复杂程度、施工要求等差异较大，采用的施工组织方法也有所不向。这几种方法不适用于公路工程施工，也可以在其他建筑工程施工或工业产品加工的生产过程中应用。

一、顺序作业法

将拟建工程项目划分成若干段落，每段又分解成若干施工过程，根据一定的施工顺序，前一个施工过程完成后，后一个施工过程才开始进行，或前一段施工结束后，后一段才开始施工，造就是顺序作业的组织方法，如，路面一段一段地铺筑、涵洞一座一座地修建等。这是最基本的、原始的施工组织方法。

二、平行作业法

将拟建工程项目分段或划分施工项目，分别组织施工队，在同一时间的不同空间上同时进行作业，这样的施工组织方法叫平行作业法。工程被划分成多少段（或施工项目），就相应地组织多少个施工队。

三、流水作业法

公路工程的流水作业法，是将拟建工程划分为若干个施工段，按工序或按相同的施工过程分别组建专业施工队，各专业施工队根据一定的施工顺序依次在各施工段上完成各自的施工作业任务，进而保证拟建项目的施工全过程在时间上和空间上实现连续、均衡而有节奏地进行。公路工程流水作业法的表现形式是产品（即工程）固定、生产者流动。而工厂化施工或工业生产的流水作业正好相反，即产品（或构件）在生产流水线上移动，加工机械或工人则在固定位置上作业。

四、网络计划法

每条公路所处的地理环境和地形条件互不相同，但同结构的构筑物有不同的工程量，而且通常会出现几个同一结构和尺寸的构筑物，由于土质、地质条件的差异，其工程数量也不尽相同的情形，山区公路尤其显著。若用前述的几种方法组织施工，除个别情况外，要实现连续而均衡的施工，难度都是相当大的，而且不容易得到最佳方案。随着我国高速公路建设的开展，对工程质量和进度的要求越来越严，施工规模和技术难度也越来越大，因此，将新的、更科学的施工组织方法引入公路工程的施工组织管理中是十分必要的。网络计划法就是这样一种能从头绪众多的施工环节中较快得到相对最优方案的施工组织方法。当然，前述三种施工组织方法也可以通过网络计划法来安排施工进度。

网络计划采用网络图的形式表达各项工作的先后顺序和相互关系，故而又称为网络计划法或网络分析法。它逻辑严密，主要矛盾突出，有利于计划的优化、调整和应用电子计算机进行计算。因此，在我国推广以来，已在工业、建筑、国防、农业和科学研究中得到了广泛的应用。

在建筑工程的施工中，通常用网络图来安排施工进度计划，本书将这一方法称为"网络计划法"。在应用于施工组织设计时，首先绘制上程施工的网络图，然后分析各个施工过程（或工序）在网络图中的地位，通过计算找出关键工作和关键线路，其次按照一定的目标不断调整、优化计划安排，选择最优方案，并在计划的执行过程中进行有效的控制和监督，确保以最小的消耗取得最大的经济效果，按时完成施工任务。

第五节　机械化施工组织

一、机械化施工组织的任务

现代工程建设离不开施工机械，公路工程体形庞大，又是露天作业、影响因素很多，只有实行机械化施工才能取得保证工期、提高工程质量、控制造价的综合最佳效果。由于机械化施工的速度快、需要一定的作业场地、专业性强、一次投入较大，因此，采用前述方法进行机械化施工组织时，除了满足施工任务的要求外，特别需要考虑的应是如何使机械化施工发挥最大的经济效益。

公路工程机械化施工组织的主要任务有以下几点：

（一）制定切实可行的机械化施工方案和进度计划

路基土石方、水泥混凝土、处治地质病害等工程的施工，当采用不同的施工机械时，施工方案截然不同，应考虑工程规模、工期长短、作业安全，并结合地形、地质条件等因素因地制宜地选择和制定施工方案，并合理安排施工进度。路面工程通常采用专用机械，施工方案相对较单一，这种情况下应着重抓好机械的组合与配套。

（二）认真进行施工机械的选型与配套

公路施工大都是多种机械的联合作业，即综合机械化作业，进行施工机械选型时，首先应根据施工现场的具体条件，充分考虑各种施工机械的性能和用途，经过技术经济比较后选定主要施工机械。然后确定在不同作业环境及施工方案下的作业配套机械，实现施工机械的最佳配套组合，提升机械化施工的经济效益。

（三）优化分部分项工程的机械平面运行设计

各种施工机械（特别是路基土石方施工机械）都有若干特定的运行模式，分部分项工程的机械化施工应针对作业场地条件（如地形、土质、施工干扰）、工程要求等采用最适合的运行模式进行作业，最大限度地提高施工效率。对于关键工程的机械化施工，更应做好这方面的工作。

（四）做好施工机械数量的安排及调度计划

施工机械的数量必须满足施工任务的要求。然而，公路施工的环境随时都在变化，随着工程的进展，不同施工阶段所需要的施工机械的数量和型号也不尽相同，为确保机械化施工的连续性，应根据施工进度安排做好施工机械调度计划。通过施工机械的合理安排和及时调度，可以充分发挥机械的施工能力，最大限度地避免机械闲置现象的发生。

（四）机械的维修保养与施工进度协调

施工机械的技术状况直接关系到工程质量和施工进度，因此，及时进行机械的维修保养，提高机械完好率，是机械化施工必须的保障条件。由于公路施工常常受到天气、地质变化、交叉作业等外部因素的干扰，因而，施工进度不可能是均匀的，有时会出现短期内集中使用较多机械的情况，这就要求机械设备的维修保养与施工进度协调，确保满足施工现场作业对机械的需求。

二、施工机械的选型与配套组合

（一）选择施工机械的原则

工程量和施工进度是选择施工机械（特别是主要机械）的重要依据，然而影响选择施工机械的因素是多方面的，选择施工机械时一般应遵循以下原则。

1. 施工机械必须与工程具体情况相适应

绝大多数公路都是线性非均布工程，施工条件千变万化，选用的机械类型一方面要适应工地的气候、地形、土质、施工场地大小、运输距离、工程断面形状尺寸、工程质量要求等；另一方面，机械的容量要与工程进度及施工任务相吻合，避免因机械工作能力不足造成延缓工期或因机械工作能力过剩使机械利用效率太低的现象。在条件允许的情况下，应尽量选择最能满足施工内容的机种和机型，保证施工顺利进行。

2. 选用的机型应有较好的经济性

施工机械经济性选择的基础是机械施工单价，主要和机械作为固定资产的消耗及运行费用有关。固定资产消耗与施工机械的投资成正比，包括折旧费、大修费和投资的利息等；而机械的运行费用则是与完成的工程量成正比，包括：劳动工资、直接材料费、燃油费、润滑材料费、劳保设施费等。采用大型机械尽管一次性投资大，但它可以分摊到较大的工程量当中，对工程成本影响反而较小。因此在选择机械时，必须权衡工程量与机械费用的关系，同时要考虑机械的先进性和可靠性，这是影响经济效益的重要因素。采用先进的机械设备，由于其技术性能优良、构造简单、易于操作、故障少、维修费低，最终可取得较好的经济效益。

3. 应能保证工程质量要求和施工安全

合适的施工机械是保证工程质量的重要因素之一。对于技术要求较高的作业项目，应考虑采用性能优良的或专用的机械，以保证工程质量和较高的生产率。但应注意不可片面追求高性能专用机械，应在满足工程质量要求的前提下，与机械的通用性相结合。同时，机械应具有可靠的安全性能，如行驶稳定，有翻车或落体保护装置、防尘隔音、危险施工项目可遥控作业等。此外，在保证施工人员和设备安全的同时，还应注意保护自然环境。

4. 从全局出发统筹考虑选择施工机械

从全局出发就是不仅考虑本项工程需要，也要考虑所承担的同一施工现场的其他项工程施工的需要。也就是说，从局部考虑选择可能不合理，但从全局考虑是合理的。例如，几个工程需要的混凝土量大，而又相距不远，采用混凝土拌和机比多台分散的拌和机要经济，进而可以更好地保证混凝土的质量。

（二）要求

它包括技术性能和机械类型及数量两个方面的合理配置与优化组合。

1. 主要机械与配套机械的组合

与主要机械相配套的配套机械，其工作容量、数量及生产率应稍有储备套机械助工作能力应配合适宜，以充分发挥主要机械的生产率。

2. 牵引车与配套机具的组合

某些辅助性机具或拖式机械没有独立的动力行走装置，需要配以另外的牵引车才能工作，这时，两者组合要协调、平衡，应避免动力剩余过大造成浪费，或动力不足而不能完成要求的作业内容。

3. 配合作业机械组合数尽量少

综合机械化作业的组合数越多，其总的效率就越低。而且每一组合中，当其中一台发生故障停机时，组合中的其他机械便无法正常工作。因此，在能完成作业内容的前提下，应尽量减少机械组合的数量。为了避免这种不利情况的发生，应尽可能组织多个系列的组合，并列进行施工，进而减少组合中一台机械停机而造成全面停工的现象，以减少配合机械工作能力的损失。

4. 尽量选用系列产品

整个机械化施工中，应减少同一功能机械的品种类型，尽可能使用统一的、标准化的系列产品，便于全场调配使用和维修管理。尤其是主要机械，应选用系列产品，配套机械亦应力求做到这一点。

（三）选择施工机械的方法

选择公路工程的施工机械，需要综合考虑各种因素。通常根据机械的技术性能，针对各项作业的具体情况，从以下几个方面出发，进行机械的合理选择。

1. 根据作业内容选择

不同的机械适应不同的工程类别和作业内容，实践表明，中小型工程宜选择通用性好的机械：大型工程应当更注重根据作业内容进行选择，才能获得最佳的技术经济指标。具体选择时，首先选定作业的主要机械，再根据其生产能力、工作参数及施工条件选择配套机械，以确保工程施工连续均衡地开展。

2. 根据土质条件选择

土石是公路施工机械作业的主要对象，土石的性质和状态直接影响施工机械作业的质量、工效及成本，因此，土质条件是选择机械的一个重要依据。首先要考虑机械的通行性，即施工机械在工地土质条件下正常行驶的可能程度，然后根据土质的工程特性选择适宜的施工机械。土质条件不仅影响机械的通行性，而更重要的是直接关系到机械进行各种施工作业的可能性和难易程度。显然，工程特性不同的土质，施工时应选择不同的机械。

3. 根据运距选择

根据运距选择机械，主要针对铲土运输机械而言，根据土的状态、性质，以及工程规模、现场条件。

4. 根据气象条件选择

气象条件对机械作业的影响很大，尤其是雨季和冬季施工时，应特别予以重视。降雨或积雪融水会直接影响土的状态，进而导致机械通行性下降，工作环境恶化。在此期间，如需施工就不得不考虑使用效率较差的履带式机械，代替干燥条件下机动灵活、效率较高的轮胎式机械进行作业。冬季施工应选择适合低温作业的机械，必要时还需选用破冻土等特殊作业的机械。

5. 根据作业效率选择

施工机械的生产率，通常都是按假定的标准工作条件进行计算。但实际工程施工的条件是变化的，机械的工作能力（即生产率）应在计入作业效率后确定。由于不同的机械在相同条件下的作业效率并不相同，因此，准确求出作业效率有一定困难。综合机械化作业如何发挥机械组合的作业效率，是在选择机械时必须考虑的问题。

6. 综合分析选择

以上是从工程本身的角度选择施工机械，有时还要考虑与工程间接有关的条件，比如，大型企业可能向时承担几个不同的施工项目，这时应考虑机械设备的相互调用。此外，诸如电力、燃油、润滑材料的供应，以及机械的完好率、保养条件、大中修、迁移等情况，都对机械的选择有一定的制约。利用现有机械与购置新机械，或租赁机械，因地制宜采用机械化、半机械化相结合等都是机械选择的方式。总之，要综合分析，抓住主要矛盾，认真选择施工机械，切实做到技术上合理、经济上有利，达到两方面的有机统一。

三、机械组织措施

（一）施工前的准备

施工机械的选择和优化组合确定后，就可以按施工进度计划的安排投入使用。为确保工程施工的正常进行，施工机械投入使用前要做好以下工作。

1. 检查施工机械

投入现场的施工机械应技术状况良好，不带故障进场。因此，使用前对机械的认真检查、调试、检修是十分必要的。

2. 制订机械的使用计划

按施工进度安排制订机械进出现场的时间表，以及作业地点使用的机械类型、台数、施工量的形象图和计划表，便于按计划使用机械。

3. 建立机械的现场保障设施

在现场设置机械车场、工地简易修理所、常用机械配件库、油料库等。机械车场最好能照顾到各工点，避免机械行走到施工点的时间过长而影响实际的有效作业时间，并减少机械磨损。施工机械不可能在施工中不发生故障，工地简易修理所能及时排除和修理机械故障。通常在土方施工中，有 5 台以上土方机械作业时，就应建立工地简易修理所。

（二）施工进度安排注意事项

1. 要有足够的工作面

各种型号机械所要求的工作面不同，主要机械和配套机械的工作面有时还会发生交叉。当多台机械联合作业或组合机械同时作业时，工作面的大小应根据每台机械的运行路线，在不影响机械作业效率和确保施工安全的前提下确定。

2. 合理划分施工段和施工层

施工段和施工层的划分，除了能使施工机械正常作业外，还应使机械在每个施工段或施工层上的作业持续时间为整天数（个别特殊情况可为半天），当机械需要转移时可利用下班时间，以提高机械的利用效率。

3. 安排一定的组织间歇时间

机械化施工的每一作业循环完成后，为保证工程质量和构筑物位置的准确性，常常需要进行检查、试验和测量，进度计划中必须安排这一组织间歇时间。

4. 注意与人工施工协调

在施工段的某些边角处，因工作面狭小无法使用机械作业时，需辅以人工或半机械化作业。由于人工施工速度缓慢，应注意与机械的快速施工协调，可采取增加人工或加班等措施加快人工施工速度，尽量保证机械作业正常进行。

5. 落实安全保障措施

大型项目的机械化施工通常实行三班制连续作业，为使施工进度能按计划实施，必须落实施工人员和机械设备的安全保障措施。

（三）施工中的组织管理工作

1. 施工中的机械调度

由于施工现场受到地形、地质条件和天气等因素的影响，尽管编制了较完善的施工计划，但现场的实际情况总是在不断变化的，使施工机械的作业情况也随之发生变化是常有的事，这就要求及时发现和解决。为使实际的施工进度与施工计划保持一致，在施工进行过程中对施工机械的调度工作是必不可少的，机械调度是执行施工计划和补充计划不足的一种措施。

2. 施工机械实际运转记录

施工机械实际运转记录能反映每班的工作内容、运转小时、台班产量、动力与燃油消耗、故障和维修保养情况等，通过分析可以发现完成工程量的好坏、找出未能完成任务的原因，便于能及时采取补救措施。它是非常重要的施工原始记录，也是基层单位经济核算的主要依据。

第六章 公路工程质量管理

第一节 公路工程质量控制的常用方法

一、进行工程质量管理策划

在对设计文件审核与分析后，项目经理应负总责，协调相关部门进行项目质量管理策划，其中包括：

（1）质量目标和要求；

（2）质量管理组织和职责；

（3）施工管理依据的文件；

（4）人员、技术、施工机具等资源的需求和配置；

（5）场地、道路、水电、消防、临时设施规划；

（6）质量控制关键点分析及设置；

（7）进度控制措施；

（8）施工质量检查、验收及相关标准；

（9）突发事件的应急措施；

（10）对违规事件的报告和处理；

（11）应收集的信息及其传递要求；

（12）与工程建设有关方的沟通方式；

（13）施工管理应形成的记录；

（14）质量管理和技术措施；

（15）施工企业质量管理的其他要求。

二、现场质量检查控制

现场工程质量检查包括开工前检查、施工过程中检查和分项工程完成后的检查。现场质量检查控制的方法主要有：测量、试验、观察、分析、记录、监督、总结改进。

（1）开工前检查：目的是检查是否具备开工条件，施工工艺与施工组织设计对照是否正确无误，开工后能否连续正常施工，能否保证工程质量。

（2）工序交接检查与工序检查：工序交接检查应建立制度化控制，坚持实施。对于关键工序或对工程质量有重大影响的工序，在自检、互检的基础上，还要组织专职人员进行工序交接检查，以确保工序合格，促使下道工序能顺利展开。

（3）隐蔽工程检查：凡是隐蔽工程均应经检查认证后方可覆盖。

（4）停工后复工前的检查：因处理质量问题或某种原因停工后再复工时，均应检查认可后方可复工。

（5）分项、分部工程完工后的检查：应根据规定的程序和要求，经检查认可并签署验收记录后，才允许进行下一工程项目施工。

（6）成品、材料、机械设备等的检查：主要检查成品、材料等有无可靠的保护措施及其落实而且有效，以控制不发生损坏、变质等问题；检查机械设备的技术状态，以确保其处于完好的可控制状态。

（7）巡视检查：对施工操作质量应进行巡视检查，必要时还应进行跟踪检查。

三、工程质量控制关键点

1. 质量控制关键点的设置

应根据不同管理层次和职能，根据以下原则分级设置。

（1）施工过程中的重要项目、薄弱环节和关键部位。

（2）影响工期、质量、成本、安全、材料消耗等重要因素的环节。

（3）新材料、新技术、新工艺的施工环节。

（4）质量信息反馈中缺陷频数较多的项目。

关键点应随着施工进度和影响因素的变化而调整。

2. 质量控制关键点的控制

（1）制定质量控制关键点的管理办法。

（2）落实质量控制关键点的质量责任。

（3）开展质量控制关键点 QC 小组活动。

（4）在质量控制关键点上开展一次抽检合格的活动。

（5）认真填写质量控制关键点的质量记录。

（6）落实与经济责任相结合的检查考核制度。

3. 质量控制关键点的文件

（1）质量控制关键点作业流程图。

（2）质量控制关键点明细表。

（3）质量控制关键点（岗位）质量因素分析表。

（4）质量控制关键点作业指导书。

（5）自检、交接检、专业检查记录以及控制图表。

（6）工序质量统计与分析。

（7）质量保障与质量改进的措施与实施记录。

（8）工序质量信息。

4. 质量控制关键点实际效果的考查

质量控制关键点的实际效果表现在施工质量管理水平和各项指标的实现情况上。要运用数理统计方法绘制工程项目总体质量情况分析图表，该图表要反映动态控制过程与施工项目实际质量情况。各阶段质量分析要纳入施工项目方针目标管理。

5. 公路工程质量控制关键点

（1）土方路基工程施工中常见质量控制关键点

1）施工放样与断面测量。

2）路基原地面处理，按施工技术合同或规范规定要求处理，并认真整平压实。

3）使用适宜材料，必须采用设计和规范规定的适用材料，确保原材料合格，正确确定土的最大干密度和最佳含水量。

4）压实设备及压实方案。

5）路基纵、横向排水系统设置。

6）每层的松铺厚度，横坡及填筑速率。

7）分层压实，控制填土的含水量，确保压实度达到设计要求。

土的最佳含水量是土基施工的一个重要控制参数，是土基达到最大干密度所对应的含水量。根据不同的土的性质，测定最佳含水量的试验方法通常有：①轻型、重型击实试验；②振动台法；③表面振动击实仪法。

压实度是路基质量控制的重要指标之一，是现场干密度和室内最大干密度的比值。压实度越高、路基密实度越大，材料整体性能越好。其现场密度的测定方法有：①灌砂法；②环刀法；③核子密度湿度仪法。

（2）路面基层（底基层）施工中常见的质量控制关键点

1）基层施工所采用设备组合及拌和设备计量装置校验。

所用结合料（如水泥、石灰）剂量。材料的含水量、拌和均匀性、配合比、压实度、弯沉值、平整度及横坡等。还需要注意集料的级配和石料的压碎值。

（3）水泥混凝土路面施工中常见质量控制关键点

1）基层强度、平整度、高程的检查与控制。

2）混凝土材料的检查与试验，水泥品种及用量确定。

3）混凝土拌和、摊铺设备及计量装置校验。

4）混凝土配合比设计和试件的试验。混凝土的水灰比、外加剂掺加量、坍落度应控制。

5）混凝土的摊铺、振捣、成型及避免离析。

6）切缝时间和养护技术的采用。

水泥混凝土抗折强度与抗压强度的测定是混凝土材料质量检验的两个重要试验。

水泥混凝土抗折（抗弯拉）强度试验是以 150 mm × 150 mm × 550 mm 的梁形试件在标准养护条件下达到规定龄期后，在净跨径 450 mm 的双支点荷载作用下进行弯拉破坏，并根据规定的计算方法得到强度值。水泥混凝土抗折强度是混凝土主要力学指标之一，通过试验取得的检测结果是路面混凝土组成设计的重要参数。

水泥混凝土抗压强度试验是以边长为 150 mm 的正立方体标准试件，标准养护到 28d，然后在万能试验机上按规定方法进行破坏试验测得抗压强度。当混凝土抗压强度采用非标准试件应进行换算得到抗压强度值。通过水泥混凝土抗压强度试验，可以确定混凝土强度等级，作为评定混凝土品质的重要指标。

（4）沥青混凝土路面施工中常见质量控制关键点

1）基层强度、平整度、高程的检查与控制。

2）沥青材料的检查与试验。沥青混凝土配合比设计和试验。

3）沥青混凝土拌和设备及计量装置校验。

4）路面施工机械设备配置与压实方案。

5）沥青混凝土的拌和、运输及摊铺温度控制。

6）沥青混凝土摊铺厚度的控制和摊铺中离析控制。

7）沥青混凝土的碾压与接缝施工。

沥青混凝土配合比设计采用马歇尔试验配合比设计法。该法是首先按配合比设计拌制沥青混合料，其次制成规定尺寸试件，12 h 之后测定其物理指标（包括表观密度、空隙率、沥青饱和度、矿料间隙率等），然后测定稳定度和流值。

热拌沥青混合料配合比设计应通过目标配合比设计、生产配合比设计及生产配合比验证三个阶段，确定沥青混合料的材料品种及配合比、矿料级配、最佳沥青用量。

马歇尔稳定度试验是对标准击实的试件在规定的温度和速度等条件下受压，测定沥青混合料的稳定度和流值等指示所进行的试验，这种方法适用于马歇尔稳定度试验和浸水马歇尔稳定度试验。马歇尔稳定度试验主要用于沥青混合料的配合比设计及沥青路面施工质量检验。浸水马歇尔稳定度试验主要是检验沥青混合料受水损害时抵抗剥落的能力，通过测试其水稳定性检验配合比设计的可行性。

（5）桥梁基础工程施工中常见质量控制关键点

1）扩大基础

①基底地基承载力的检测确认，满足设计要求。②基底表面松散层的清理。③及时浇筑垫层混凝土，减少基底暴露时间。④大体积混凝土施工裂缝控制。

2）钻孔桩

①桩位坐标与垂直度控制。②护筒埋深。③泥浆指标控制。④护筒内水头高度。⑤孔径的控制，避免缩径。⑥桩顶、桩底标高的控制。⑦清孔质量（嵌岩桩与摩擦桩要求不同）。⑧钢筋笼接头质量。⑨导管接头质量检查与水下混凝土的灌注质量。

3）沉井

①初始平面位置的控制。②刃脚质量。③下沉过程中沉井倾斜度与偏位的动态控制。④封底混凝土的浇筑工艺确保封底混凝土的质量。

（6）水中承台施工常见质量控制关键点

水中承台施工通常可采用筑岛围堰、钢板桩围堰、钢吊箱围堰、钢套箱围堰等。

1）钢围堰施工常见质量控制关键点

①钢围堰的设计与加工制造质量控制。②钢围堰入水、落床及入土下沉过程中平面位置、高程等的控制。③钢围堰下沉到位后的清底及整平。④封底混凝土浇筑时的导管布设与封底混凝土厚度控制。⑤承台混凝土配合比设计。⑥抽水后封底混凝土基底的调平。⑦承台混凝土浇筑导管布设及混凝土振捣。⑧大体积混凝土温控设施的设计、施工及大体积混凝土养护。⑨各类预埋件的施工质量控制。

2）钢套箱施工质量控制关键点

①钢套箱的设计与加工制造质量控制。②钢套箱水平及竖向限位装置的施工质量控制。③封底混凝土浇筑时的导管布设与封底混凝土厚度控制。④承台混凝土的配合比设计。⑤抽水后封底混凝土的调平。⑥承台混凝土浇筑导管布设及混凝土振捣。⑦大体积混凝土温控设施的设计、施工及大体积混凝土养护。⑧各类预埋件的施工质量控制。

（7）桥梁下部结构施工中常见质量控制关键点

1）实心墩

①墩身锚固钢筋预埋质量控制。②墩身平面位置控制。③墩身垂直度控制。④模板接缝错台控制。⑤墩顶支座预埋件位置、数量控制。

2）薄壁墩

①墩身锚固钢筋预埋质量控制。②墩身平面位置控制。③墩身垂直度控制。④模板接缝错台控制。⑤墩顶支座预埋件位置、数量控制。⑥墩身与承台联结处混凝土裂缝控制。⑦墩顶实心段混凝土裂缝控制。

（8）桥梁上部结构施工中常见质量控制关键点

1）简支梁桥

①简支梁混凝土的强度控制。②预拱度的控制。③支座预埋件的位置控制。④大梁安装时梁与梁之间高差控制。⑤支座安装型号、方向的控制。⑥梁板之间现浇带混凝土质量控制。⑦伸缩缝安装质量控制。

2）连续梁桥

①支架施工：支架沉降量的控制。②先简支后连续：后浇段工艺控制、体系转换工艺

控制、后浇段收缩控制、临时支座安装与拆除控制。③挂篮悬臂施工：浇筑过程中的线形控制、边跨及跨中合龙段混凝土的裂缝控制。④预应力梁：张拉力及预应力钢筋伸长量控制。

3）拱桥

①预制拼装：拱肋拱轴线的控制。②支架施工：支架基础承载力控制、支架沉降控制、拱架加载控制、卸架工艺控制。③钢管拱：钢管混凝土压注质量控制。

4）斜拉桥（斜拉索为专业制索厂制造）

①主塔空间位置的控制。②斜拉索锚固管或锚箱空间定位控制。③斜拉桥线形控制。④牵索挂篮悬臂施工：斜拉索索力控制、索力调整。⑤悬臂吊装：梁段外形尺寸控制、斜拉索索力控制、索力调整。⑥合拢段的控制。

5）悬索桥。

①猫道线形控制。②主缆架设线形控制。③索股安装：基准索股的定位控制、索股锚固力的控制。④索股架设中塔顶位移及索鞍位置的调整。⑤紧缆：空隙率的控制。⑥索夹定位控制。⑦缠丝拉力控制。⑧吊索长度的确定。⑨加劲梁的焊接质量控制。

（9）公路隧道施工中常见质量控制关键点

1）正确判断围岩级别，及时调整施工方案。

2）认真测量、检查和修正开挖断面，减少超挖。

3）制订切实可行的开挖方案，包括，新奥法、矿山法的选择，炮孔布置、装药量、每一循环的掘进深度。

4）喷锚支护，控制在开挖后围岩自稳定时间的 1/2 以内完成。

5）认真观测，收集资料，同时做好施工质量的信息反馈。

第二节　公路工程质量缺陷处理方法

一、质量缺陷性质的确定

质量缺陷性质的确定，是最终确定缺陷问题处理办法的首要工作和根本依据。一般通过下列方法来确定缺陷的性质：

1.观察现场情况和查阅记录资料

指对有缺陷的工程进行现场情况、施工过程、施工设备和施工操作情况等进行现场观察和检查。主要包括：查阅试验检测报告、施工技术资料、施工过程记录、施工日志、施工工艺流程、施工方案、施工机械运转记录等相关记录，同时在特殊季节关注天气情况等。

2. 检验与试验

通过检查和了解可以发现一些表面的问题，得出初步结论，但通常需要进一步的检验与试验来加以验证。

检验与试验，主要是通过检查、测量与该缺陷工程的有关技术指标，以便准确找出产生缺陷的原因。例如，若发现石灰土的强度不足，则在检验强度指标的同时，还应检验石灰剂量，石灰与土的物理化学性质，便于发现石灰土强度不足是因为材料不合格、配比不合格或养护不好，还是因为其他如气候之类的原因造成的，检测和试验的结果将作为确定缺陷性质和制定随后的处理措施的主要依据。

3. 专题调研

有些质量问题，仅仅通过以上两种方法仍不能确定。如，某大桥在交工后不到一年的时间里出现了超过规范要求的裂缝，仅通过简单的观察和查阅现有资料很难确定产生裂缝的根本原因，找不到原因也就无从确定进一步的处理措施，在这种情况下就需要采用专项调研，通过对勘测、设计、施工各个环节的调查、分析研究，辅之以辅助的检测手段，确定质量问题的性质和为随后采取的措施提供依据

在这种情况下，为了查明产生问题的根本原因，有必要组织有关方面的专家或专题调查组提出检测方案，对所得到的一系列参考依据和指标进行综合分析研究，找出产生缺陷的原因，确定缺陷的性质。这种专题研究，对缺陷问题的妥善解决作用重大，因此经常被采用。

二、质量缺陷处理方法

1. 整修与返工

缺陷的整修，主要是针对局部性的、轻微的且不会给整体工程质量带来严重影响的缺陷。如水泥混凝土结构的局部蜂窝、麻面，道路结构层的局部压实度不足等。这类缺陷一般可以比较简单地通过修整得到处理，不会影响工程总体的关键性技术指标。由于这类缺陷很容易出现，因而修补处理方法最为常用。

返工的决定应建立在认真调查研究的基础上。是否返工，应视缺陷经过补救后能否达到规范标准而定，对于补救后不能满足标准的工程必须返工。如，某承包人为赶工期，曾在雨中铺筑沥青混凝土，监理工程师只得责令承包人将已经铺完的沥青面层全部清除重铺；一些无法补救的低质涵洞也被炸掉重建；温度过低或过高的沥青混合料在现场被监理工程师责令报废等。

2. 综合处理办法

综合处理办法主要是针对较大的质量事故而言的。这种处理办法不像返工和整修那样简单具体，它是一种综合的缺陷（事故）补救措施，能够使得工程缺陷（事故）以最小的

经济代价和工期损失重新满足规范要求。处理的办法因工程缺陷（事故）的性质而异，性质的确定则以大量的调查及丰富的施工经验和技术理论为基础。具体做法：可组织联合调查组、召开专家论证会等方式。实践证明，这是一条合理解决这类问题的有效途径。例如：某桥梁上部为4孔20 m预制空心板结构，下部为桩基础形式。0号桥台施工放样时发生错误，致使第一孔跨径增加了50 cm，发现时桩基础、承台、台身已全部完成，空心板预制了二分之一。经综合论证，采用下部不变，改变上部的方式，第一孔空心板跨径增加了50 cm，增加费用约2万元。而采用返工方式，需要大约8万元和2个月工期。

第三节　路基工程质量检验

一、土方路基工程质量检验

1. 基本要求

（1）在路基用地和取土坑范围内，应清除地表植被、杂物、积水、淤泥和表土，处理坑塘，并根据规范和设计要求对基底进行压实。

（2）路基填料应符合规范和设计的规定，经认真调查、试验后合理选用。

（3）填方路基须分层填筑压实，每层表面平整，路拱合适，排水良好。

（4）施工临时排水系统应与设计排水系统结合，避免冲刷边坡，勿使路基附近积水。

（5）在设定取土区内合理取土，不得滥开滥挖。完工后应按要求对取土坑和弃土场进行修整，确保合理的几何外形。

2. 实测项目

土方路基实测项目有：压实度、弯沉值、纵断高程、中线偏位、宽度、平整度、横坡、边坡。

二、石方路基工程质量检验

1. 基本要求

（1）石方路堑的开挖宜采用光面爆破法。爆破后应及时清理险石、松石，确保边坡安全、稳定。

（2）修筑填石路堤时应进行地表清理，逐层水平填筑石块，摆放平稳，码砌边部。填筑层厚度及石块尺寸应符合设计和施工规范规定，填石空隙用石碴、石屑嵌压稳定。上、下路床填料和石料最大尺寸应符合规范规定。采用振动压路机分层碾压，压至填筑层顶面石块稳定，18 t 以上压路机振压两遍无明显标高差异。

（3）路基表面应整修平整。

2. 实测项目

石方路基实测项目有：压实、纵断高程、中线偏位、宽度、平整度、横坡、边坡坡度和平顺度。

三、砌体挡土墙质量检验

1. 基本要求

（1）石料或混凝土预制块的强度、规格和质量应符合有关规范和设计要求。

（2）砂浆所用的水泥、砂、水的质量应符合有关规范的要求，根据规定的配合比施工。

（3）地基承载力必须满足设计要求，基础埋置深度应满足施工规范要求。

（4）砌筑应分层错缝。浆砌时坐浆挤紧，嵌填饱满密实，不得有空洞；同时干砌时不得松动、叠砌和浮塞。

（5）沉降缝、泄水孔、反滤层的设置位置、质量和数量应符合设计要求。

2. 实测项目

砌体挡土墙实测项目有：砂浆强度、平面位置、顶面高程、竖直度或坡度、断面尺寸、底面高程、表面平整度。

干砌挡土墙实测项目有：平面位置、顶面高程、竖直度或坡度、断面尺寸、底面高程、表面平整度。

第四节 路面工程质量检验

一、水泥稳定粒料（碎石、沙砾或矿渣等）路面基层、底基层的检验

1. 基本要求

（1）粒料应符合设计和施工规范要求，并应根据当地料源，选择质坚、干净的粒料，矿渣应分解稳定，未分解渣块应予剔除。

（2）水泥用量和矿料级配按设计控制准确。

（3）路拌深度要达到层底。

（4）摊铺时要注意消除离析现象。

（5）混合料处于最佳含水量状况下，用重型压路机碾压至要求的压实度从加水拌和

到碾压终了的时间不应超过 3 h，并应短于水泥的终凝时间。

（6）碾压检查合格后立即覆盖或洒水养护，同时养护期要符合规范要求。

2. 实测项目

（1）水泥稳定粒料（碎石、沙砾或矿渣等）基层和底基层主要检验内容包括：压实度、平整度、纵断高程、宽度、厚度、横坡、强度。

（2）级配碎（砾）石或填隙碎石（矿渣）基层和底基层实测项目有：压实度、弯沉值、平整度、纵断高程、宽度、厚度、横坡。

二、水泥混凝土面层的检验

1. 基本要求

（1）基层质量必须符合规定要求，并应进行弯沉测定，验算的基层整体模量应满足设计要求。

（2）水泥强度、物理性能和化学成分，应符合国家标准及有关规范的规定。

（3）粗细集料、水、外加剂及接缝填缝料应符合设计和施工规范要求。

（4）施工配合比应根据现场测定水泥的实际强度进行计算，并经试验，进而选择采用最佳配合比。

（5）接缝的位置、规格、尺寸及传力杆、拉力杆的设置应符合设计要求。

（6）路面拉毛或机具压槽等抗滑措施，其构造深度应符合施工规范要求。

（7）面层与其他构造物相接应平顺，检查井井盖顶面高程应高于周边路面 1～3 mm。雨水口标高按设计比路面低 5～8 mm，路面边缘无积水现象。

（8）混凝土路面铺筑后按施工规范要求养护。

2. 实测项目

水泥混凝土面层实测项目有：水泥混凝土面板的弯拉强度、平整度、板厚度、水泥混凝土路面的抗滑构造深度、相邻板间的高差、纵横缝顺直度、水泥混凝土路面中线平面偏位、路面宽度、纵断高程和路面横坡。

三、沥青混凝土面层和沥青碎（砾）石面层的检验

1. 基本要求

（1）沥青混合料的矿料质量及矿料级配应符合设计要求和施工规范的规定。

（2）严格控制各种矿料和沥青用量及各种材料和沥青混合料的加热温度，沥青材料及混合料的各项指标应符合设计和施工规范要求。沥青混合料的生产，每日应做抽提试验、马歇尔稳定度试验。矿料级配、沥青含量、马歇尔稳定度等结果的合格率应不小于90%。

（3）拌和后的沥青混合料应均匀一致，无花白，无粗细料分离和结团成块现象。

（4）基层必须碾压密实，表面干燥、清洁、无浮土，其平整度和路拱度应符合要求。

（5）摊铺时应严格控制摊铺厚度和平整度，避免离析，同时注意控制摊铺和碾压温度，碾压至要求的密实度。

2. 实测项目

沥青混凝土面层和沥青碎（砾）石面层的实测项目有：厚度、平整度、压实度、弯沉值、渗水系数、抗滑（含摩擦系数和构造深度）、中线平面偏位、纵断高程、路面宽度及路面横坡。

第五节　桥梁工程质量检验

一、桥梁总体

1. 基本要求

（1）桥梁施工应严格按照设计图纸、施工技术规范和有关技术操作规程要求进行。

（2）桥下净空不得小于设计要求。

（3）特大跨径桥梁或结构复杂的桥梁，必要时应进行荷载试验。

2. 实测项目

桥面中线偏位、桥宽（含车行道和人行道）、桥长、引道中心线与桥梁中心线的衔接以及桥头高程衔接。

二、钻孔灌注桩施工质量检验

1. 基本要求

（1）桩身混凝土所用的水泥、砂、石、水、外加剂及混合材料的质量和规格必须符合有关规范的要求，根据规定的配合比施工。

（2）成孔后必须清孔，测量孔径、孔深、孔位和沉淀层厚度，确认满足设计或施工技术规范要求后，方可灌注水下混凝土。

（3）水下混凝土应连续灌注，严禁有夹层和断桩。

（4）嵌入承台的锚固钢筋长度不得低于设计规范规定的最小锚固长度要求。

（5）应选择有代表性的桩用无破损法进行检测，重要工程或重要部位的桩宜逐步进行检测。设计有规定或对桩的质量有怀疑时，应采取钻取芯样法对桩进行检测。

（6）凿除桩头预留混凝土后，桩顶应无残余的松散混凝土。

2. **实测项目**

钻孔灌注桩实测项目有：混凝土强度、桩位、孔深、孔径、钻孔倾斜度、沉淀厚度、钢筋骨架底面高程。

三、沉井施工质量检验

1. **基本要求**

（1）混凝土桩所用的水泥、砂、石、水、外加剂及混合材料的质量和规格都必须符合有关规范的要求，根据规定的配合比施工。

（2）沉井下沉应在井壁混凝土达到规定强度后进行。浮式沉井在下水、浮运前，应进行水密性试验。

（3）沉井接高时，各节的竖向中轴线应与第一节竖向中轴线相重合。接高前应纠正沉井的倾斜。

（4）沉井下沉到设计高程时，应检查基底，确认符合设计要求后方可封底。

（5）沉井下沉中出现开裂，必须查明原因，进行处理后才可继续下沉。

（6）下沉应有完整、准确的施工记录。

2. **实测项目**

沉井实测面目有：各节沉井混凝土强度、沉井平面尺寸、井壁厚度、沉井刃脚高程、中心偏位（纵、横向）、沉井最大倾斜度（纵、横方向）、平面扭转角。

四、扩大基础质量检验

1. **基本要求**

（1）所用的水泥、砂、石、水、外加剂及混合材料的质量和规格，必须符合有关规范的要求，按规定的配合比施工。

（2）不得出现露筋和空洞现象。

（3）基础的地基承载力必须满足设计要求。

（4）严禁超挖回填虚土。

2. **实测项目**

主要实测项目有：混凝土强度、平面尺寸、基础底面高程、基础顶面高程、轴线偏位。

五、钢筋加工及安装施工质量检验

1. 基本要求

（1）钢筋、机械连接器、焊条等的品种、规格和技术性能应符合国家现行标准规定和设计要求。

（2）冷拉钢筋的机械性能必须符合规范要求，钢筋平直，表面不应有裂皮和油污。

（3）受力钢筋同一截面的接头数量、搭接长度、焊接和机械接头质量应符合施工技术规范要求。

（4）钢筋安装时，必须确保设计要求的钢筋根数。

（5）受力钢筋应平直，表面不得有裂纹及其他损伤。

2. 实测项目

钢筋加工及安装施工的实测项目有：受力钢筋间距，箍筋、横向水平钢筋、螺旋筋间距，钢筋骨架尺寸，弯起钢筋位置、保护层厚度。

六、预应力筋的加工和张拉质量检验

1. 基本要求

（1）预应力筋的各项技术性能必须符合国家现行标准规定和设计要求。

（2）预应力束中的钢丝、钢绞线应梳理顺直，不得有缠绞、扭麻花现象，表面不应有损伤。

（3）单根钢绞线不允许断丝。单根钢筋不允许断筋或滑移。

（4）同一截面预应力筋接头面积不超过预应力筋总面积的25%，接头质量应满足施工技术规范的要求。

（5）预应力筋张拉或放张时混凝土强度和龄期必须符合设计要求，严格依据设计规定的张拉顺序进行操作。

（6）预应力钢丝采用镦头锚时，镦头应头形圆整，不得有斜歪或破裂现象。

（7）制孔管道应安装牢固，接头密合，弯曲圆顾。锚垫板平面应与孔道轴线垂直。

（8）千斤顶、油表、钢尺等器具应经检验校正。

（9）锚具、夹具和连接器应符合设计要求，按施工技术规范的要求经检验合格后方可使用。

（10）压浆工作在5℃以下进行时，应采取防冻或保温措施。

（11）孔道压浆的水泥浆性能和强度应符合施工技术规范要求，压浆时排气、排水孔应有水泥原浆溢出后方可封闭。

（12）根据设计要求浇筑封锚混凝土。

2. 实测项目

管道坐标（包含梁长方向和梁高方向）、管道间距（包含同排和上下层）、张拉应力值、张拉伸长率、断丝滑丝数。

七、承台质量检验

1. 基本要求

（1）所用的水泥、砂、石、水、外加剂及混合材料的质量和规格必须符合有关规范的要求，按规定的配合比施工。

（2）必须采取措施控制水化热引起的混凝土内最高温度，及内外温差在允许范围内，防止出现温度裂缝。

（3）不得出现露筋和空洞现象。

2. 实测项目

承台实测项目有：混凝土强度、尺寸、顶面高程和轴线偏位。

八、混凝主墩、台身浇筑质量检验

1. 基本要求

（1）混凝土所用的水泥、砂、石、水、外加剂及混合材料的质量和规格，必须符合有关技术规范的要求，依据规定的配合比施工。

（2）不得出现空洞和露筋现象。

2. 实测项目

混凝土强度、断面尺寸、竖直度或斜度、顶面高程、轴线偏位、节段间错台、大面积平整度、预埋件位置。

九、墩、台帽或盖梁混凝土浇筑质量检验

1. 基本要求

（1）混凝土所用的水泥、砂、石、水、外加剂及混合材料的质量和规格，必须符合有关技术规范的要求，按规定的配合比施工。

（2）不得出现露筋和空洞现象。

2. 实测项目

墩、台帽或盖梁混凝土浇筑实测项目有：混凝土强度、断面尺寸、轴线偏位、顶面高程、支座垫石预留位置。

十、预制和安装梁（板）质量检验

1.基本要求

（1）所用的水泥、砂、石、水、外加剂及混合材料的质量和规格，必须符合有关规范的要求，按规定的配合比施工。

（2）梁（板）不得出现露筋和空洞现象。

（3）空心板采用胶囊施工时，应采取有效措施防止胶囊上浮。

梁（板）在吊移出预制底座时，混凝土的强度不得低于设计所要求的吊要求。

梁（板）就位后，梁两端支座应对位，梁（板）底与支座以及支座底与垫石顶须密贴，否则应重新安装。

（7）两梁（板）之间接缝填充材料的规格和强度应符合设计要求。

2.实测项目

梁（板）预制实测项目有：混凝土强度、梁（板）长度、宽度、高度、断面尺寸、平整度和横系梁及预埋件位置。

梁（板）安装实测项目有：支座中心偏位、倾斜度、梁（板）顶面纵向高程、相邻梁（板）顶面高差。

十一、就地浇筑梁（板）质量检验

1.基本要求

（1）所用的水泥、砂、石、水、外加剂及混合材料的质量和规格，必须符合有关规范的要求，按规定的配合比施工。

（2）支架和模板的强度、刚度、稳定性应满足施工技术规范的要求。

（3）预计的支架变形及地基的下沉量应满足施工后梁体设计标高的要求，如必要时应采取对支架预压的措施。

（4）梁（板）不得出现露筋和空洞现象。

（5）预埋件的设置和固定应满足设计和施工技术规范的规定。

2.实测项目

就地浇筑梁（板）的实测项目有：混凝土强度、轴线偏位、梁（板）顶面高程、断面尺寸、长度、横坡、平整度。

十二、悬臂梁施工质量检验

1. 基本要求

（1）悬臂梁浇筑或合龙段浇筑所用的水泥、砂、石、水、外加剂及混合材料的质量和规格，必须符合有关规范的要求，按规定的配合比施工。

（2）悬拼或悬浇块件前，务必对桥墩根部（0号块件）的高程、桥轴线作详细复核，符合设计要求后，方可进行悬拼或悬浇。

（3）悬臂梁施工必须对称进行，应对轴线和高程进行施工控制。

（4）在施工过程中，梁体不得出现宽度超过设计和规范规定的受力裂缝。一旦出现，必须查明原因，经过处理后方可继续施上。

（5）必须确保悬浇或悬拼的梁接头质量，梁段间胶结材料的性能、质量必须符合设计要求，接缝填充密实。

（6）悬臂梁合龙时，两侧梁体的高差应在设计允许范围内。

2. 实测项目

悬臂梁浇筑的实测项目有：混凝土强度、轴线偏位、顶面高程、断面尺寸、合龙后同跨对称点高程差、横坡、平整度。

悬臂梁拼装的实测项目有：合龙段混凝土强度、轴线偏位、顶面高程、合龙后同跨对称点高程差。

十三、拱的安装施工质量检验

1. 基本要求

（1）拱桥安装必须严格按设计规定的程序进行施工。

（2）拱段接头采用现浇混凝土时，必须确保其强度和质量，从而在达到设计规定强度时，方可进行拱上建筑的施工。

（3）安装过程中，如，杆件或节点出现开裂，应查明原因，采取措施后，方可继续进行。

（4）合龙段两侧高差必须在设计规定的允许范围内。

2. 实测项目

主拱圈安装实测项目有：轴线偏位、拱圈高程、对称接头点相对高差、同跨各拱肋相对高差、同跨各拱肋间距。

十四、斜拉桥混凝土索塔质量检验

1. 基本要求

（1）混凝土所用的水泥、砂、石、水、外加剂及混合材料的质量和规格，必须符合有关规范的要求，按规定的配合比施工。

（2）索塔的索道孔、锚箱位置及锚箱锚固面与水平面的交角均应控制准确，锚垫板与孔道必须互相垂直。

（3）分段浇筑时，段与段间不得有错台。

（4）不得出现漏筋和空洞现象。

（5）横梁施工中，不得因支架变形、温度或预应力而出现裂缝，横梁与塔柱紧密连成整体。

2. 实测项目

塔柱的实测项目有：混凝土强度、塔柱底偏位、倾斜度、外轮廓尺寸、壁厚、锚固点高程、孔道位置、预埋件位置。

十五、悬索桥索鞍安装质量检验

1. 基本要求

（1）索鞍成品必须按设计和有关技术规范要求验收合格，并有产品合格证，方可安装。

（2）务必按要求放置底板或格栅，并与底座混凝土连成整体。底座混凝土应振捣密实，强度符合设计要求。

（3）安装前应进行全面检查，如有损伤，须做处理。索槽内部应清洁，不应沾上减少缆索和索鞍之间摩擦的油或油漆等材料。

（4）索鞍就位后应锁定牢靠。

2. 实测项目

主索鞍安装的实测项目有：最终偏位、高程、四角高差。

散索鞍安装的实测项目有：底板轴线纵、横向偏位、底板中心高程、底板扭转、安装基线扭转、散索鞍竖向倾斜角。

十六、悬索桥主缆架设质量检验

1. 基本要求

（1）索股成品应有合格证，必须根据设计和有关技术规范要求验收合格方可架设。

（2）索股入鞍、人锚位置必须符合设计要求，架设时严禁索股弯折、扭转和散开。

（3）索股锚固应与锚板正交，锚头锁定装置应牢固。

2. 实测项目

主缆架设的实测项目有：索股高程、锚跨索股力偏差、主缆空隙率、主缆直径不圆度。

十七、桥面铺装施工质量检验

1. 基本要求

（1）水泥混凝土桥面的基本要求同水泥混凝土路面，沥青混凝土桥面的基本要求同沥青混凝土路面。

（2）桥面泄水孔进水口的布置应有利于桥面和渗入水的排除，其数量不得少于设计要求，并且出水口不得使水直接冲刷桥体。

2. 实测项目

桥面铺装实测项目有：强度或压实度、厚度、平整度、横坡及抗滑构造深度。

第六节　隧道工程质量检验

一、隧道总体质量检验

1. 基本要求

（1）洞口设置应符合设计要求。

（2）务必按设计设置洞内外的排水系统，不淤积、不堵塞。

（3）隧道防排水施工质量须符合相关规定。

2. 实测项目

隧道总体实测项目有：车行道、净总宽、隧道净高、隧道偏位、路线中心线与隧道中心线的衔接、边坡、仰坡。

二、（钢纤维）喷射混凝土支护质量检验

1. 基本要求

（1）材料必须满足规范或设计要求。

（2）喷射前要检查开挖断面的质量，同时处理好超欠挖。

（3）喷射前，岩面必须清洁。

（4）喷射混凝土与围岩紧密粘，结合牢固，喷层厚度应符合要求，不能有空洞，喷层内禁止添加片石和木板等杂物，必要时应进行黏结力测试。喷射混凝土严禁挂模喷射。受喷面必须是原岩面。

（5）支护前应做好排水措施，对渗漏水孔洞、缝隙应采取引棒、堵水措施，确保喷射混凝土质量。

（6）采用钢纤维喷射混凝土时，钢纤维抗拉强度不得低于 380 mPa，且不得有油渍及明显的锈蚀。钢纤维直径宜为 0.3 ~ 0.5 mm，长度为 20 ~ 25 mm，且不得大于 25 mm。钢纤维含量宜为混合料质量的 1% ~ 3%。

2. 实测项目

（钢纤维）喷射混凝土支护实测项目有：喷射混凝土强度、喷层厚度、空洞检测。

第七节　质量检验评定

一、公路工程质量检验和评定的标准

公路工程质量检验和评定的标准是：交通运输部颁布的《公路工程质量检验评定标准第一册土建工程》及项目专用技术规范。

二、单位工程、分部工程和分项工程的划分

1. 单位工程

单位工程是指在建设项目中，根据签订的合同，具有独立施工条件的工程。

2. 分部工程

在单位工程中，应根据结构部位、路段长度及施工特点或施工任务划分为若干个分部工程。

3. 分项工程

在分部工程中，应按不同的施工方法、材料、工序及路段长度等划分为若干个分项工程。

三、工程质量评分方法

（1）工程质量检验评分以分项工程为单元，采用百分制进行。在分项工程评分的基

础上，逐级计算各相应分部工程、单位工程、合同段和建设项目评分值。

（2）工程质量评定等级分为合格与不合格，应按分项、分部、单位工程、合同段和建设项目逐级评定。

（3）施工单位应对各分项工程依据《公路工程质量检验评定标准第一册土建工程》所列基本要求、实测项目和外观鉴定进行自检。

（4）工程监理单位应按规定要求对工程质量进行独立抽检，对施工单位检评资料进行签认，从而对工程质量进行评定。

（5）建设单位根据对工程质量的检查及平时掌握的情况，对工程监理单位所做的工程质量评分及等级进行审定。

（6）质量监督部门、质量检测机构依据《公路工程质量检验评定标准第一册土建工程》对公路工程质量进行检测评定。

四、工程质量评分方法

1. 分项工程质量评分

分项工程质量检验内容包括基本要求、实测项目、外观鉴定和质量保证资料四个部分。只有在其使用的原材料、半成品、成品及施工工艺符合基本要求的规定，且无严重外观缺陷和质量确保资料真实并基本齐全时，才能对分项工程质量进行检验评定。

涉及结构安全和使用功能的重要实测项目为关键项目，其合格率不得低于90%（属于工厂加工制造的交通工程安全设施及桥梁金属构件不低于95%，机电工程为100%），且检测值不得超过规定极值，否则必须进行返工处理。

实测项目的规定极值是指任一单个检测值都不能突破的极限值，不符合要求时该实测项目为不合格。

分项工程的评分值满分为100分，按实测项目采用加权平均法计算。存在外观缺陷或资料不全时，须减分。

分项工程评分值 = 分项工程得分－外观缺陷减分－资料不全减分

（1）基本要求检查

分项工程所列基本要求，对施工质量优劣具有关键作用，应按基本要求对工程进行认真检查。经检查不符合基本要求规定时，不得进行工程质量的检验和评定。

（2）实测项目计分

对规定检查项目采用现场抽样方法，根据规定频率和下列计分方法对分项工程的施工质量直接进行检测计分。

检查项目除按数理统计方法评定的项目以外，均应按单点（组）测定值是否符合标准要求进行评定，并按合格率计分。

（3）外观缺陷减分

对工程外表状况应逐项进行全面检查，如发现外观缺陷，应进行减分。对于较严重的外观缺陷，施工单位须采取措施进行整修处理。

（4）资料不全减分

分项工程的施工资料和图表残缺，缺乏最基本的数据，或有伪造涂改者，不予检验和评定。资料不全者应予减分，减分幅度可依据《公路工程质量检验评定标准第一册土建工程》所列各款逐款检查，视资料不全情况，每款减 1 ~ 3 分。

2. 分部工程和单位工程质量评分

分项工程和分部工程区分为一般工程和主要（主体）工程，分别给以 1 和 2 的权值。进行分部工程和单位工程评分时，采用加权平均值计算法确定相应的评分值。

$$分部(单位)工程评分值 = \frac{\sum 分项(分部)工程评分值 \times 相应权值}{\sum 分项(分部)工程权值}$$

3. 合同段和建设项目工程质量评分

施工合同段工程质量评分采用所含各单位工程质量评分的加权平均值。即

$$施工合同段工程质量评分值 = \frac{\sum (单位工程评分值 \times 该单位工程投资额}{\sum 合同段总投资额}$$

整个工程项目工程质量评分采用加权平均法进行。即

$$工程质量评分值 = \frac{\sum (合同段工程质量评分值 \times 该合同段投资额)}{\sum 施工合同段投资额}$$

五、质量保证资料

施工单位应有完整的施工原始记录、试验数据、分项工程自查数据等质量保证资料，并进行整理分析，负责提交齐全、真实和系统的施工资料和图表。工程监理单位负责提交齐全、真实和系统的监理资料。质量保证资料应包括以下六个方面：

（1）所用原材料、半成品和成品质量检验结果；

（2）材料配比、拌和加工控制检验和试验数据；

（3）地基处理、隐蔽工程施工记录和大桥、隧道施工监控资料；

（4）各项质量控制指标的试验记录和质量检验汇总图表；

（5）施工过程中遇到的非正常情况记录及其对工程质量影响分析；

（6）施工过程中如发生质量事故，经处理补救后，从而达到设计要求的认可证明文件等。

六、工程质量等级评定

1. 分项工程质量等级评定

分项工程评分值不小于 75 分者为合格；小于 75 分者为不合格；机电工程、属于工厂加工制造的桥梁金属构件不小于 90 分者为合格，小于 90 分者为不合格。

评定为不合格的分项工程，经加固、补强或返工、调测，满足设计要求后，可以重新评定其质量等级，然而计算分部工程评分值时按其复评分值的 90% 计算。

2. 分部工程质量等级评定

所属各分项工程全部合格，则该分部工程评为合格；所属任一分项工程不合格，则该分部工程为不合格。

3. 单位工程质量等级评定

所属各分部工程全部合格，则该单位工程评为合格；所属任一分部工程不合格，则该单位工程为不合格。

4. 合同段和建设项目质量等级评定

合同段和建设项目所含单位工程全部合格，其工程质量等级为合格；所属任一单位工程不合格，则合同段和建设项目为不合格。

第七章　公路工程施工合同管理

第一节　公路工程的合同体系结构

一、公路工程项目的合同体系

公路工程（特别是大型项目）建设是一个很复杂的过程，需要涉及许多不同行业的单位，投入许多不同专业的人力以及大量的资金设备。它们之间通过合同形成了不同的经济关系，进而形成了复杂的合同体系。其中，业主和承包人依法签订的施工合同是"核心合同"，业主又处于合同体系中的"核心位置"。

二、承包商的主要合同关系

承包商是工程施工的具体实施者，是工程承包合同的履行者。承包商通过投标接受业主的委托，签订工程承包合同。承包商要完成承包合同中约定的责任，包括：由工程量清单中所确定工程范围的施工、竣工和缺陷责任及保修，并为完成这些工程提供劳动力、施工设备、材料，有时也包括技术设计。任何承包商都不可能、也不必具备所有的专业工程的施工能力、材料和设备的生产和供应能力。因此，其必须将一些专业施工（或工作）委托出去。这样，除了与业主签订的承包合同之外，进而还形成了承包商复杂的合同关系。

1. 分包合同

对于一些大型工程项目的施工，承包商通常需要与其他承包商合作才能完成总承包合同责任。承包商把从业主那里承接到的工程中的某些分项工程或工作分包给另一承包商来完成，则要与其他承包商（即分包人）签订分包合同。承包商在总承包合同下可能订立许多分包合同，而分包人仅完成总承包商分包给自己的工程，向总承包商负责，与业主无合同关系。总承包商仍向业主担负全部工程责任，负责工程的管理和所属各分包人工作之间的协调，以及各分包人之间合同责任界面的划分，同时承担协调失误致使损失的责任，向业主承担工程风险。

在投标书中，承包商必须附上拟定的分包人的名单和工程规模，供业主审查；未列入投标文件的专项工程，承包人不得分包。如果在工程施工中重新委托分包人，务必经过监理工程师（或业主代表）的批准。

2. 采购合同

承包商为采购和供应工程所必要的材料、设备，与材料、设备供应商所签订的材料、设备采购合同。

3. 运输合同

运输合同是承包商为解决材料、物资、设备的运输问题而与运输单位签订的合同。

4. 加工合同

加工合同是承包商将建筑构配件、特殊构件的加工任务委托给加工承揽单位而签订的合同。

5. 租赁合同

在公路工程施工中，承包商需要许多施工设备、运输设备、周转材料。当有些设备、周转材料在现场使用率较低，或自己购置需要大量资金投入而自己又不具备这个经济实力时，可以采用租赁方式，与租赁单位签订租赁合同。

6. 劳务采购（或分包）合同

即由劳务供应商（或劳务分包人）向工程施工提供劳务，承包人与劳务供应商（或劳务分包人）之间签订的合同。

7. 保险合同

即承包商按施工合同要求对工程进行保险，与保险公司签订保险合同。

8. 检测合同

即承包商与具有相应资质检测单位签订的合同。

承包商的这些合同都与工程承包合同相关，都是为了完成承包合同而签订的。

第二节 公路工程施工合同的履行与管理方法

一、施工合同的履行

1. 业主的合同履行

（1）严格依据施工合同的规定，履行业主应尽义务。业主履行合同是承包商履行合同的基础，由于业主的很多合同义务都是为承包商施工创造先决条件，如，征地拆迁、"三通一平"、原始测量数据、施工图纸等。

（2）按合同规定行使工期控制权、质量检验权、工程计量权、工程款支付权，确保工程目标的实现。

（3）按合同约定行使工程交工、竣工验收权和履行工程款支付、竣工结算义务。

2. 承包商的合同履行

（1）全面履行施工合同中的各项义务。在施工过程中，承包商必须通过投入足够的资源，建立精干高效的组织机构和完善的制度体系，采用先进、合理、经济的施工方案和技术，精心组织、科学管理，确保如期、保质、保量完成各项施工任务。

（2）通过合理的工程变更与索赔，维护自己的合法权益，从而实现预期经营目标和战略。

二、承包商的施工合同管理

（1）认真编制投标文件。投标文件是合同文件的重要组成部分，同时也是投标人在施工阶段能否实现经营目标的重要基础。

1）确定投标方式，联合投标还是单独投标。

2）确定投标策略，根据掌握的信息，充分分析论证后决定是投保险标，还是投风险标；常规价格标，还是高价标或低价标。

3）确定报价策略，根据具体评标办法采用相应的报价策略，特别注意，不平衡报价技巧的灵活、适度运用。

4）认真做好招标文件及合同条件的审查工作，全面、实质性响应招标文件。

（2）切实履行合同义务，有理、有利、有节地维护自身权益，由于公路工程施工合同是公路工程合同体系中的"核心合同"，对工程项目控制目标的实现至关重要。因此，承包商必须全面、适当地履行合同义务，否则不仅不能实现预期目标，还有可能导致业主的反索赔，甚至被解除合同。承包商在履行合同义务时，也要注意采用恰当的方式维护自身的权益，如提出合理的工程变更要求，理直气壮地提出正当的索赔要求等。

（3）建立完整的合同管理制度。公路工程合同的复杂性和经济性决定了合同潜在的风险较大，为了规避、化解风险，承包商必须建立完整的合同管理制度，促使施工合同的谈判、签订、履行等各环节实现科学化、规范化、程序化和模块化。具体来讲，应建立和完善如下合同管理制度：

1）合同管理相关部门的部门职责和工作岗位制度。

2）合同管理的授权和内部会签制度。

3）合同审查批准制度。

4）印鉴及证书管理使用制度。

5）合同管理绩效考核制度。

6）合同档案管理制度。

第三节　公路工程分包合同管理

一、工程分包合同

为规范公路工程施工分包活动，加强公路建设市场监管，交通运输部组织制定了《公路工程施工分包管理办法》，自 2012 年 1 月 1 日起施行。

二、分包合同管理

1. 分包合同的管理关系

分包合同是承包人将施工合同内对发包人承担义务的部分工作交给分包人实施，双方约定相互之间的权利、义务的合同。分包工程既是施工合同的一部分，又是分包合同的标的，涉及两个合同，因此分包合同的管理比施工合同管理复杂。

发包人与分包人没有合同关系，然而发包人作为工程项目的投资方和施工合同的当事人，对分包合同的管理主要表现为对分包工程的批准。

监理人只有与承包人有监理与被监理的关系，对分包人在现场施工不承担协调管理义务。只是依据施工合同对分包工作内容及分包人的资质进行审查，行使确认权或否定权；对分包人使用的材料、施工工艺、工程质量和进度进行监督。监理人就分包工程施工发布的任何指示均应发给承包人。

承包人作为两个合同的当事人，不仅对发包人承担确保整个合同工程按预期目标实现的义务，而且对分包工程的实施具有全面管理责任。承包人应委派代表对分包人的施工进行监督、管理和协调。在接到监理人就分包工程发布的指示后，应将其要求列入自己的管理工作内容，并及时以书面确认的形式转发给分包人令其遵照执行。

2. 分包工程的支付管理

分包工程的支付，应由分包人在合同约定的时间，向承包人报送该阶段施工的付款申请单，承包人经过审核后，将其列入施工合同的进度付款申请单内一并提交监理人审批。由监理人向承包人出具经发包人签认的进度付款证书。发包人应在监理人收到进度付款申请单后的 28 d 内，将进度应付款支付给承包人。分包人不能直接向监理人提出支付要求，必须通过承包人。发包人也不能直接向分包人付款，并且也必须通过承包人。

3. **分包工程的变更管理**

承包人接到监理人依据合同发布的涉及发包工程的变更指令后，以书面确认方式通知分包人执行。承包人也有权根据工程的实际进展情况通过监理人向发包人提出有关变更建议。

监理人一般不能直接向分包人下达变更指令，必须通过承包人。分包人不能直接向监理人提出分包工程的变更要求，也必须由承包人提出。

4. **分包工程的索赔管理**

分包合同履行过程中，当分包人认为自己的合法权益受到损害，无论事件起因于发包人或监理人，还是承包人的责任，他都只能向承包人提出索赔要求。如果是因发包人或监理人的原因或责任造成了分包人的合法利益的损害，承包人应及时按施工合同规定的索赔程序，以承包人的名义就该事件向监理人提交索赔报告。

对于由承包人的原因或责任引起分包人提出索赔，这类索赔产生于承包人与分包人之间，双方通过协商解决。监理人不参与该索赔的处理。

第四节　公路工程施工进度款的结算

一、工程价款的主要结算方式

（1）按月结算。实行旬末或月中预支或不预支，月终结算，竣工后清算的办法。跨年度竣工的工程，在年终进行工程盘点，办理年度结算。

（2）竣工后一次结算。建设项目或单项工程全部建筑安装工程建设期在 12 个月以内，或者工程承包价值在 100 万元以下的，可以实行工程价款每月月中预支，竣工后一次结算。

（3）分段结算。即当年开工，当年不能竣工的单项工程或单位工程根据工程进度，划分不同阶段进行结算，分段结算可以按月预支工程款。

（4）目标结算方式。即在工程合同中，将承包工程的内容分解成不同的控制界面，以业主验收界面作为支付工程价款的前提条件。即，将合同中的工程内容分解成不同的验收单元，当承包商完成单元工程内容并经业主（或其委托人）验收后，业主支付构成单元工程内容的工程价款。

（5）双方约定的其他结算方式。

二、工程进度款的支付

1. 进度付款周期

工程进度款付款周期同计量周期，即单价子目按月支付，总价子目依照批准的支付分解报告确定的周期支付。

2. 进度付款申请单

承包人应在每个付款周期末，按监理人批准的格式和专用合同条款约定的份数，向监理人提交进度付款申请单，并附相应的支持性证明文件。除专用合同条款另有约定外，进度付款申请单应包括下列内容：

（1）截至本次付款周期末已实施工程的价款。

（2）应增加和扣减的变更金额。

（3）应增加和扣减的索赔金额。

（4）应支付的预付款和扣减的返还预付款。

（5）应扣减的质量保证金。

（6）根据合同应增加和扣减的其他金额。

3. 进度付款证书和支付时间

（1）监理人在收到承包人进度付款申请单以及相应的支持性证明文件后的 14 d 内完成核查，提出发包人到期应支付给承包人的金额以及相应的支持性材料，经发包人审查同意后，由监理人向承包人出具经发包人签认的进度付款证书。监理人有权扣发承包人未能按照合同要求履行任何工作或义务的相应金额。如果，该付款周期应结算的价款经扣留和扣回后的款额，少于项目专用合同条款数据表中列明的进度付款证书的最低金额，则该付款周期监理人可不核证支付，上述款额将按付款周期结转，直至累计应支付的款额达到项目专用合同条款数据表中列明的进度付款证书的最低金额为止。

（2）发包人应在监理人收到进度付款申请单后的 28 d 内，将进度应付款支付给承包人。发包人不按期支付的，根据专用合同条款数据表中约定的利率向承包人支付逾期付款违约金。违约金的计算基数为发包人的全部未付款额，时间从应付而未付该款额之日算起（不计复利）。

（3）监理人出具进度付款证书，不应视为监理人已同意、批准或接受了承包人完成的该部分工作。

（4）进度付款涉及政府投资资金的，依据国库集中支付等国家相关规定和专用合同条款的约定办理。

4. 工程进度付款的修正

在对以往历次已签发的进度付款证书进行汇总和复核中发现错、漏或重复的，监理人有权予以修正，承包人也有权提出修正申请。经双方复核同意的修正，应在本次进度付款中支付或扣除。

三、合同价款的调整

在公路工程合同中，大部分合同为可调价合同，规定调整合同价款的方式和方法，最终确定合同结算价款。

1. 原工程量清单工程数量

原工程量清单工程数量为合同数量，根据监理工程师确认计量的数量，即实际完成数量对合同价款进行调整。

2. 工程价款价差调整的主要方法

（1）工程造价指数调整法。甲乙双方采用当时的预算（或概算）定额单价计算承包合同价，待竣工时，根据合理的工期及当地工程造价管理部门所公布的该月度（或季度）的工程造价指数，对原承包合同价予以调整。

（2）实际价格调整法。有些合同规定对钢材、水泥、木材三大材料的价格采取按实际价格结算的方法，对这种办法，地方主管部门要定期发布最高限价。同时，合同文件中应规定建设单位或工程师有权要求承包商选择更廉价的供应来源。

（3）调价文件计算法。甲乙双方按当时的预算价格承包，在合同期内，依据造价管理部门调价文件的规定，进行抽料补差（按所完成的材料用量乘以价差）。

（4）调值公式法。此种调值公式一般包括固定部分、材料部分和人工部分。

四、法律、法规变化引起的合同价款调整

在送交投标文件截止期前 28 d 之后，国家或省（自治区、直辖市）颁布的法律、法规出现修改或变更，由于采用新的法律、法规使承包人在履行合同中的费用发生价差调整以外的增加或减少，则此项增加或减少的费用应由监理工程师在与承包人协商并报经业主批准后确定，增加到合同价或从合同价中扣除。

五、工程拖期的价款调整

如果承包人未能在投标书附录中写明的工期内完成本合同工程，则在该交工日期以后施工的工程，其价格调整计算应采用该交工日期所在年份的价格指数作为当期价格指数。而如果延期符合合同规定的情况，则在该延长的交工日期到期以后施工的工程，其价格调整计算应采用该延长的交工日期所在年份的价格指数作为当期价格指数。

第五节　公路工程竣工决算文件的编制

一、公路工程竣工决算文件的编制依据

（1）经交通主管部门批准的设计文件，以及批准的概（预）算或调整概（预）算文件。

（2）招标文件、标底（如果有）及与各有关单位签订的合同文件。

（3）建设过程中的文件有关支付凭证。

（4）竣工图纸。

（5）其他有关文件、资料、凭证。

二、公路工程项目竣工决算的编制步骤

（1）收集、整理和分析有关依据资料。在工程竣工验收阶段，应注意收集资料，系统地整理所有的技术资料、工程结算的经济文件、施工图纸，审查施工过程中各项工程变更、索赔、价格调整、暂定金额等支付项目是否符合合同文件规定，签证手续是否完备；审查各中期支付和最终支付是否与竣工图表资料、合同文件相符。

（2）清理各项财务、债务和结余物资。既要核对账目，又要查点库存实物数量，做到账与物相等，账与账相符，对结余的各种材料、工器具和设备要逐项清点核实，妥善管理，并根据规定及时处理，收回资金。

（3）填写竣工决算报表。

（4）编制建设工程竣工决算说明。主要内容包括：对工程进度、质量、安全和造价等四方面的总的评价，以及各项财务和技术经济指标的分析。

（5）做好工程造价对比分析。

在报告中必须对控制工程造价所采取的措施、效果以及其动态的变化进行认真的比较分析，总结经验教训。批准的概算是考核建设工程造价的依据，在分析时可将决算报表中所提供的实际数据和相关资料与批准的概算、预算指标进行对比，以考核竣工项目总投资控制的水平，在对比的基础上总结先进经验，找出落后的原因，并提出改进措施。

（6）清理、装订好竣工图。

（7）上报主管部门审查。建设工程竣工文件编制完成后，将其上报主管部门审查，并把其中财务成本部分送交开户银行签证。竣工决算在上报主管部门的同时，抄送有关设计单位。大中型建设项目的竣工决算还应抄送财政部、建设银行总行和省、市、自治区财政局和建设银行各一份。

三、公路工程项目竣工决算报告的内容

竣工决算报告由以下四个部分组成：

（1）交通基本建设项目竣工决算报告封面。

（2）竣工工程平面示意图。

（3）竣工决算报告说明书：主要内容包括工程项目概况及组织管理情况；工程建设过程和工程管理工作中的重大事件、经验教训；工程投资支出和财务管理工作的基本情况；工程遗留问题等。

（4）竣工决算表格。竣工决算报告表式分为决算审批表、工程概况专用表和财务通用表。

第六节　公路工程合同价款支付的相关规定

一、预付款

预付款包括开工预付款和材料、设备预付款。

（1）开工预付款的金额在项目专用条款数据表中约定（开工预付款是一项由业主提供给承包人用于开办费用的无息贷款，国际上通常规定范围是 0 ~ 20%，国内开工预付款金额一般应为 10% 签约合同价）。在承包人签订了合同协议书并提交了开工预付款保函后，监理工程师应在当期进度付款证书中向承包人支付开工预付款的 70% 的价款；在承包人承诺的主要设备进场后，再支付预付款 30%。

承包人不得将该预付款用于与本工程无关的支出。监理工程师有权监督承包人对该项费用的使用，如，经查实承包人滥用开工预付款，发包人有权立即通过向银行发出通知收回开工预付款保函的方式，将该款收回。开工预付款支付的条件有：

1）承包人和发包人已签订了施工合同；

2）承包人已提交了开工预付款保函。

（2）材料、设备预付款依据项目专用合同条款数据表中所列主要材料、设备单据费用（进口的材料、设备为到岸价，国内采购的为出厂价或销售价，地方材料为堆场价）的百分比支付，其预付条件为：

1）材料、设备符合规范要求并经监理工程师认可；

2）承包人已出具材料、设备费用凭证或支付单据；

3）材料、设备已在现场交货，且存储良好，监理工程师认为材料、设备的存储方法

符合要求，则监理工程师应将此项金额作为材料、设备预付款计入下一次的进度付款证书中。在预计竣工前 3 个月，将不再支付材料、设备预付款。

（3）预付款保函。

除项目专用合同条款另有约定外，承包人应在收到开工预付款前向发包人提交开工预付款保函。开工预付款保函的担保金额应与开工预付款金额相同。出具保函的银行须与合同规定的要求相同，所需费用由承包人承担。银行保函的正本由发包人保存，该保函在发包人将开工预付款全部扣回之前一直有效，担保金额可根据开工预付款扣回的金额相应递减。

（4）预付款的扣回与还清。

1）开工预付款在进度付款证书的累计金额未达到签约合同价的 30% 之前不予扣回。在达到签约合同价 30% 之后，开始按工程进度以固定比例（即每完成签约合同价的 1%，扣回开工预付款的 2%）分期从各月的进度付款证书中扣回。全部金额在进度付款证书的累计金额达到签约合同价的 80% 时扣完。

2）当材料、设备已用于或安装在永久工程之中时，材料、设备预付款应从进度付款证书中扣回，扣回期不超过 3 个月。已经支付材料、设备预付款的材料、设备的所有权应属于发包人。工程竣工时所有剩余的材料、设备所有权应属于承包人。

二、质量保证金的支付与返还

（1）监理工程师应从第一个付款周期开始，在发包人的进度付款中，依据项目专用合同条款数据表规定的百分比扣留质量保证金，直至扣留的质量保证金总额达到项目专用合同条款数据表规定的限额为止。质量保证金的计算额度不包括预付款的支付以及扣回的金额。

（2）在合同条款约定的缺陷责任期满时，承包人向发包人申请到期应返还承包人剩余的质量保证金金额，发包人应在 14 d 内会同承包人根据合同约定的内容核实承包人是否完成缺陷责任。如无异议，发包人应当在核实后将剩余保证金返还承包人。

（3）在合同条款约定的缺陷责任期满时，承包人没有完成缺陷责任的，发包人有权扣留与未履行责任剩余工作所需金额相应的质量保证金余额，并有权根据合同条款约定要求延长缺陷责任期，直到完成剩余工作为止。

三、交工结算

1. 交工付款申请书

（1）承包人在交工验收证书签发后 42 d 内向监理工程师提交交工付款申请单（包括相关证明资料），交工付款申请单的分数在项目专业合同条件数据表中约定。

（2）监理工程师对交工付款申请单有异议的，有权要求承包人进行修正和提供补充资料，经监理工程师和承包人协商后，由承包人向监理人提交修正后的交工付款申请单。

2. 交工付款证书及支付时间

（1）监理工程师在收到承包人提交的交工付款申请单后的 14 d 内完成核查，提出发包人到期应支付给承包人的价款送发包人审核并抄送承包人。发包人应在收到后 14 d 内审核完毕，由监理工程师向承包人出具经发包人签认的交工付款证书。监理工程师未在约定时间内核查，又未提出具体意见的，视为承包人提交的交工付款申请单已经监理人核查同意；发包人未在约定时间内审核又未提出具体意见的，监理工程师提出发包人到期应支付给承包人的价款视为已经发包人同意。

（2）发包人应在监理人出具交工付款证书的 14 d 内，将应支付款支付给承包人。发包人不按期支付的，根据合同条款的约定，将逾期付款违约金支付给承包人。

（3）承包人对发包人签认的交工付款证书有异议的，发包人可出具交工付款申请单中承包人已同意部分的临时付款证书。存在争议的部分，按合同条款的约定办理。

（4）交工付款设计政府投资资金的，依据合同条款的约定办理。

四、最终结清

1. 最终结清申请单

（1）承包人应在缺陷责任期终止证书签发后 28 d 内，向监理工程师提交最终结清申请单（包括相关证明材料），最终结清申请单的分数在项目专用合同条款数据表中约定。最终结清申请单中的总金额应认为是代表了根据合同规定应付给承包人的全部款项的最后结算。

（2）发包人对最终结清申请单内容有异议的，有权要求承包人进行修正和提供补充资料，由承包人向监理工程师提交修正后的最终结清申请单。

2. 最终结清证书和支付时间

（1）监理工程师收到承包人提交的最终结清申请单后的 14 d 内，提出发包人应支付给承包人的价款送发包人审核并抄送承包人。发包人应在收到后 14 d 内审核完毕，由监理工程师向承包人出具经发包人签认的最终结清证书。监理工程师未在约定时间内核查，又未提出具体意见的，视为承包人提交的最终结清申请已经监理工程师核查同意；发包人未在约定时间内审核又未提出具体意见的，监理工程师提出应支付给承包人的价款视为已经发包人同意。

（2）发包人应在监理工程师出具最终结清证书后的 14 d 内，将应支付款支付给承包人。发包人不按期支付的，根据合同条款的有关规定，将逾期付款违约金支付给承包人。

（3）承包人对发包人签认的最终结清证书有异议的，按合同条款的有关规定办理。

（4）最终结清付款涉及政府投资资金的，依据合同条款的相关规定办理。

最终结清认证书是表明发包人已经履行完其合同义务的证明文件，它与缺陷责任终止证书一样，是具有重要法律意义的文件。

只要监理工程师向承包人出具经发包人签认的最终结清认证书，就意味着从法律上确立了发包人也已经履行完毕其应履行的合同义务；同理，最终结清认证书也是证明合同双方的义务都已经依据合同履行完毕证明文件，合同到此终止。

五、其他支付

1. 索赔费用

赔偿费用的支付额应按监理工程师签发的索赔审批书来确认，或按监理工程师暂时确定的赔偿额来支付。

2. 计日工费用

计日工的数量应有监理工程师的指示及确认。计日工的单价按工程量清单中计日工的单价来办理。

3. 变更工程费用

变更工程应有监理工程师签发的书面变更令。变更工程的单价按变更工程单价确定原则来处理。完成的变更工程数量应有监理工程师签认的变更工程计量证书。

4. 价格调整费用

监理工程师应严格按合同规定的价格调整方法来确定价格调整款额。

5. 拖期违约损失赔偿金（违约罚金）

拖期违约损失赔偿金是因承包人原因，使得工程不能按期完工时，承包人应向业主支付的赔偿金。原则上其赔偿标准应与业主的损失相当。通常规定，每逾期 1 d，赔偿合同价的 0.01% ~ 0.05%；同时也规定，赔偿总额不超过合同价的 10%。这些规定在投标书附件中都应明确。

如果承包人未能按规定的工期完成合同工程，则必须向业主支付按技标书附录中写明的金额，作为拖期损失赔偿金。时间自预定的交工日期起到合同工程交工证书中写明的交工日期或已批准的延长工期止，按天计算。拖期损失赔偿金，应不超过投标书附录中写明的限额。业主可以从应付或到期应付给承包人的任何款项中扣除此赔偿金，但不排除其他扣款方法。扣除拖期损失赔偿金，并不解除合同规定的承包人对完成本工程的义务和责任。

6. 逾期付款违约金

逾期付款违约金是对业主的一种约束，业主有准时付款给承包人的责任和义务。业主必须在规定时间内支付承包人所完成工程的款额，否则应向承包人支付利息。

（1）监理工程师在收到承包人进度付款申请单，以及相应的支持性证明文件后的14 d内完成核查，提出发包人到期应支付给承包人的金额以及相应的支持性材料，经发包人审查同意后，由监理工程师向承包人出具经发包人签认的进度付款证书。监理工程师有权扣发承包人未能根据合同要求履行任何工作或义务的相应金额。

（2）发包人应在监理工程师收到进度付款申请单后的28d内，将进度应付款支付给承包人。发包人不按期支付的，按专用合同条款的约定支付逾期付款违约金。

承包人向监理工程师提交交工付款申请单（包括相关证明材料）的份数在项目专用合同条款数据表中约定；期限：交工验收证书签发后42 d内。

承包人向监理工程师提交最终结清申请单（包括相关证明材料）的份数在项目专用合同条款数据表中约定；期限：缺陷责任期终止证书签发后28 d内。

最终结清申请单中的总金额应认为是代表了根据合同规定应付给承包人的全部款项的最后结算，否则将支付迟付款息。

第七节　合同纠纷

一、合同纠纷的产生与防范

1. 施工合同纠纷常见类型

合同纠纷的范围广泛，涵盖了一项合同从成立到终止的整个过程。施工合同常见的纠纷有如下几种主要类型：

（1）施工合同主体纠纷；

（2）施工合同工程款纠纷；

（3）施工合同质量纠纷；

（4）施工合同分包与转包纠纷；

（5）施工合同变更和解除纠纷；

（6）施工合同竣工验收纠纷；

（7）施工合同审计纠纷。

2. 施工合同纠纷的成因与防范措施

合同纠纷产生的原因是多方面的，也是十分复杂的，主要是由于目前建筑市场不规范、建设法律法规不完善等外部环境，市场主体行为不规范、合同意识和诚信履约意识薄弱等主体问题，施工项目的特殊性、复杂性、长期性和不确定性等项目特点，以及施工合同本身复杂性和易出错误等众多原因导致的。

为了尽可能减少合同纠纷及违约事件发生，总体上，各方当事人需要提高和强化合同意识、诚信履约意识和合同管理意识，建立、完善和落实合同管理体系、制度、机构及相关人员，正确使用合同标准文本，提升风险管理能力和水平。在具体项目上，各方当事人都应从以下两方面入手解决问题：首先，签订合同要严肃认真；其次，在履约过程中，合同各方当事人应及时交换意见，或按标准合同条款规定，及时交与监理工程师，由三方协商解决，尽可能将合同执行中的问题分别及时地加以适当处理，不要将问题累积下来算总账。

二、和解

1. 和解的含义

和解是指合同纠纷当事人在自愿友好的基础上，依据法律法规的规定和合同的约定，自行协商解决合同争议。

和解是双方在自愿、友好、互谅的基础上进行的。实事求是地分清责任是和解解决合同纠纷的基础。和解应遵循合法、自愿、平等和互谅互让等原则。和解的方式和程序十分灵活，适合双方当事人对合同纠纷的及时解决。

和解具有局限性。和解所达成的协议能否得到切实、自觉地遵守，完全取决于争议当事人的诚意和信誉。如果在双方达成协议之后，一方反悔，拒绝履行应尽的义务，协议就成为一纸空文。在实践中，当争议标的金额巨大或争议双方分歧严重时，通过协商达成谅解是比较困难的。

2. 和解解决合同争议的程序

和解解决建设工程合同纠纷所适用的程序与建设工程合同的订立、变更或解除所适用的程序大致相同，采用要约、承诺方式。即通常是在建设工程合同纠纷发生后，由一方当事人以书面的方式向对方当事人提出解决纠纷的方案，方案应当是比较具体、比较完整的。另一方当事人对提出的方案可以根据自己的意愿，做一些必要的修改，也可以再提出一个新的解决方案。然后，对方当事人又可以对新的解决方案提出新的修改意见。双方当事人经过反复协商，直至达到一致意见，进而产生"承诺"的法律后果，达成双方都愿意接受的和解协议。对于建设工程合同所发生的纠纷用自行和解的方式解决，应订立书面的协议作为对原合同的变更或补充。

三、调解

1. 调解的含义

调解是指合同当事人对合同所约定的权利、义务发生争议，不能达成和解协议时，在经济合同管理机关或有关机关、团体等的主持下，通过对当事人进行说服教育，促使双方互相做出适当的让步，平息争端，自愿达成协议，以求解决经济合同纠纷。

合同纠纷的调解往往是当事人经过和解仍不能解决纠纷后采取的方式，因此，与和解相比，它面临的纠纷要大一些。与诉讼、仲裁相比，仍具有与和解相似的优点：它能够较经济、较及时地解决纠纷；有利于消除合同当事人的对立情绪，维护双方的长期合作关系。

2. 调解的程序

通常可以按以下程序进行调解：

（1）纠纷当事人向调解人提出调解意向；

（2）调解人作调解准备；

（3）调解人协调和说服；

（4）达成协议。

3. 调解的种类

（1）行政调解，是指合同发生争议后，根据双方当事人的申请，在有关行政主管部门主持和协调下，双方自愿达成协议的解决合同争议的方式。

（2）法院（司法）调解或仲裁调解，是指合同争议诉讼或仲裁过程中，在法院或仲裁机构的主持和协调下，双方当事人进行平等协商，自愿达成协议，并经法院或仲裁机构认可，从而终结诉讼或仲裁程序。调解成功，法院或仲裁庭需要制作调解书，这种调解书一旦由当事人签收就与法院的判决书或仲裁裁决书具有同等法律效力。

（3）人民（民间）调解，是指合同发生争议后，当事人共同协商，请有威望、受信赖的第三人，包括人民调解委员会、企事业单位或其他经济组织、一般公民、律师、专业人士等作为中间调解人，双方合理合法地达成解决争议的协议（书面、口头均可）。

四、争议评审（裁决）

1. 争议评审（裁决）的含义

争议评审（裁决）是争议双方通过事前协商，选定独立公正的第三人对其争议做出决定，并约定双方都愿意接受该决定的约束的一种解决争议的程序。

这是近年来解决国际工程合同争议的一种新方式。争议评审（裁决）方式的优点包括：

（1）具有施工和管理经验的技术专家的参与，使处理方案符合实际，有利于执行；

（2）节省时间，解决争议便捷；

（3）解决成本比仲裁或诉讼要低；

（4）评审（裁决）决定并不妨碍再进行仲裁或诉讼。

2. 争议评审（裁决）的种类

（1）争议评审委员会（简称 DRB）。这种方式是 20 世纪 70 年代首先在美国发展起来的。美国科罗拉多州的艾森豪威尔隧道工程包含价值 1.28 亿美元的土建、电器和装修 3

个合同，4 年工程实施中发生了 28 起争议，均通过 DRB 的调解得到解决，其解决方案得到双方的尊重和执行。这种调解方式的成功引起美国工程界的广泛关注，之后在许多工程中推广 DRB 方式。

（2）争端裁决委员会（简称 DAB）。FIDIC 在 1995 年出版的《设计——建造与交钥匙工程合同条件》（橘皮书）中提出用 DAB 替代过去版本中依靠工程师解决争议的办法。在 1999 年出版的《施工合同条件》（新红皮书）、《生产设备和设计 - 建造合同条件》（新黄皮书）、《EPC 交钥匙项目合同条件》（银皮书）中，均统一采用 DAB，并且附有《争议裁决协议书的通用条件》和《程序规则》等文件。

根据建设项目的规模、工期和复杂程度的不同，DAB 可由 1 人或 3 人组成。对工程合同金额超过 2500 万美元的项目，FIDIC 建议采用 3 人组成的 DAB。

DAB 成员应是工程师或其他建造专业人士，DAB 的决定应采用书面形式，如果在规定的时间内任何一方没有得出异议，则该决定具有最终的约束力。

3.DAB 的组织操作

DAB 有常设和临时两种类型，可根据项目的具体情况选择其中一种，也可两者都有。

常设 DAB 是指从签订合同起，直至工程竣工止。有的项目，DAB 会运作好几年。常设 DAB 通过对施工现场的定期考察，解决施工争议，适用于土木工程的施工。在施工合同中，DAB 是常设的，合同双方应在开工后 28 d 内共同指定 DAB，对施工中发生的争议，在寻求 DAB 决定前，可共同征询 DAB 的意见，预知双方各自的权利，以避开争议决定后的风险。

FIDIC 还规定，合同一方不得单独征询 DAB 的意见。对于常设 DAB，每年对施工现场考察不得少于 3 次，并应在施工关键时刻进行，由合同双方向 DAB 所有成员提供 1 份合同文件及其所要求的其他文件，考察结束，DAB 应写出考察报告。当合同双方发生争议时，DAB 通常先举行听证会，由合同双方提供书面资料，确保争议各方均有充分陈述意见的机会。DAB 的决定应采用书面形式，其内容还应包括：争议事项的概述、相关事实、决定的原则等。

临时 DAB 是指仅在发生争议时组成的争议裁决委员会，争议解决后即行解散。临时 DAB 的成员也是临时选定的与争议有关的专家。采用临时 DAB 的目的是为了降低解决争议的费用。一般对于设备供应项目、工厂设备及设计一建造项目，因大量工作集中在工厂内而不是施工现场，为节省费用而选择临时 DAB 方式。FIDIC 在新的《生产设备和设计一建造合同》和《EPC 交钥匙合同》中规定临时 DAB 解决争议的程序是：首先由合同一方向另一方发出争议提交 DAB 的通知，在以后的 28 d 内，双方应指定一个 DAB，并将争议提交其解决。DAB 应在 84 d 内做出决定并指明决定的依据。

4. 解决争议的程序

DRB 和 DAB 都是借鉴在美国采用的 DRB 的经验，二者的规定大同小异。

（1）采用争议评审（裁决）解决争议的协议或条款。

（2）成立争议评审（裁决）组（委员会）。关于委员的选定，DAB 与 DRB 均是在规定时间内由合同双方各推举 1 人，然后由对方批准。DAB 是由合同双方和这两位委员共同推举第三位委员任主席，DRB 则是由被批准的两位委员推选第三人。

（3）申请评审（裁决）。申请人向争议评审（裁决）组提交一份详细的报告（副本同时提交给被申请人和监理人）。

（4）被申请人向争议评审（裁决）组提交一份答辩报告（副本同时提交给申请人和监理人）。

（5）争议评审（裁决）组邀请双方代表和有关人员举行调查会。

（6）争议评审（裁决）组做出书面评审（裁决）意见。合同任何一方就工程师未能解决的争端提出书面报告后，DAB 应在 84 d 内做出书面决定（DRB 在 28 ~ 56 d 内）。

发包人或承包人接受评审（裁决）意见（执行）。不接受评审（裁决）意见，提交仲裁或提起诉讼。双方收到决定或建议书后，如，在一定时间内（DAB 为 28 d，DRB 为 14 d）未提出异议，即应遵守执行。

五、仲裁

1. 仲裁的含义

仲裁，又称为公断，是当发生合同纠纷而协商不成时，由合同双方当事人根据自愿达成的仲裁协议，申请选定的仲裁机构对合同争议依法做出有法律效力的裁决的解决合同争议的方法。

根据《中华人民共和国仲裁法》规定，裁决当事人合同纠纷时，实行"或裁或审制"：当事人没有仲裁协议，一方申请仲裁的，仲裁委员会不予受理；当事人达成仲裁协议，一方向人民法院起诉的，人民法院不予受理，然而仲裁协议无效的除外。

仲裁协议是指双方当事人自愿将争议提交仲裁机构解决的书面协议。它包括：合同中的仲裁条款、专门仲裁协议以及其他形式的仲裁协议。仲裁协议应当具有下列内容：①请求仲裁的意思表示；②仲裁事项；③选定的仲裁委员会。

2. 仲裁的原则

（1）自愿原则。当事人采用仲裁方式解决纠纷，应当贯彻双方自愿原则，从而达成仲裁协议。如有一方不同意进行仲裁，仲裁机构即无权受理合同纠纷。

（2）公平合理原则。仲裁的公平合理，是仲裁制度的生命力所在。这一原则要求仲裁机构要充分搜集证据，听取纠纷双方的意见。仲裁应当根据事实。同时，仲裁应当符合法律规定。

（3）仲裁依法独立进行原则。仲裁机构是独立的组织，相互间无隶属关系。仲裁依法独立进行，不受行政机关、社会团体和个人的干涉。

（4）一裁终局原则。由于仲裁是当事人基于对仲裁机构的信任做出的选择，因此其裁决是立即生效的。裁决做出后，当事人就同一纠纷再申请仲裁或向人民法院起诉，仲裁委员会或者人民法院不予受理。

3. 仲裁的程序

（1）合同当事人向仲裁机构提交仲裁的申请。仲裁申请书应依据规范载明下列事项：当事人的基本信息；仲裁请求和所根据的事实、理由；证据和证据来源、证人姓名和住所。

（2）仲裁的受理。仲裁委员会收到仲裁申请书之日起5d内，认为符合受理条件的，应当受理，并通知当事人；认为不符合受理条件的，应当书面通知当事人不予受理，并说明理由。

（3）仲裁委员会向申请人、被申请人提供仲裁规则和仲裁员名册。

（4）被申请人向仲裁委员会交答辩书，仲裁委员会将答辩书副本送达申请人。未提交答辩书的，不影响仲裁程序的进行。

（5）组成仲裁庭。仲裁庭不是常设机构，采用一案一组庭。仲裁庭可以由3名仲裁员（合议制仲裁庭）或1名仲裁员（独任制仲裁庭）组成。由3名仲裁员组成的，设首席仲裁员。当事人约定由3名仲裁员组成仲裁庭的，应当各自选定或者各自委托仲裁委员会主任指定1名仲裁员，第三名仲裁员由当事人共同选定或者共同委托仲裁委员会主任指定。第三名仲裁员是首席仲裁员。当事人约定由1名仲裁员成立仲裁庭的，应当由当事人共同选定或者共同委托仲裁委员会主任指定仲裁员。

（6）开庭。仲裁应当开庭进行。当事人协议不开庭的，仲裁庭可以根据仲裁申请书、答辩书以及其他材料做出裁决，仲裁不公开进行。当事人协议公开的，可以公开进行，但涉及国家秘密的除外。

申请人经书面通知，无正当理由不到庭或者未经仲裁庭许可中途退庭的，可以视为撤回仲裁申请。被申请人经书面通知，无正当理由不到庭或者未经仲裁庭许可中途退庭的，可以缺席裁决。

（7）裁决。裁决应当按照多数仲裁员的意见做出，少数仲裁员的不同意见可以记入笔录。仲裁庭不能形成多数意见时，裁决应当根据首席仲裁员的意见做出。

仲裁庭仲裁纠纷时，其中一部分事实已经清楚，可以就该部分先行裁决。

对裁决书中的文字、计算错误或者仲裁庭已经裁决，但在裁决书中遗漏的事项，仲裁庭应当补正；当事人自收到裁决书之日起30d内，可以请求仲裁补正。

裁决书自做出之日起发生法律效力。

（8）执行。仲裁委员会的裁决做出后，当事人应当履行。由于仲裁委员会本身并无强制执行的权力，因此，当一方当事人不履行仲裁裁决时，另一方当事人可以依据《民事诉讼法》有关规定向人民法院申请执行。接受申请的人民法院应当执行。

（9）法院监督。当事人提出证据证明裁决有下列情形之一的，可以向仲裁委员会所在地的中级人民法院申请撤销裁决：

1）没有仲裁协议的；

2）裁决的事项不属于仲裁协议范围或者仲裁委员会无权仲裁的；

3）仲裁庭的组成或者仲裁的程序违反法定程序的；

4）裁决所根据的证据是伪造的；

5）对方当事人隐瞒了足以影响公正裁决的证据的；

6）仲裁员在仲裁该案时有索贿受贿、徇私舞弊、枉法裁决行为的。

人民法院经组成合议庭审查核实，裁决有前款规定情形之一的，应当裁定撤销。人民法院认定该裁决违背社会公共利益的，应当裁定撤销。

4. **申请撤销裁决**

当事人提出证据证明裁决有下列情形之一的，可以向仲裁委员会所在地的中级人民法院申请撤销裁决：

（1）没有仲裁协议的；

（2）裁决的事项不属于仲裁协议范围或者仲裁委员会无权仲裁的；

（3）仲裁庭的组成或者仲裁的程序违反法定程序的；

（4）裁决所根据的证据是伪造的；

（5）对方当事人隐瞒了足以影响公正裁决的证据的；

（6）仲裁员在仲裁该案时有索贿受贿、徇私舞弊、枉法裁决行为的。

人民法院经组成合议庭审查核实裁决有前款规定情形之一的，应当裁定撤销。当事人申请撤销裁决的，应当自收到裁决书之日起6个月内提出。同时人民法院应当在受理撤销裁决申请之日起2个月内做出撤销裁决或者驳回申请的裁定。

人民法院受理撤销裁决的申请后，认为可以由仲裁庭重新仲裁的，由于仲裁庭在一定期限内重新仲裁，并裁定中止撤销程序。仲裁庭拒绝重新仲裁的，人民法院应当裁定恢复撤销程序。

第八章 公路工程安全管理

第一节 公路工程安全管理的范围

一、路基工程施工的安全管理

（一）路基工程施工安全管理范围

路基工程施工安全管理的范围包括：土方施工、石方施工、高边坡施工、爆破作业、机械作业、挡护工程等。其中各个管理方面都包含了：对在过程中起到能动作用的人的管理和施工中的各种机械、工具等的管理，以及对施工环境的安全管理，即人们常说的"人、机、料、法、环"五个方面。

（二）路基工程施工安全管理的一般要求

（1）建立健全路基施工安全保障体系。项目经理部应建立健全路基施工安全保障体系，全面落实安全生产责任制，建立相应的安全生产预防、预警、预控、安全检查、隐患排查、事故报告与处理、应急处置等安全生产保障措施。

（2）施工现场布置应有利于生产，方便职工生活。施工现场的临时驻地与临时设施的设置，必须避开泥沼、悬崖、陡坡、泥石流、雪崩等危险区域，选在水文、地质良好的地段。施工现场内的各种运输道路、生产生活房屋、易燃易爆仓库、材料堆放，以及动力通信线路和其他临时工程，应依据《公路工程施工安全技术规程》（JTG F90-2015）的有关规定绘出合理的平面布置图。

（3）施工现场内的坑、沟、水塘等边缘应设安全护栏，场地狭小，行人和运输繁忙的地段应设专人指挥交通。

（4）路基用地范围内若有通信、电力设施、上下水道（管）等，均应协助有关部门事先拆迁或改造，对文物古迹应妥善保护，下挖工程开挖前，应根据设计文件复查地下构造物（电缆、管道等）的埋置位置及走向，并采取相应的安全防护措施。施工中如发现可疑物品时，应停止施工，报请有关部门处理。

（5）路基施工机械设备应有专人负责保养、维修和看管。各种机械操作手、电工必须持证上岗，同时经常加强对驾驶员、电工及路基作业人员的安全教育。

（6）路基施工现场务必做好交通安全管理工作。夜间施工，路口、边坡顶必须设置警示灯或反光标志，专人管理灯光照明。

（7）现场操作人员必须按规定佩戴个人安全防护用品。机械燃料库必须设消防防火设备。

（8）施工现场易燃品必须分开放置，确保有一定的安全距离。

二、路面工程施工的安全管理

（一）路面工程施工的安全管理范围

路面工程施工的安全管理范围包括：沥青路面工程的安全管理；水泥混凝土路面工程的安全管理。其中包括：对施工作业人员的安全管理、施工中机械的安全管理、施工环境的安全管理。

（二）路面工程施工安全管理的一般要求

（1）确定施工方案，及时准确发布路面施工信息。施工前，施工单位应确定施工区的范围以及安全管理的施工方案，对路面情况进行深入细致的分析，并在开工前及时发布施工信息，警告过往车辆要注意施工路段的交通情况，提醒车辆绕道而行，避免车辆拥堵。

（2）详细划分施工区域，设置好安全标志，严格按警告区、上游过渡区、缓冲区、作业区、下游过渡区、终止区来划分施工区域。

（3）施工现场所有施工人员应统一穿着橘黄色的反光安全服，施工时还应设专职的交通协管员和专职安全员，而且安全员分班实行 24 h 施工路段安全巡查。

（4）施工车辆必须配置黄色闪光标志灯，停放在施工区内规定的地点。不得乱停乱放，要摆放整齐，尤其是在进出施工场地时，要绝对服从专职交通协管员的指挥，不得擅自进出。

（5）在施工区域两端应设置彩旗、安全警示灯、闪光方向标，给施工车辆和社会车辆以提示作用。

三、桥涵工程的安全管理

（一）桥涵工程的安全管理范围

桥涵工程的安全管理范围包括：桩基工程的安全管理；墩台工程的安全管理；墩身、盖梁工程的安全管理；桥面工程的安全管理等。其中各个管理方面都包含了对施工中人的安全管理，机械、工具等的安全管理以及施工环境的安全管理。此外，桥涵工程施工安全还要注意高处作业安全、缆索吊装施工安全、门架超重运输安全、混凝土浇筑安全、泵送混凝土安全、模板安装及拆除安全、脚手架安全、支架施工安全、钢筋制作安全、焊接作业安全等。

（二）桥涵工程施工安全管理的一般要求

（1）高墩、大跨、深水、结构复杂的大型桥梁施工，应对施工现场进行重大安全风险辨识与评估，并制定相应的安全技术措施。工程开工之前，应依据《公路工程施工安全技术规程》（JTG F90-2015）的要求制定出相应的安全技术操作规程，并及时向施工人员进行安全技术交底。

（2）施工人员进入施工现场务必正确佩戴个人安全防护用品、用具，严防高处坠落，物体打击，触电或其他各类机械的、人为的伤害事故发生。

（3）施工前应对施工现场安全防护设施、临时用电、临时机电机具、特种设备设施等进行全面的安全检查，确认符合安全要求后方可施工。

（三）桥涵工程施工安全控制要点

1. 明挖基础施工安全控制要点

（1）基坑开挖的方法、顺序以及支撑结构的安设，均应按照施工组织设计中的规定进行。开挖深度超过 5 m（含 5 m）的基坑（槽）的土方开挖、支护、降水工程或地质水文复杂的基坑开挖必须制订详细的施工方案和安全专项方案。

（2）基坑开挖时，要指派专人检查邻近建（构）筑物或临时设施的安全，并留有检查记录。

（3）开挖基坑深度超过 1.5 m 时，为方便上下，必须挖设专用坡道或铺设跳板，其宽度应超过 60 cm。

（4）基坑开挖时要根据土壤、水文等情况，按规定的边坡坡度分层下挖，严禁局部深挖、掏洞开挖。如施工地区狭小或受其他条件限制一，不能按标准放坡时，应采取固壁支撑措施。遇到有涌水、涌沙及基坑边坡不稳定现象发生时，应立即采取防护加固措施。

（5）基坑开挖过程中应随时检查坑壁边坡有无裂缝和坍塌现象，尤其是雨后和解冻时期，必须视具体情况增加坡度或加固支撑。

（6）基坑边缘有表面水时，应采取截流措施。在有大量地下水流的情况下进行挖基时，应配足抽水机具。

（7）采取挖土机械开挖基坑，坑内不得有人作业。

（8）基坑开挖需要爆破时，应按国家现行的爆破安全规程办理。

（9）寒冷地区采用冻结法开挖基坑时，应根据地质、水文、层冻结，逐层开挖。

2. 筑岛、围堰施工安全控制要点

（1）人工筑岛，应搭设双向运输便道或便桥。

（2）采用挡土板或板桩围堰，应视土质、涌水、挖深情况，中，遇有流沙、涌沙或支撑变形等异常情况，应立即停止挖掘，人员。

（3）采用吸泥船吹砂筑岛，要对船体吃水深度、停泊位置、方法等，进行严格检查和试验。

（4）挖基工程所设置的各种围堰和基坑支撑，其结构必须坚固牢靠。

（5）基坑抽水过程中，要指派专人经常检查土层变化、支撑结构受力等情况；基坑支撑拆除时，应在现场技术负责人的指导下进行。

3. 钢板桩及钢筋混凝土板桩围堰施工安全控制要点

（1）钢板桩围堰是一种比较传统的深水基础施工方法，使用钢板桩围堰时，要根据施工条件和安全要求及水深、地质等情况适当选择桩长，准确确定围堰尺寸、钢板桩数量、打入位置、入土深度和桩顶标高，使之既不影响水上施工，同时又不会伤及水下桩基等构造物。

（2）插打钢板桩（包括钢筋混凝土板桩）围堰前应对打桩机、卷扬机及其配套机具设备、绳索等，进行全面检查，经试验、鉴定合格后方可施工。

（3）钢板桩起吊应听从信号指挥，吊起的钢板桩未就位前，插桩桩位处不得站人。

（4）插打钢板桩宜插桩到全部合龙，然后再分段、分次打到标高。插桩顺序：在无潮汐河流通常是从上游中间开始分两侧对称插打至下游合龙，在潮汐河流，有两个流向的关系，为减少水流阻力，可采取从侧面开始，向上、下游插打，在另一侧合龙。插打钢板桩时，如因吊机高度不足，可改变吊点位置，在转换吊点时，必须先挂后换，使新吊点吃力后，并确定牢固，才能拆除原吊点。

（5）桩锤通常采用振动桩锤。钢板桩在锤击下沉时，初始阶段应轻打。

（6）使用沉拔桩锤沉拔板桩时，桩锤各部机件、连接件要确保完好，电气线路、绝缘部分要良好绝缘。

（7）拔桩时，应从下游向上游依次进行。遇有拔不动的钢板桩时，应立即停拔检查，可采取射水、振动等松动措施，严禁硬拔。

（8）采用吊机船拔除钢板桩，应指派专人经常检查吊机船的吃水深度、拔桩机或吊机受力情况，拔桩机和吊机应安装"限负荷"装置，以防超负荷作业。

（9）钢筋混凝土板桩采用锤击下沉时，桩头和桩尖部位，应采取加固措施。

4. 钻孔灌注桩基础施工安全控制要点

（1）钻机就位后，对钻机及其配套设备，应进行全面检查。

（2）各类钻机在作业中，应由本机或机管负责人指定的操作人员操作，其他人不得登机。

（3）每次拆换钻杆或钻头时，要迅速快捷，确保连接牢靠。

（4）采用冲击钻孔时，应随时检查选用的钻锥、卷扬机和钢丝绳的损伤情况，当断丝已超过 5% 时，必须立即更换；卷扬机套筒上的钢丝绳应排列整齐。

（5）使用正、反循环及潜水钻机钻孔时，对电缆线要严格检查；钻孔过程中，必须设有专人，按规定指标，确保孔内水位的高度及泥浆的稠度，以防塌孔。

（6）钻机停钻，必须将钻头提出孔外，置于钻架上，严禁将钻头停留孔内过久。

（7）采用冲抓或冲击钻孔，应防止碰撞护筒、孔壁和钩挂护筒底缘。提升时，应缓慢平稳。钻头提升高度应分阶段（按进尺深度）严格控制。

5. 人工挖孔桩安全控制要点

（1）严格施工队伍管理，施工人员必须经过安全培训，严格依据施工方案进行。

（2）施工现场必须备有氧气瓶、气体检测仪器。

（3）施工人员下孔前，先向孔内送风，并检测确认无误，才允许下孔作业。

（4）施工所用的电气设备必须加装漏电保护器，孔下施工照明必须使用 24 V 以下安全电压。

（5）采用混凝土护壁时，必须挖一节、打一节，不准漏打。

（6）孔下人员作业时，孔上必须设专人监护，监护人员不准擅离职守，保持上下通话联系。

（7）发现情况异常，如，地下水、黑土层和有害气体等，必须立即停止作业，撤离危险区，不准冒险作业。

（8）每个桩孔口必须备有孔口盖，完工或下班时必须将孔盖盖好。

（9）作业人员不得乘吊桶上下，必须另配钢丝绳及滑轮，并设有断绳保护装置。

（10）挖孔作业人员，在施工前必须穿长筒绝缘鞋，头戴安全帽，腰系安全带，井下设置安全绳。

（11）井口周边必须设置不少于周边 3/4 范围的围栏，护栏外挂密目网。

（12）作业人员严禁酒后作业，不准在孔内吸烟，不准带火源下井。

（13）井孔挖出的土方必须及时运走，孔口周围 1 m 内禁止堆放泥土、杂物，堆土应在孔井边 1.5 m 以外。

（14）井下人员应轮换工作，连续工作不宜超过 4 h。

（15）井孔挖至 5 m 以下时，必须设置半圆防护板，遇到起吊大块石时，孔内人员应先撤至地面。

6. 墩台施工安全控制要点

（1）就地浇筑墩台混凝土，施工前必须搭设好脚手架和作业平台，模板就位后，应立即用撑木等固定其位置，避免倾倒砸人。

（2）用吊斗浇筑混凝土，吊斗提降，应设专人指挥。

（3）在围堰内浇筑墩台混凝土，应安设梯子或设置跳板，供作业人员上下。

（4）凿除混凝土浮浆及桩头，作业人员必须按规定佩带防护用品。严禁风枪对准人。

（5）拆除模板，应划定禁行区，严禁行人通过。

7. 滑模施工安全控制要点

（1）高桥墩（台）、塔墩、索塔等高层结构，采用滑模施工时，应依据高处作业的安全规定，加设安全防护设施，穿戴好个人防护用品，并根据工程特点，编制单项施工方案及其安全技术措施，并向参加滑模施工人员进行安全技术交底。

（2）采用滑板施工，滑模及提升结构应按设计制作和施工，并严格按照施工设计安装。作业前要对滑升模板进行验算和试验，并应有足够的安全系数。顶杆和提升设备，应符合墩身的形状和要求。

（3）当塔墩等高层建筑采用爬模施工方法时，应进行特殊设计，在工厂制作。爬升架体系、操作平台、脚手架等，要确保具有足够的刚度和安全度。

（4）操作平台上的施工荷载，应均匀对称，不得超负荷。

（5）浇筑混凝土，不得用大罐漏斗直接灌入，防止冲击模板。

（6）模板每次提升前应进行检查，排除故障，观察偏斜数值。提升时，千斤顶应同步作业。

（7）操作平台的水平度、倾斜度应经常检查，发现问题应及时采取措施。

（8）主要机具、电器、运输设备等，应定机定人，严格执行交接班制度。

（9）为防止模板发生倾斜、扭转。滑模施工宜采用油压千斤顶，并保持同步提升。

（10）支座安装，应按设计施工。采用盆式橡胶支座，可在场地装配后，整体或部分吊装就位。

（11）拆除滑模设备时，应做好安全防护措施。拆除时可视吊装设备能力，分组拆除或吊至地面上解体，以减少高处作业量和杆件变形。

8. 预制构件安装作业安全控制要点

（1）装配式构件（梁、板）的安装，应制订安装方案，并建立统一的指挥系统。施工难度、危险性较大的作业项目应组织施工技术、指挥、作业人员进行培训。吊装作业所使用的起重设备都应符合国家关于特种设备的安全规程，并进行严格管理。

（2）吊装作业应根据吊装构件的大小、重量，选择适宜的吊装方法和机具，不准超负荷。

（3）吊钩的中心线，必须通过吊体的重心，严禁倾斜吊卸构件。

（4）起吊大型及有突出边棱的构件时，应在钢丝绳与构件接触的拐角处设垫衬。

（5）单导梁、墩顶龙门架安装构件时，各节点应连接牢固，在桥跨中推进时，悬臂部分不得超过已拼好导梁全长的1/3；墩顶或临时墩顶导梁通过的导轮支座必须牢固可靠。导梁上的轨道必须平行等距铺设，墩顶龙门架使用托架托运时，托架两端应保持平衡稳定，行进速度应缓慢。龙门架顶横移轨道的两端应设置制动枕木。

（6）预制场采用千斤顶顶升构件装车及双导梁、桁梁安装构件时，千斤顶使用前，要做承载试验。构件进入落梁或其他装载工具横移到位时，应确保构件在落梁时的平衡稳定；顶升 T 梁、箱梁等大吨位构件时，必须在梁两端加设支撑。预制场和墩顶装载构件的滑移设备要有足够的强度和稳定性，牵引（或顶推）构件滑移时，施力要均匀；双导梁向前推进中，应确保两导梁同速进行。

（7）架桥机安装构件时，架桥机组拼、悬臂牵引中的平衡稳定及机具配备等，均应按设计要求进行；架桥机就位后，为保持前、后支点的稳定，应用方木支垫。构件在架桥上纵、横向移动时，应平缓进行。

9. 上部混凝土结构施工安全控制要点

（1）作业前，对机具设备及其拼装状态、防护设施等进行检查，主要机具应经过试运转。

（2）施工中，应随时检查支架和模板，发现异常状况应及时采取措施。支架、模板拆除，应按设计和施工的有关规定的拆除程序进行。

（3）就地浇筑水上的各类上部结构，要根据水上作业的安全规定进行施工、作业。

10. 悬臂浇筑法施工安全控制要点

（1）施工前，应组织有关人员进行安全技术交底，制定安全技术措施。挂篮组拼后，要进行全面检查，并做静载试验。

（2）施工操作人员进入现场时，必须戴安全帽。高空作业人员要体检。有不适病症的人员严禁上岗。托架、挂篮上的施工遇 6 级以上大风应停止作业。

（3）施工托架、挂篮安装时必须先安装好走道、栏杆，所有的栏杆使用扣件或绑扎成围，并检查其安全可靠性，托架、挂篮作业平台边缘必须设场脚板，避免台上杂物坠落伤人。

（4）预应力张拉现场内与该工作无关的人员严禁入内，张拉或退楔时，千斤顶后面不得站人，以防预应力筋拉断或锚具弹出。

（5）设立桥面临时护栏。为确保施工人员在高空处的作业安全，防止材料、机具等物体从已浇筑好的桥面上坠落伤人，在已浇筑过的梁段上焊制安装 1.2 m 高度的桥面临时护栏，作业区范围内使用安全网封闭施工。

（6）夜间施工要有良好的照明设备，危险地段设危险标志和缓行标志，配备足够的交通值勤人员，组织好过往行人及车辆，确保人员车辆的安全。

（7）使用连接器的锚点和吊带，必须在精轧螺纹钢筋端头做好油漆记号，安装时要保证钢筋安装到位，一般伸入连接器内不少于 8 cm。

（8）一个挂篮主桁的后锚共需 4 根精轧螺纹钢筋，一个挂篮后锚总共需要 8 根精轧螺纹钢筋锚固，挂篮行走到位后要及时锚固好。

（9）顶升挂篮的千斤顶、提升挂篮的葫芦要确保完好，严禁超负荷工作。

（10）4 根前吊带受力要均匀，在调整标高时，4 根吊带就要调好，不能先调好 2 根之后在没有仪器监控的情况下调另外 2 根。

（11）挂篮行走时，要确保吊带、模板等与挂篮分离，并派专人观察行走是否正常，挂篮、模板与箱梁或其他物品是否发生摩擦、牵挂，发现行走异常应立即停止，查明原因处理后再开始行走。

（12）挂篮行走要对称进行，行走前要弹出纵向轴线，在轨道上划出行走控制刻度线，行走时两侧行程要保持一致，轴向正确。

（13）挂篮行走到一定位置后，要及时对腹板外侧、底板进行修饰、打磨，使混凝土外观一致，对轻微错台，用扁钻子剔平，不得随意涂抹，吊带孔也要及时封堵。

11. 顶推及滑移模架法施工安全控制要点

（1）采用顶推法施工，在墩台上也要有足够的工作面，便于更换滑道及留出安装支座的空间，并应验算在偏压情况下墩台结构的安全度。

（2）顶堆施工所用的机具设备、材料在使用前，应全面检查、验收和试验。

（3）设计应提供主梁最大悬臂状态下允许挠度值及顶推各阶段的墩顶反力和顶推力，应换算为油压读数和允许的墩顶位移值，以便控制位移量。

（4）采用多点顶推或单点顶推，其动力均应有统一的控制手段，使其能达到同步、纠偏、灵活和安全可靠。

（5）上下桥墩和梁上作业时，应设置扶梯、围栏、悬挂安全网等安全防护设施。

（6）顶推施工中，应有统一的指挥信号。必要时，应备有便利的现场通信设备。

（7）用滑移模架法浇筑箱梁混凝土时模架支撑于钢箱梁上，其前后端桁架梁必须用优质高强度螺栓连接好并拧紧。

（8）上岗作业必须穿防滑鞋、戴安全帽。拆卸底模人员，必须挂好安全带。

12. 预应力张拉施工安全控制要点

（1）预应力钢束（钢丝束、钢绞线）张拉施工前，应检查张拉设备工具是否符合施工安全的要求。压力表应按规定周期进行检定。油泵开动时，进、回油速度与压力表指针升降保持一致，并平稳、均匀。

（2）后张法张拉时，应检查混凝土强度，必须达到设计要求强度后，方可进行张拉。

（3）钢束张拉应严格按规定程序进行。张拉作业中，应集中精力，仪表要看准，记录要准确无误，若出现异常现象（如：油表振动剧烈，发生漏油，电机声音异常，发生断丝、滑丝等），应立即停机进行检查。

（4）张拉钢束完毕，退销时，应采取安全防护措施，防止销子弹出伤人。张拉时和完毕后，对张拉施锚两侧均应妥善保护，不得压重物。

（5）先张法张拉施工，除遵守张拉作业通常安全规定外，先张法张拉台座结构，应满足设计要求。张拉前，对台座、横梁及各种张拉设备、仪器等进行详细检查，合格后方可施工；先张法张拉中和未浇筑混凝土之前，周围不得站人和进行其他作业。浇筑混凝土时，严防振动。

13. 跨线桥及通道桥涵施工安全控制要点

（1）公路桥跨越铁路或其他线路时，施工前，应编制专门的安全施工组织设计或安全专项方案。

（2）公路桥跨越铁路或其他线路时，施工期间，特别是梁体吊装阶段，应在施工现场及两端足够远处适宜地点设置人员和通信设备。要避免在列车通过的情况下，进行吊梁安装作业。

（3）对结构复杂、施工期较长的大型立交桥施工前，应编制专门的安全施工组织设计，确保不发生影响通车及坠物伤人事故；制订架梁吊装施工方案及安全技术措施，向作业人员进行安全技术交底和培训；配备通信设施，从而确保在紧急情况下，能够妥善处理发生的事故。

14. 斜拉桥、悬索桥施工安全控制要点

（1）斜拉桥和悬索桥（吊桥）的索塔施工，属于高处或超高处作业，应根据结构、高度及施工工艺的不同情况，制订相应的专门的安全施工组织设计、安全作业指导书（操作细则）。

（2）索塔分节立模浇筑前，应搭好脚手架、扶梯、人行道及护栏。浇筑塔身混凝土，应按规定挂好减速漏斗及保险绳，漏斗上口应堵严，以防石子下落伤人。

（3）塔底与桥墩为铰接时，施工中必须将塔底临时固定。斜缆索全部安装并张拉完成后，方可撤除风缆并恢复铰接。

（4）施工期间，应与当地气象站建立联系，密切注意天气变化，大风、雷雨时，应立即停止作业。

（5）随着索塔升高，防雷电设施必须相应跟上，防雷系统未完善前，不得开工。

（6）缆索的制作与安装作业，应该做到：缆索施工时，不得撞伤锚头；缆索的防护层，不得有折损或磨伤；悬索桥的主索及斜拉桥的斜缆索，应进行破断试验，其破断力应满足设计要求；主索及斜缆索顶张拉时，应选择适当场地，埋设足够强度的地锚。对张拉设备，应严格检查，以确保安全。

（7）悬索桥施工中，临时架设的工作索、牵引索安装完毕后，应对索具、吊具等进行全面、仔细检查。

（8）悬索桥采取重力式锚碇时，对锚碇体的施工，应依据有关安全规定浇筑混凝土或砌体工程。锚碇体必须达到坚实牢固。

四、隧道工程施工的安全管理

（一）隧道工程施工的安全管理范围

隧道工程施工的安全管理范围包括：隧道施工爆破作业的安全管理；隧道内运输的安全管理；隧道施工支护的安全管理；隧道施工衬砌的安全管理；隧道施工中通风、防尘、照明、排水，以及防火、防瓦斯的安全管理等。

（二）隧道工程施工安全管理的一般要求

（1）隧道工程施工必须根据国家有关安全生产的法律法规、标准规范、施工组织设计等编制分部分项工程安全专项施工方案。

（2）隧道施工作业前，必须进行超前地质预报，全面了解地质状况，根据围岩等级进行钻爆设计，选择合适的施工方法和施工工艺，合理安排施工工序。

（3）洞外施工场地应平整不积水，应对车辆人员通道、出碴、进出材料、结构加工等进行合理布置，通畅有序。弃渣场地应设置在不堵塞河流、不污染环境、不毁坏农田的地段。

（4）隧道钻爆作业前，应对通风、排水、用电、通信进行专项设计，动力电线应与照明线路分开布设，照明器材及用电设备应根据隧道类型选用防爆型或非防爆型。

（5）分部分项工程作业前务必逐级向作业人员进行安全技术交底，交底人和被交底人应在交底书上签字。

（6）隧道施工所有进出洞的人员必须本人签字登记，并应建立完善的交接班制度和进出洞翻牌制度。

（7）隧道爆破工和炸药库保管员必须经过公安机关的专业培训并取得作业资格证方可上岗作业。

（8）进洞作业机动车辆应安装尾气净化装置或采取其他净化措施，避免有害气体洞内积聚对作业人员造成伤害。

（9）隧道软弱围岩施工应遵循"超前探、管超前、短进尺、弱（不）爆破、强支护、勤量测、紧衬砌"的原则，施工组织围绕这一原则开展施工。

（10）在 2 m 以上的洞口边坡和平台上作业时，应遵守高处作业安全操作规程。

（11）应制订详细的隧道施工安全生产事故应急救援预案，建立完善的应急救援体系，配备应急救援人员和必要的应急救援物质，并定期进行救援演练。

五、水上工程的安全管理

（一）水上工程施工的安全管理范围

水上工程施工的安全管理范围包括：针对水上施工的安全培训和安全技术交底；针对水上施工气象、水文、海域、航道、海上紧急避险等外界施工环境的安全管理；针对水上交通、浮吊等施工机械的安全管理等。

（二）水上工程施工安全管理的一般要求

（1）水上工程施工应严格依据《中华人民共和国海上交通安全法》《中华人民共和国内河交通安全管理条例》《中华人民共和国水上水下活动通航安全管理规定》及其他有

关规定，制定相应的施工安全措施。

（2）在船舶通航的大江、大河、大海区域进行水上施工作业前，必须依据《中华人民共和国水上水下施工作业通航安全管理规定》的程序，在规定的期限内向施工所在地海事部门提出施工作业通航安全审核申请，批准并取得水上水下施工许可证后，方可施工。

（3）水上作业施工前，应了解江、河、海域铺设的各种电缆、光缆、管道的走向，按规定采取有效措施予以保护，避免电缆、光缆及水下管道遭到损坏。

（4）项目应制订水上作业各分项工程安全实施方案和水上作业安全技术措施，防止施工便桥、平台、护筒口、模板施工低于水位，影响施工和行洪；对参加水上施工作业人员必须进行水上作业的安全知识教育和专项技术培训，并做好安全交底工作。

（5）水上施工必须在作业人员必经的栈桥、浮箱、交通船、水上工作平台、临时码头上配备安全防护装置和救生设施。

（6）进行水上夜间施工时，要有充足的灯光照明，尽量避免单人操作，特别是电焊作业时，最少安排两人相互监护。

（7）施工项目要与地方气象部门、海事部门建立工作联系，及时了解和掌握施工水域的气候、涌潮、浪况、潮汐、台风等气象信息，正确指导安全施工。

（8）作业人员进入水上作业时，必须穿好救生衣，戴好安全帽。乘坐交通船上下班时，必须等船停稳后，方可从指定的通道上下船。严禁从船上往下跳跃，防止拥挤、推拉、碰撞、摔伤或滑落水中。

（9）作业人员乘坐交通船必须有序上下，乘员必须穿救生衣入仓。航行途中乘船人员不得随意走动或倚靠船舷，严禁打闹、嬉戏及随意动用交通船上的救生用具和消防器材。交通船严禁超员超载。

（10）参加水上施工的船舶（打桩船、浮吊、驳船、拖轮、交通船）必须证照齐全，按规定配备足够的船员，船舶机械性能良好，能满足施工要求，并及时到海事监督部门签证。

（11）在浮箱上作业时，要注意来往船只航行时引起的涌浪造成浮箱颠簸，致作业人员摔伤或被移位物体碰撞、打击，造成伤害。

（12）航道水域上下游各布置一警示标牌，警示过往船舶不得随意进入施工航道。临时施工栈桥设置警示防雾灯，通航口位置设置导航灯，避免过往船舶撞击。

（13）遇有六级以上大风、大浪等恶劣天气时，应停止水上作业。

六、陆地工程的安全管理

（一）陆地工程的安全管理范围

陆地工程的安全管理范围包括：各类人员的安全培训考核、特殊工种持证上岗以及各种安全技术交底等针对人的安全管理；针对运输车辆、吊车、装载机、拌和站、摊铺机、压路机等的机械、机具的安全管理；针对施工现场各种安全防护、标志标语等的环境的安全管理。

（二）陆地工程安全管理的一般要求

陆地工程安全管理是以确保公路工程项目在施工过程中以安全为目的的标准化、科学化的管理。其基本任务是发现、分析和控制工程施工过程中的危险、危害因素，建立安全管理体系，制定相应的安全管理措施，对各类从业人员进行安全知识的培训和教育，避免发生安全生产事故、职业病和财产损失。

其中包括：①路基土方工程施工的安全管理。②路基石方工程施工的安全管理。③沥青路面工程施工的安全管理。④水泥混凝土路面施工的安全管理。

以上安全管理要点和相关安全技术要求将在后面的章节中详细阐述。

七、高空工程施工的安全管理

（一）高空工程施工安全管理范围

高空工程的安全管理范围包括：高空作业人员管理；从业人员的安全培训、安全技术交底、现场安全监督检查等；高空作业临边防护及高空作业平台、高空防坠落等现场环境安全管理；高空作业机械、工具、各种用电等物的安全管理。

（二）高空工程施工安全管理的一般要求

（1）高空作业施工前，应逐级进行安全技术教育及交底，落实所有安全技术措施和个人防护用品，未经落实时不得进行施工。

（2）高处作业中的安全标志、工具、仪表、电气设施和各种设备，必须在施工前加以检查，确认其完好，方能投入使用。

（3）悬空、攀登高处作业以及搭设高处安全设施的人员必须根据国家有关规定经过专门的安全作业培训，并取得特种作业操作资格证书后，方可上岗作业。

（4）从事高空作业的人员必须定期进行身体检查，诊断患有心脏病、贫血、高血压、癫痫病、恐高症及其他不适宜高处作业的疾病时，不得从事高处作业。

（5）高空作业人员应头戴安全帽，身穿紧口工作服，脚穿防滑鞋，腰系安全带。在有坠落可能的部位作业时，必须把安全带挂在牢固的结构上，安全带应高挂低用，不可随意缠在腰上，安全带长度不应超过3m。作业时要严格遵守各项劳动纪律和安全操作规程，严禁酒后和过度疲劳的人员进行登高作业。

（6）高空作业场所有坠落可能的物体，应一律先行撤除或予以固定。所用物件均应堆放平稳，不妨碍通行和装卸。工具应随手放入工具袋，拆卸下的物件及余料和废料均应及时清理运走，清理时应采用传递或系绳提溜方式，禁止抛掷。

（7）遇有六级以上强风、浓雾和大雨等恶劣天气时，不得进行露天悬空与攀登高处作业。台风暴雨后，应对高处作业安全设施逐一检查，发现有松动、变形、损坏或脱落、漏雨、漏电等现象，应立即修理完善或重新设置。

（8）所有安全防护设施和安全标志等，任何人都不得损坏或擅自移动和拆除。由于作业必须临时拆除或变动安全防护设施、安全标志时，务必经有关施工负责人同意，并采取相应的可靠措施，作业完毕后立即恢复。

（9）施工中对高空作业的安全技术设施发现有缺陷和隐患时，必须立即报告，及时解决。危及人身安全时，必须立即停止作业。

（10）高处作业上下应设置联系信号或通信装置，并指定专人负责。

八、爆破工程施工的安全管理

（一）爆破工程施工安全管理范围

爆破工程的安全管理范围包括：对操作人员进行的培训考核、技术交底、考试取证、安全教育等安全管理；对炸药、雷管、导火索以及其他爆破器材等物的安全管理；对爆破现场的安全距离、安全防护、安全警示等的环境的安全管理。

（二）爆破工程施工安全管理的一般要求

在基础工程施工中，常会遇到顽石或岩石等需要爆破作业来解决。爆破施工危险大，施工中导致爆破工程事故的原因主要有两种：一是对爆破材料的品种和特性以及运输与贮存情况不了解，导致装卸、搬运不当引起爆炸造成伤害；二是对引爆材料的选择及其引爆方法等不了解或使用不当造成爆炸。因此，爆破工程施工必须制定相应的安全控制措施。

（1）从事爆破工程的施工单位必须取得相应的爆破资质，方能从事爆破工程施工作业。

（2）爆破工程施工前，施工方案必须报有关部门审批后才能实施。

（3）按照《爆破安全规程》规定，爆破作业人员应参加培训经考核取得有关部门颁发的相应类别和作业范围、级别的安全作业证，持证上岗。故而，爆破工程施工的作业人员必须按照国家有关规定经过专门的安全作业培训，并取得特种作业操作资格证书后，方可上岗作业。

（4）爆破作业和爆破作业单位爆炸物品的购买、运输、储存、使用、加工、检验与销毁的安全技术要求及管理工作要求，应严格按照《爆破安全规程》的相关规定实施。

九、特种设备的安全管理

（一）特种设备安全管理的范围

特种设备的安全管理范围包括：特种设备的购买、租赁与安装；特种设备持证情况，包括：设备的出厂合格证、检验合格证、使用地报检合格证、操作人员特殊工种证等；特种设备的保养、维修、使用、检验检查记录；操作人员安全教育、技术交底等。

（二）特种设备安全管理的一般要求

（1）特种设备安全管理必须依据《特种设备安全监察条例》的有关要求制定相应的安全管理措施。

（2）塔式（门式）起重机、施工电梯、物料提升机等施工起重机械的操作（也称司驾人员）、指挥、司索人员等作业人员属特种作业，必须按国家有关规定经专门安全作业培训，取得特种作业操作资格证书，方可上岗作业。

（3）起重机械在安装、拆卸、加高作业前，应根据作业特点编制专项施工方案，并进行方案及安全技术交底。

（4）起重吊装作业时周边应置警戒区域，设置醒目的警示标志，防止无关人员进入。

（5）起重吊装作业过程必须遵守起重机"十不吊"原则。

十、电气作业的安全管理

（一）电气作业的安全管理范围

电气作业的安全管理范围包括：配电室的安全管理；配电线路的安全管理；施工现场配电箱与开关箱设置的安全管理；配电箱、开关箱内的电器装置的安全管理；发电机组的安全管理；电动机械设备的安全管理；施工现场照明电器的安全管理；安全电压的具体要求等。

（二）电气作业安全管理的一般要求

（1）施工现场临时用电应根据《施工现场临时用电安全技术规范》的要求，采用TN-S接零保护系统，即具有专用保护零线（PE线）、电源中性点直接接地的220/380 V三相五线制系统。

（2）施工现场临时用电必须按"三级配电二级保护"设置。

（3）施工现场的用电设备必须实行"一机、一闸、一漏、一箱"制，即每台用电设备必须有自己专用的开关箱，专用开关箱内必须设置独立的隔离开关和漏电保护器。

（4）施工现场架空线采用绝缘铜线，架空线应设在专用电杆上，并与地面保持足够的安全距离。

（5）在变压器、电闸箱等用电危险地方，应挂设安全警示牌。如"有电危险""禁止合闸，有人工作"等安全标志。

（6）特殊场所必须采用安全电，压照明供电。

（7）施工现场的电工、电气焊工属于特种作业工种，必须根据国家有关规定经专门安全作业培训，取得特种作业操作资格证书，方可上岗作业。

第二节 公路工程安全管理的原则

一、"管生产必须管安全"的原则

"管生产必须管安全"的原则是公路施工企业必须坚持的基本原则，是指企业主管生产的各级管理人员在生产过程中必须坚持在抓生产的同时要抓安全。"管生产必须管安全"的原则体现了"安全为了生产、生产必须安全"；体现了在计划、布置、检查、总结、评比生产工作的同时，计划、布置、检查、总结、评比安全生产工作。即实现生产与安全的"五同时"。

二、"谁主管谁负责、一把手负总责"的原则

"谁主管谁负责、一把手负总责"作为企业安全生产的原则，首先明确了企业法定代表人是安全生产第一责任人，对本企业安全生产应负全面责任；分管安全生产工作的副职，在其分管工作中涉及安全生产内容的，也应承担相应的领导责任。企业在制定安全生产领导责任制的同时，还应当制定全员安全生产责任制。这样才能确保企业的安全生产管理做到全面覆盖，使安全责任落实到位。真正形成主要领导负总责、分管领导具体抓、其他领导协助办、各部门各司其职、各尽其责、分工负责、齐抓共管的安全生产工作新局面。

三、"预防为主"的原则

"预防为主"的原则，就是把安全生产工作的关口前移，超前防范，建立预教、预测、预想、预报、预警、预防的递进式、立体化事故隐患预防体系，改善安全状况，预防安全事故。在新时期，"预防为主"就是通过建设安全文化、健全安全法制、提升安全科技水平、落实安全责任、加大安全投入、强化有效的安全管理和技术手段，构筑坚固的安全防线。安全生产管理工作应该做到预防为主，减少和防止人的不安全行为和物的不安全状态，这就是对预防为主的原则要求。

四、"动态管理"的原则

即安全管理过程是一个动态的管理过程。随着施工项目进展，安全管理的内容和重点也在发生着变化。因此，在公路工程施工安全管理方面要坚持"动态管理"的原则。

五、"计划性、系统性"原则

安全管理的两个显著特点即计划性和系统性,安全管理和其他管理大同小异,都要将其列入年度或月度计划中去。企业的安全管理要依据企业安全生产实际和上级主管部门的要求,合理确定企业某时期的安全生产方向、目标值以及实现安全目标的主要措施。因此,安全管理要坚持计划性的原则。此外,安全管理作为一种企业管理模式也具有一定的系统性,它包括在企业管理的大系统当中,同时安全管理自身也是一个系统,本身具有一定的整体性、相关性、目的性等。

六、"奖优和罚劣相结合"的原则

在公路工程施工安全管理当中既要采用奖励的管理手段,同时也要采用惩罚的管理手段。奖优要本着"精神鼓励与物质鼓励相结合"的原则,充分体现奖优罚劣。表扬先进,促进后进,从而形成有效的激励机制,做到奖励和惩罚相结合。

七、"安全第一"的强制性原则

安全第一就是要求在进行生产和其他活动时把安全工作放在一切工作的首要位置。当生产和其他工作与安全发生矛盾时,要以安全为主,生产和其他工作要服从安全,这就是"安全第一"原则。

八、"以人为本、关爱生命、安全发展"的原则

即在公路工程施工安全管理中,要处处做到把人的安全放到首位,以人为本,必须以人的生命为本,关爱生命、关注安全,从而做到安全发展。

九、"四不放过"的原则

"四不放过"的原则是指在发生安全生产事故时必须坚持的处理原则,即事故原因不查清不放过,事故责任人没处理不放过,事故相关者没得到应有的教育不放过,事故的防范措施不落实不放过。

十、"一岗双责"制的原则

实现安全生产"一岗双责"制就是在落实安全生产责任制的基础上,强调每个具体岗

位兼有双重责任，即该岗位的本职工作责任和相应的安全生产责任。具体来说，就是企业在安全生产工作中主要负责人负总责，其他副职既要履行分管业务工作职责，又要履行安全生产工作职责；在项目施工中要求各级管理人员在完成施工管理工作的基础上，同时承担着施工中的安全管理工作。

十一、"一票否决"的原则

即对发生重特大事故的项目、部门和单位，将实行安全生产"一票否决"，即取消其参与各类综合性先进单位或先进个人或者干部晋职晋级的资格。"一票否决"也进一步坚持了"实事求是、公平公正、全面考核、公开透明"的安全生产事故处理原则，从而有助于突出落实安全生产领导责任。

第三节　公路工程安全隐患排查与治理

一、安全生产事故隐患排查的基本概念

安全生产事故隐患（简称事故隐患），是指生产经营单位违反安全生产法律、法规、规章、标准、规程和有关安全生产管理制度的规定，或者因其他因素在生产经营活动中存在可能导致事故发生的物的危险状态、人的不安全行为和管理上的缺陷。排查的依据是国家和有关部门的法律法规等。

排查的事故隐患分为一般事故隐患和重大事故隐患。通常事故隐患是指危害和整改难度较小，发现后能够立即整改排除的隐患；重大事故隐患是指危害和整改难度较大，应当全部或者局部停产停业，并经过一定时间整改治理方能排除的隐患，或者因外部因素影响致使生产经营单位自身难以排除的隐患。

二、安全生产事故隐患排查的目标及内容

公路工程施工安全生产隐患排查的目标是：落实工程项目安全生产主体责任和相关单位的安全管理责任，深入排查治理交通基础设施建设过程中的安全隐患，从而实现"两项达标""四项严禁""五项制度"的总目标。

（一）两项达标

1. 施工人员管理达标

一线人员用工登记、施工安全培训记录、安全技术交底记录、施工意外伤害责任保险等都要符合有关规定。

2. 施工现场安全防护达标

施工现场安全防护设施和作业人员安全防护用品都要根据规定实行标准化管理。

（二）四项严禁

①严禁在泥石流区、滑坡体、洪水位下等危险区域设置施工驻地。②严禁违规进行挖孔桩作业，钻孔确有困难的不良地质区，设计单位要进行专项安全设计并按设计变更规定，经批准后实施。③严禁长大隧道无超前预报和监控量测措施施工。④严禁违规立体交叉作业。

（三）五项制度

1. 施工现场危险告知制度

依据《公路水运工程安全生产监督管理办法》，严格安全技术交底制度，施工单位负责项目管理的技术人员，应当如实向施工作业班组、作业人员详细告知作业场所和工作岗位存在的危险因素，并由双方签字确认。在上述场所应设置明显安全警示标志，在无法封闭施工的工地，还应当悬挂当日施工现场危险告示，以告知路人和社会车辆。

2. 施工安全监理制度

依据《建设工程安全生产管理条例》《公路水运工程安全生产监督管理办法》和《公路工程施工监理规范》，开展施工安全监理工作，加大现场安全监管力度。监理单位应当按照法律、法规和工程建设强制性标准进行监理，编制安全生产监理计划，明确监理人员的岗位职责、监理内容和方法，审查施工组织设计中的安全技术措施或专项施工方案，核验施工现场机械设备进场检查验收记录，对危险性较大的工程作业加强巡视检查，督促隐患整改。

3. 专项施工方案审查制度

依据《公路水运工程安全生产监督管理办法》，对下列危险性较大的分部分项工程应当编制专项施工方案，并附安全验算结果，经施工单位技术负责人、监理工程师审查签字确认后实施，由专职安全员进行现场监督。必要时，施工单位对上述所列工程的专项施工方案，还应当组织专家进行论证、审查。

4.设备进场验收登记制度

依据《公路水运工程安全生产监督管理办法》，施工单位在工程中使用施工起重机械和整体提升式脚手架、滑模爬模、架桥机等自行式架设设施前,应当组织有关单位进行验收,或者委托具有相应资质的检验检测机构进行验收。同时使用承租的机械设备和施工机具及配件的,由承租单位和安装单位共同进行验收,验收合格的方可使用。验收合格后 30 d 内,应当向当地交通主管部门登记。

5.安全生产费用保障制度

按照财政部和国家安全生产监督管理总局联合发布的《高危行业企业安全生产费用财务管理暂行办法》,对安全生产费用支取、使用情况纳入监理范畴。建设单位在施工招标文件中应当对安全生产保障措施提出明确要求。施工单位在工程投标报价中应当包含安全生产费用,通常不得低于工程造价的 1.5%,且不得作为竞争性条件。安全生产费用应当用于施工安全防护用具及设施的采购和更新、安全施工措施的落实、安全生产条件的改善,不得挪作他用。

三、安全生产事故隐患排查涉及的单位

公路工程施工安全生产事故隐患排查治理涉及的单位主要有:各项目建设、勘察、设计、施工、监理等单位。

第四节　安全专项方案与应急救援预案的编制

一、安全专项方案的编制

(一)编制安全专项方案的法律依据

《建设工程安全生产管理条例》第二十六条明确规定:施工单位应当在施工组织设计中编制安全技术措施和施工现场临时用电方案,对下列达到一定规模的危险性较大的分部分项工程编制专项施工方案,并附具安全验算结果,经施工单位技术负责人、总监理工程师签字后实施,由专职安全生产管理人员进行现场监督:①基坑支护与降水工程。②土方开挖工程。③模板工程。④起重吊装工程。⑤脚手架工程。⑥拆除、爆破工程。⑦国务院建设行政主管部门或者其他有关部门规定的其他危险性较大的工程。对前款所列工程中涉及深基坑、地下暗挖工程、高大模板工程的专项施工方案,施工单位还应当组织专家进行论证、审查。

（二）安全专项方案编制的主要内容

专项方案编制应当包括以下内容：

（1）工程概况：危险性较大的分部分项工程基本概况、水文地质条件、施工平面布置、施工要求和技术保证条件。

（2）编制依据：相关法律、法规、规范性文件、标准、规范及图纸（国标图集）、施工组织设计等。

（3）分部分项工程影响质量、安全的风险源分析及相关预防措施。

（4）设计计算书和设计施工图等设计文件。

（5）施工准备：包括施工图进度计划、材料与设备计划。

（6）施工部署：包括技术参数、工艺流程、施工方法、施工技术要点。

（7）人员计划：专职安全生产管理人员、特种作业人员等资格要求。

（8）施工控制：检查验收、安全评价、预警观测措施。

（9）应急预案及处置措施。

二、应急救援预案的编制

（一）应急救援预案编制的目的

应急救援预案是针对可能发生的事故，为迅速、有序地开展应急行动而预先制订的行动方案；是为了及时、有效地应对重大生产安全事故，确保职工生命安全与健康和公众生命，最大限度地减少财产损失、环境损害和社会影响而采取的重要措施。

安全生产事故应急救援的预案编制是应急救援体系建设工作的核心内容，是安全生产工作的重要组成部分，通过应急救援的预案编制，建立健全规范、科学、操作性强的应急预案体系，对于提高应对突发事（故）件的能力、保障人民群众的生命财产安全和企业健康发展具有十分重要的意义。

（二）应急救援预案编制的依据

应急救援预案一般依据《中华人民共和国安全生产法》《建设工程安全生产管理条例》《安全生产事故报告和调查处理条例》《公路水运工程安全生产监督管理办法》《生产经营单位安全生产事故应急预案编制导则》等法律法规和本企业安全生产实际编制。

（三）应急救援预案的类型

应急救援预案有：综合应急预案、专项应急预案、现场处置方案三种主要类型。

（四）应急救援预案编制的主要内容

1.总则

编制的目的；适用范围；应急组织体系的确定、工作原则与职责分工；应急响应；信息发布；后期处置；人员物资等保障措施；培训与演练；奖励与处罚等。

2.生产经营单位危险性分析

危险源与风险分析，主要阐述本单位存在的重点危险源及风险分析结果。

3.应急组织机构及职责

明确应急组织形式，构成单位或人员，并尽可能以结构图的形式表示出来；指挥机构及职责，明确应急救援指挥机构总指挥、副总指挥、各成员单位及其相应职责。应急救援指挥机构根据事故类型和应急工作需要，可以设置相应的应急救援工作小组，并明确各小组的工作任务及职责。

4.预防与预警措施

危险源监控、预警提示信息、信息报告与处置等。

5.应急响应

（1）响应分级

针对事故危害程度、影响范围和单位控制事态的能力，将事故分为不同的等级。根据分级负责的原则，明确应急响应级别。

（2）响应程序

根据事故的大小和发展态势，明确应急指挥、应急行动、资源调配、应急避险、扩大应急等响应程序。

（3）应急结束

明确应急终止的条件，事故现场得以控制，环境符合有关标准，致使次生、衍生事故隐患消除后，经事故现场应急指挥机构批准后，现场应急结束。

6.信息发布

明确事故信息发布的部门、发布原则，事故信息应由事故现场指挥部及时准确向新闻媒体通报事故信息。

7.后期处置

主要包括：污染物处理、事故后果影响消除、生产秩序恢复、善后赔偿、抢险过程和应急救援能力评估及应急预案的修订等内容。

8.保障措施

（1）通信与信息保障

明确与应急工作相关联的单位或人员通信联系方式和方法，并提供备用方案。建立信息通信系统及维护方案，确保应急期间信息通畅。

（2）应急队伍保障

明确各类应急响应的人力资源，包括：专业应急队伍、兼职应急队伍的组织与保障方案。

（3）应急物资装备保障

明确应急救援需要使用的应急物资和装备的类型、数量、性能、存放位置、管理责任人及其联系方式等内容。

（4）经费保障

明确应急专项经费来源、使用范围、数量和监督管理措施，保障应急状态时生产经营单位应急经费的及时到位。

（5）其他保障

根据本单位应急工作需求而确定的其他相关保障措施（如，交通运输保障、治安保障、技术保障、医疗保障、后勤保障等）。

9. 培训与演练及奖励与处罚

要明确对本单位人员开展的应急培训计划、方式和要求，如果预案涉及社区和居民，要做好宣传教育和告知等工作；明确应急演练的规模、方式、频次、范围、内容、组织、评估、总结等内容；明确事故应急救援工作中奖励和处罚的有关内容。

第五节　公路工程临时用电安全要求

一、公路工程施工施工现场临时用电的基本原则

（1）施工现场的电工、电焊工属于特种作业工种，必须依据国家有关规定经专门安全作业培训，取得特种作业操作资格证书，方可上岗作业。其他人员不得从事电气设备及电气线路的安装、维修和拆除。

（2）施工现场的临时用电必须采用 TN-S 接地、接零保护系统。即具有专用保护零线（PE 线）、电源中性点直接接地的 220/380 V 三相五线制系统。

（3）施工现场的临时用电必须按照"三级配电二级保护"设置。

（4）施工现场的用电设备必须实行"一机、一闸、一漏、一箱"制，即每台用电设备必须有自己专用的开关箱，专用开关箱内必须设置独立的隔离开关和漏电保护器。

（5）正确识别"小心有电、靠近危险"等标志或标牌，不得随意靠近、随意损坏和挪动标牌。

二、配电室的安全技术要点

（1）施工现场配电室位置应靠近电源，周边道路畅通，进、出线方便，周围环境灰尘少、潮气少、振动小，无腐蚀介质，无易燃易爆物品；不要设在容易积水的场所或其正下方，并避开污染源的下风侧。尽量靠近负荷中心，以减少线路的长度和导线的截面积，提高配电质量，从而便于维护。

（2）配电室和控制室应能自然通风，并应采取措施防止雨雪和小动物出入；成列的配电屏（盘）和控制屏（台）两端应与重复接地及保护零线做电气连接。

（3）配电屏（盘）正面的操作通道宽度单列布置不小于 1.5 m，双列布置不小于 2 m，配电屏（盘）后的维护通道宽度不小于 0.8 m，侧面的维护通道不小于 1 m；配电室的顶棚距地面不低于 3 m；配电室内设值班或检修室时，该室外距配电屏（盘）的水平距离应大于 1 m，并应有屏障隔离；配电室内的裸母线与地面垂直距离小于 2.5 m 时，应采取遮栏隔离，遮栏下面通行道的高度不小于 1.9 m；配电装置的上端距顶棚不小于 0.5 m。

（4）配电屏（盘）应装设有功和无功电度表，并应分路装设电流、电压表；电流表与计费电度表不许共用一组电流互感器；配电屏（盘）应装设短路、过负荷保护装置和漏电保护器；配电屏（盘）上的各配电线路应编号，并标明用途标记；配电屏（盘）或配电线路维修时，应悬挂停电标志牌，停、送电必须由专人负责。

（5）配电室的建筑物和构筑物的耐火等级应不低于 3 级，室内应配置沙箱和绝缘灭火器；母线均应涂刷有色油漆；配电室的门向外开，并配锁，专人保管。

三、施工现场配电线路的安全技术要点

施工现场的配电线路包括室外线路和室内线路。室内线路通常有绝缘导线和电缆的明敷设和暗敷设，室外线路主要有，绝缘导线架空敷设和绝缘电缆埋地敷设两种，也有电缆线架空明敷设的。

（一）室外线路的安全技术要点

（1）室外架空线路由导线、绝缘子、横担及电杆等组成。室外架空线路务必采用绝缘铜线或绝缘铝线，铝线的截面积大于 1 mm²，铜线的截面积大于 10 mm²。

（2）架空线路严禁架设在树木、脚手架及其他非专用电杆上，且严禁成束架设；在临近输电线路的建筑物上作业时，不能随便往下扔金属类杂物；更不能触摸、拉动电线或电线接触钢丝和电杆的拉线。

（3）严禁在高压线下方搭设临建、堆放材料和进行施工作业；在高压线一侧作业时，架空线与施工现场地面最小距离一般为 4 m，与机动车道一般为 6 m，与铁路轨道一般为

7.5 m。

（4）电杆埋设深度宜为杆长的 1/10 加 0.6 m。然而在松软地质处应加大埋设深度或采用卡盘等加固。跨越机动车道的成杆应采取单横担双绝缘子；15°～45°的转角杆应采用双横担双绝缘子；45°以上的转角杆应采用十字横担；直线杆采用针式绝缘子，耐张杆采用蝶式绝缘子。

（5）敷设电缆的方式和地点，应以方便、安全、经济、可靠为依据，电缆直埋方式，施工简单，投资省，散热好，应首先考虑；敷设地点应确保电缆不受机械损伤或其他热辐射，同时应尽量避开建筑物和交通设施。

（6）电缆直接埋地的深度不小于 0.6 m，并在电缆上下均匀铺设不小于 50 mm 厚的细砂，再覆盖砖等硬质保护层，并插上标志牌；电缆穿过建筑物、构筑物时须设置套管。

（7）室外电缆线架空敷设时，应沿墙壁或电杆设置，严禁用金属裸线作绑线，电缆的最大弧垂距地面不小于 2.5 m。

（二）室内线路的安全技术要点

（1）在宿舍工棚、仓库、办公室内严禁使用电饭煲、电水壶、电炉、电热杯等较大功率电器。如需使用，应由项目部安排专业电工在指定地点安装可使用较高功率电器的电气线路和控制器。严禁使用不符合安全的电炉、电热棒等。

（2）严禁在宿舍内乱拉乱接电源，非专职电工不准乱接或更换熔丝，不准以其他金属丝代替熔丝（保险丝）；严禁在电线上晾衣服和挂其他东西等。

（3）室内线路必须采用绝缘导线，距地面高度不得小于 2.5 m；接户线在挡距内不得有接头，进线处离地高度不得小于 2.5 m，过墙应穿管保护，并采取防雨措施，室外端应采用绝缘子固定；室内导线的线路应减少弯曲，采用瓷夹固定导线时，导线间距应不小于 35 mm，瓷夹间距应不大于 800 mm，采用瓷瓶固定导线时，导成间距应不小于 100 mm，瓷瓶间距应不大于 1.5 m；钢索配线的吊架间距不宜大于 12 m，采用护套绝缘导线时，允许直接敷设于钢索上。

（4）导线的额定电压应符合线路的工作电压；导线的截面积要满足供电容量要求和机械强度要求，然而铝线截面应不小于 2.5 mm²，铜线的截面应不小于 1.5 mm²，导线应尽量减少分支，不受机械作用；室内线路布置尽可能避开热源，应便于线路检查。

四、施工现场配电箱与开关箱设置的安全技术要点

（1）施工现场临时用电通常采用三级配电方式，即总配电箱（或配电室），总配电箱以下设分配电箱，再以下设开关箱，开关箱以下就是用电设备。

（2）总配电箱应设在靠近电源的地区；分配电箱应装设在用电设备或负荷相对集中的地区；分配电箱与开关箱的距离不得超过 30 m；开关箱应由末级分配电箱配电，开关

箱与其控制的固定式用电设备的水平距离不宜超过 3 m。

（3）配电箱与开关箱应装设在通风、干燥及常温场所。严禁装设在有严重损伤作用的瓦斯、烟气、蒸气、液体及其他有害介质中，不得装设在易受撞击、振动、液体侵溅以及热源烘烤的场所；配电箱与开关箱周围应有足够两人同时工作的空间和通道，不得堆放任何妨碍操作、维修的物品，不得有杂草、灌木等。

（4）配电箱、开关箱应采用铁板或优质绝缘材料制作，铁板厚度应大于 1.5 mm；配电箱内的电器应首先安装在金属或非木质的绝缘电器安装板上，然后整体紧固在配电箱箱体内；金属板与配电箱箱体应作电气连接。

（5）配电箱、开关箱内的连接线采用绝缘导线，接头不松动，禁止有外露带电部分；配电箱、开关箱内的工作零线应通过接线端子板连接，与保护零线接线端子板分设；配电箱、开关箱的金属箱体、金属电器安装板以及箱内电器的不应带电金属底座、外壳等必须做保护接零，保护零线应通过接线端子板连接。

（6）动力配电箱与照明配电箱宜分别设置，如，合置在同一配电箱内，动力和照明线应分路设置。

（7）配电箱、开关箱中的导线进线口和出线口应设在箱体的下底面，严禁设在箱体的上顶面，侧面，后面和箱门处；进线和出线应加护套分路成束并做防水弯；导线束不得与箱体进、出口直接接触；进入开关箱的电源线，严禁用插销连接；移动式配电箱、开关箱的进口线、出口线必须采用橡胶绝缘电缆。

（8）配电箱、开关箱应装设牢固、端正，移动式配电箱、开关箱应装设在坚固的支架上，固定式配电箱、开关箱的下底面与地面的垂直距离应大于 1.3 m，小于 1.5 m；移动式分配电箱、开关箱的下底与地面的垂直距离宜大于 0.6 m，小于 1.5 m；所有的配电箱、开关箱必须防雨、防尘。

五、配电箱、开关箱内的电器装置安全技术要点

（1）配电箱、开关箱内的电器装置必须可靠完好，严禁使用破损、不合格电器，各种开关电器的额定值应与其所控制的用电设备的额定值相适应。

（2）每台用电设备应有各自专用的开关箱，务必实行"一机一闸一漏"制，严禁用同一个开关电器直接控制两台及两台以上的用电设备（含插座）。

（3）在停、送电时，配电箱、开关箱之间应遵守合理的操作顺序：

送电操作顺序：总配电箱—分配电箱—开关箱；

断电操作顺序：开关箱—分配电箱—总配电箱。

正常情况下，停电时首先分断自动开关，然后分断隔离开关；送电时先合隔离开关，后合自动开关（出现电气故障时的紧急情况除外）。

（4）使用配电箱、开关箱时，操作者应接受岗前培训，熟悉所使用设备的电气性能

和掌握有关开关的正确操作方法。

（5）总配电箱、分配电箱应装设总隔离开关和分路隔离开关、总熔断器和分路熔断器（或总自动开关和分路自动开关）。总开关电器的额定值，动作整定值应与分路开关电器的额定值、动作整定值相适应。

（6）总配电箱还必须安装漏电保护器、电压表、总电流表、总电度表和其他仪器。开关箱内的开关电器必须在任何情况下，都可以使用电设备实行电源分离。

（7）开关箱内也必须安装漏电保护器，使用于潮湿和有腐蚀介质场所的漏电保护器应采用防溅型产品，总配电箱和开关箱中的漏电保护器应合理选用，使之具有分级分段保护的功能，漏电保护器至少每月检查一次，确保完好有效。

六、配电箱、开关箱使用与维护的安全技术要点

（1）施工现场所有配电箱、开关箱都要由专人负责（专业电工），所有配电箱、开关箱应配锁，并标明其名称、用途，做出分路标记。

（2）开关箱操作人员应熟悉开关电器的正确操作方法；施工现场停业作业 1 h 以上时，应将动力开关箱断电上锁。

（3）配电箱、开关箱内不得放置任何杂物，不得挂接其他临时用电设备；使用和更换熔断器时，要符合规格要求，严禁用铜丝等代替保险丝。

（4）所有配电箱和开关箱每月必须由专业电工检查、维修一次，电工必须穿戴绝缘防护用品，使用电工绝缘工具；非电工人员不许私自乱接电器和动用施工现场的用电设备。

（5）配电箱的进线和出线不得受外力，严禁与金属尖锐断口和强腐蚀介质接触。

七、自备发电机组的安全技术要点

（1）大型桥梁施工现场、隧道和预制场地，应有自备电源，避免因电网停电造成工程损失和出现事故。

（2）施工现场临时用自备发电机组的供配电系统应采用三相五线制中性点直接接地系统，并须独立设置，与外电线路隔离，不得有电气连接；自备发电机组电源应与外电线路电源联锁，严禁并列运行；发电机组应设置短路保护和过负荷保护。

（3）发电机控制屏宜装设：交流电压表、交流电流表、有功功率表、电度表、功率因素表、频率表和直流电流表。

（4）发电机组的排烟管道必须伸出室外。发电机组及其控制配电室内严禁存放储油桶。

（5）在非三相五线制供电系统中，电气设备的金属外壳应做接地保护，其接地电阻不大于 4 欧姆，且不得在同一供电系统上有的接地、有的接零。

八、电动机械设备的安全技术要点

（1）塔式起重机、拌和设备、室外电梯，滑升模板、物料提升机等需要设置避雷装置的井字架等，除应做好保护接零外，电动机械的金属外壳，必须有可靠的接地措施或临身接地装置，避免电动机械的金属外壳带电，电流就会通过地线流入地下，进而避免人身触电事故的发生。

（2）电动机械的供电线路必须按照用电规则安装，不可乱拉乱接。

（3）电动施工机械的负荷线，必须按其容量选用无接头的多股铜芯橡胶护套软电缆，其中绿/黄色线在任何情况下只能用作保护零线或重复接地。

（4）每一台电动机械的开关箱内，除应装设过负荷、短路、漏电保护装置外，还必须装设隔离开关。以便在发生事故时，迅速切断电源。

（5）大型桥梁外用电梯，属于载人、载物的客货两用电梯，要设置单独的开关箱，特别要有可靠的极限控制及通信联络。

（6）塔式起重机运行时，要注意与外电架空线路或其他防护设施保持安全距离。

（7）移动电动机械须事先关掉电源，不可带电移动电动机械。

（8）电动机械发生故障需停电检修。同时，须悬挂"禁止合闸"等警告牌，或者派专人看守，以防有人误将闸刀合上。

（9）电动机械操作人员要增强安全观念，严格执行机电设备安全操作规程。在操作时，应穿工作服、绝缘鞋等个人安全防护用品，严禁用手和湿布擦电动机械设备或在电线上悬挂衣物。

九、电动工具使用的安全技术要点

（1）施工现场使用的电动工具通常都是手持式的，如：电钻、冲击钻、电锤、射钉枪、电刨、切割机、砂轮、手持式电锯等，按其绝缘和防触电性能可分为三类，即Ⅰ类工具、Ⅱ类工具、Ⅲ类工具。

（2）一般场所（空气湿度小于75%）可选用Ⅰ类或Ⅱ类手持式电动工具，其金属外壳与 PE 线的连接点不应少于两处。装设的额定漏电动作电流不大于 15 mA，额定漏电动作时间小于 0.1 s 的漏电保护器。

（3）在潮湿场所或金属构架上操作时，必须选用Ⅱ类或由安全隔离变压器供电的Ⅲ类手持式电动工具，严禁使用Ⅰ类手持式电动工具。使用金属外壳Ⅱ类手持式电动工具时，其金属外壳可与 PE 线相连接，并设漏电保护。

（4）在狭窄场所（锅炉内、金属容器、地沟、管道内等）作业时，必须选用由安全隔离变压器供电的Ⅲ类手持式电动工具。

（5）手持电动工具应配备装有专用的电源开关和漏电保护器的开关箱，严禁一台开关接两台以上设备，其电源开关应采用双刀控制；使用手持电动工具前，必须检查外壳、手柄、负荷线、插头等是否完好无损，接线是否正确（防止相线与零线错接）。

（6）手持电动工具开关箱内应采用插座连接，其插头、插座应无损坏，无裂纹，且绝缘良好；发现手持电动工具外壳、手柄破裂，应立即停止使用并进行更换。

（7）手持式电动工具的负荷线应采用耐气候型橡胶护套铜芯软电缆，并且不得有接头。同时在使用前必须作空载检查，运转正常后方可使用。

（8）作业人员使用手持电动工具时，握其手柄，不得利用电缆提拉，且应穿绝缘鞋、戴绝缘手套。

（9）长期搁置不用或受潮的工具在使用前应由电工测量绝缘阻值是否符合要求。

十、施工现场照明电器的安全技术要点

（1）一般场所选用额定电压为 220 V 的照明器，特殊场所必须使用安全电压照明器，如，隧道工程、有高温、导电灰尘或灯具距地高度低于 2.4 m 等场所，电源电压应不大于 36 V；在潮湿和易触及带电体场所的照明电源电压不得大于 24 V；特别潮湿场所，导电良好地面、锅炉或金属容器、管道内工作的照明电源电压不得大于 12 V。

（2）临时照明线路必须使用绝缘导线。临时照明线路必须使用绝缘导线，户内（工棚）临时线路的导线必须安装在离地 2 m 以上支架上；户外临时线路必须安装在离地 2.5 m 以上支架上，零星照明线不允许使用花线，通常应使用软电缆线。

（3）在坑洞内作业，夜间施工或作业工棚、料具堆放场、仓库、办公室、食堂、宿舍及自然采光差等场所，应设一般照明、局部照明或混合照明。在一个工作场所内，不得只设局部照明。

（4）停电后作业人员需及时撤离现场的特殊工程，如，夜间高处作业工程、隧道工程等，还必须装设由独立自备电源供电的应急照明。

（5）对于夜间可能影响飞机及其他飞行器安全通行的主塔及高大机械设备或设施，如塔式起重机外用电梯等，应在其顶端设置醒目的红色警戒照明。

（6）正常湿度（≤ 75%）的一般场所，可选用普通开启式照明器。

（7）潮湿或特别潮湿（相对湿度大于 75%）的场所，属于触电危险场所，必须选用密闭性防水照明器或配有防水灯头的开启式照明器。

（8）含有大量尘埃但无爆炸和火灾危险的场所，属于触电一般场所，必须选用防尘型照明器，以防灰尘影响照明器安全发光。

（9）有爆炸和火灾危险的场所，亦属触电危险场所，应按危险场所等级选用防爆型照明器。

（10）存在较强振动的场所，必须选用防振型照明器。

（11）有酸碱等强腐蚀介质场所，必须选用耐酸碱型照明器。

（12）通常 220 V 灯具室外高度不低于 3 m，室内不低于 2.4 m；碘钨灯及其他金属卤化物灯安装高度宜在 3 m 以上。

（13）任何灯具必须经照明开关箱配电与控制，应配置完整的电源隔离、过载与短路保护及漏电保护电器；路灯还应逐灯另设熔断器保护；灯具的相线开关必须经开关控制，不得直接引入灯具。

（14）进入开关箱的电源线，严禁用插销连接。

（15）暂设工程的照明灯具宜用拉线开关控制，其安装高度为距地面 2 ~ 3 m，职工宿舍区禁止设置床头开关。

十一、施工现场安全用电技术档案八个要点

（1）施工现场用电组织设计的全部资料。

（2）修改施工现场用电组织设计资料。

（3）用电技术交底资料。

（4）施工现场用电工程检查验收表。

（5）电气设备试、检验凭单和调试记录。

（6）接地电阻，绝缘电阻，漏电保护器漏电动作参数测定记录表。

（7）定期检（复）查表。

（8）电工安装、巡检、维修、拆除工作记录。

十二、触电事故的原因分析

（一）缺乏电气安全知识，自我保护意识淡薄

电气设施安装或接线由非专业电工操作，而是由自己安装。安装人又无基本的电气安全知识，装设不符合电气基本要求，导致意外的触电事故。发生这种触电事故的原因都是缺乏电气安全知识，无自我保护意识。

（二）违反安全操作规程

施工现场中，有人图方便，不用插头，在电箱乱拉乱接电线。还有人在宿舍私自拉接电线照明，在床上接音响设备、电风扇，有的甚至烧水、做饭等，极易造成触电事故。也有人凭经验用手去试探电器是否带电或不采取安全措施带电作业，或带着侥幸心理在带电体（如高压线）周围作业，不采取任何安全措施，违章作业，造成触电事故等。

（三）不使用 TN-S 接零保护系统

有的工地未使用 TN-S 接零保护系统，或者未按要求连接专用保护零，无有效的安全保护系统。不按"三级配电二级保护""一机、一闸、一漏、一箱"设置，致使工地用电使用混乱，易造成误操作，并且在触电时，安全保护系统未起可靠的安全保护效果。

（四）电气设备安装不合格

电气设备安装必须遵守安全技术规定，否则由于安装错误，当人身接触带电部分时，就会造成触电事故。如，电线高度不符合安全要求，太低，架空线乱拉、乱扯，有的还将电线拴在脚手架上，导线的接头只用老化的绝缘布包上，以及电气设备没有作保护接地、保护接零等，一旦漏电就会发生严重触电事故。

（五）电气设备缺乏正常检修和维护

由于电气设备长期使用，易出现电气绝缘老化，导线裸露，胶盖刀闸胶木破损，插座盖子损坏等。如不及时检修，一旦漏电，将造成严重后果。

（六）偶然因素

电力线被风刮断，导线接触地面引起跨步电压，当人走近该地区时就会发生触电事故。

第六节　特种设备安全控制要求

一、特种设备的概念及安全管理的必要性

特种设备是指那些涉及生命安全、危险性较大的，使用、管理不当容易发生安全事故的设备。依据《特种设备安全监察条例》规定：特种设备主要包括锅炉、压力容器（含气瓶，下同）、压力管道、电梯、起重机械、客运索道、大型游乐设施和场（厂）内专用机动车辆。这些特种设备数量多、分布广，涉及生产、生活诸方面，是人们日常工作、生活中广泛接触且不可缺少的设备设施。国家对各类特种设备的安全管理十分重视，相继制定了有关方面的法规、标准，有效地降低了特种设备事故的发生。然而，由于近年来各类特种设备的数量急剧增长，在生产制造和使用运营过程中安全问题仍十分严峻，重大安全生产事故隐患依然存在。因此，必须采取强有力的措施，加强对特种设备的安全监管，杜绝各类设备事故，减少人员伤亡和财产损失。

二、特种设备安全控制要求

特种设备安全管理的范围和一般要求在前面章节已经简单地进行了描述，然而特种设备的安全管理除了满足上述一般要求外，还必须明确以下安全控制要点：

（一）按照《特种设备安全监察条例》规定

特种设备生产、使用单位的主要负责人应当对本单位特种设备的安全和节能全面负责。

（二）按照《大型起重机械安装安全监控管理系统实施方案》要求

以公路建设、铁路建设、电站建设、船舶修造等行业（领域）为重点，逐步在新造和在用大型起重机械上安装安全监控管理系统，强化大型起重机械技术安全管理和控制，促进现场操作标准化和规范化，实现大型机械安全形势的根本好转。

（三）特种设备安全管理制度

1. 特种设备安全责任制

包括各职能部门安全责任制和各岗位安全责任制。

2. 特种设备安全规章制度

包括：特种设备安装使用、维护保养、监督检查管理制度，特种设备隐患排查和整改制度，特种设备报检制度，特种设备安全培训制度等，特种设备安全技术交底制度，特种设备事故应急救援制度等。

3. 特种设备安全操作规程

根据特种设备种类以及相关的法规、安全技术规范的要求，编制特种设备各岗位安全操作规程。

4. 特种设备应急救援预案

根据本单位特种设备使用情况，制定重大事故应急救援预案和防范突发事故的应急措施，以便在发生事故时，能果断、准确、迅速地将影响范围缩小到最低程度；配备相应的抢险装备和救援物资；每年至少组织一次救援演练。

（四）特种设备的行政许可

（1）特种设备使用单位应当在设备投入使用前或者投入使用后 30 d 内，到设备所在地市以上的特种设备安全监督管理部门办理特种设备使用登记。登记标志应当置于或者附着于该特种设备的显著位置。

（2）特种设备行政许可变更。特种设备停用、注销、过户、迁移、重新启用应到特种设备安全监督管理部门办理相关手续。

（3）特种设备作业人员必须持证上岗。特种设备作业人员必须经有关主管部门考核合格，取得国家统一格式的证书方可上岗操作。作业人员务必与企业办理聘任手续并到有关部门备案。

（五）特种设备定期检验

1. 特种设备报检

特种设备使用单位应在特种设备检验合格有效期届满前 1 个月向特种设备检验检测机构提出定期检验要求（各特种设备的检验日期可从检验报告、合格标志查看）。

2. 特种设备报检要求

起重机械报检时，必须提供保养合同、有效的作业人员证件。

3. 特种设备换证

特种设备检验合格后，携带使用证、检验合格标志、检验报告、保养合同、保养单位的保养资质到有关主管部门办理年审换证手续。

（六）特种设备安全培训

发生特种设备事故的原因主要表现为，人的不安全行为或者设备的不安全状态。依据《特种设备安全监察条例》要求，特种设备使用单位应当对特种设备作业人员进行特种设备安全、节能教育和培训，保证特种设备作业人员具备必要的特种设备安全、节能知识。因此，对人为因素，应通过培训教育来纠正。特种设备的作业人员包括设备的安装、维修保养、操作等人员。特种设备作业人员在持证上岗的基础上，做到有安全培训计划，有培训记录、有培训考核。

（七）特种设备使用的相关记录

1. 特种设备日常使用状态记录（特种设备运行记录）

根据特种设备的类别做好特种设备日常使用状态记录，对关键岗位的设备，要做到在生产中每隔一定时间就对主机设备的运行参数作完整的记录，每班将设备状况、有无故障、检修内容全部记录在运行日记中，班班交接，并将设备的使用状态全部记录在案。

2. 特种设备维护保养记录

特种设备多为频繁动作的机电设备，机械部件、电器元件的性能状况及各部件间的配合如何，直接影响特种设备的安全运行。因此，对使用的特种设备进行经常性的维修保养是非常重要的。如果本单位没有维修保养能力，则应委托有资质的单位代为维修保养。需要强调的是：一定要委托有资质的单位并签订维修保养合同。建立的设备技术档案，也要有维修保养记录，以备查证。

3. 特种设备检查记录

国家对特种设备实行安全检验制度，其目的是从第三方的立场，公平、公正地进行检验，以确保其安全。国家质检总局已颁布了电梯、施工升降机、厂内机动车辆、游乐设施等监督检验规程。在国家强制检验的基础上，设备的使用单位应根据特种设备类别做好特种设备定期自行检查记录（包括日检、月检、年检记录），每月至少进行一次自行检查，并记录在案。

4. 特种设备运行故障和事故记录

做好特种设备运行故障和事故记录，当特种设备出现运行故障和事故时，详细记录故障或事故出现的原因、解决方法等。

5. 定期检验整改记录

将每次定期检验主要存在问题及落实整改情况记录在案。

（八）特种设备档案管理

1. 统一档案盒规格

特种设备的档案盒应统一规格。档案盒侧面应注明设备的类别，同时盒内要附上有关档案内容目录。

2. 档案分类

（1）文件法规类

将特种设备的法律法规、文件统一存放。

（2）综合管理类

将特种设备安全责任制、管理制度、操作规程、特种设备安全管理机构、管理结构图、专职兼职安全管理员任命书、特种设备使用管理安全责任承诺书等统一存放。

（3）特种设备台账类

使用账本或信息化管理系统对特种设备台账进行管理，账物相符，能便于索引到相应的档案信息。至少包括如下内容：设备分布情况、特种设备台账、特种设备作业管理人员和作业人员台账、技术档案、应急救援等。

（九）特种设备现场安全管理

1. 悬挂使用登记证

特种设备使用登记证（可使用复印件）应置于特种设备旁边。

2. 安全标志、标识的张贴

（1）电类合格标志

电梯、大型游乐设施等特种设备的检验合格标志应置于易于为乘客注意的显著位置；

起重机检验合格标志应张贴在该设备的电源控制箱的空白处；叉车的检验合格标志应张贴在叉车的显眼位置。

（2）警示标志、安全注意事项

电梯、大型游乐设施等特种设备的警示标志、安全注意事项应置于为乘客注意的显著位置。

（3）禁用标志

特种设备停用后，应将设备的电源断开，同时在设备显眼的地方张贴"禁止使用"的标志。

（4）压力管道标志

在压力管道显眼地方，应标明管道的介质名称及介质流向。

3. 重点监控特种设备标志

纳入本单位安全管理重点监控的特种设备，应在设备明显位置，标注"重点监控特种设备"。

4. 特种设备管理制度、责任制、操作规程的张贴

将特种设备管理制度、责任制、操作规程张贴到相应的部门、工作岗位、特种设备使用场所。

5. 设备安全运行情况

①特种设备的安全附件在校验有效期内，并灵敏可靠；特种设备在许可条件下使用，无异常情况出现。②特种设备作业人员必须持有效证件上岗（随身携带副证以备检查），对设备运行情况及时进行记录（查验设备运行记录），无违章作业现象。

6. 设备环境情况

设备的工作环境应整洁、明亮通畅，符合安全环保、节能降耗的使用要求。

第九章　公路工程施工现场管理

第一节　项目部驻地建设

一、驻地选址

（1）根据施工项目的施工环境，合理选择项目经理部设置地点，确定设备停放场地、仓库、办公室和宿舍等的平面布置，项目部设置地点应因地制宜，便于施工，尽量减少对环境的影响。

（2）住址选址由项目经理负责在进场前组织相关人员根据施工、安全和管理的要求进行调查，确定选址方案。

（3）驻地选址宜靠近工程项目现场的中间位置，应远离地质自然灾害区域，用地合法，周围无塌方、滑坡、落石、泥石流、洪涝等自然灾害隐患，无高频、高压电源及油、气、化工等其他污染源。满足安全、环保、水保的要求，交通、通信便利，水电设施齐全。

（4）离集中爆破区 500 m 以外，不得占用独立大桥下部空间、河道、互通匝道区及规划的取、弃土场。

二、场地建设

（1）可自建或租用沿线合适的单位或民用房屋，然而应坚固、安全、实用、美观，并满足工作和生活需求，自建房还应安装拆卸方便且满足环保要求。

（2）自建房屋最低标准为活动板房，建设宜选用阻燃材料，搭建不宜超过两层，每组最多不超过 10 栋，组与组之间的距离不小于 8 m，栋与栋之间的距离不小于 4 m，房间净高不低于 2.6 m。驻地办公区、生活区应采用集中供暖设施，严禁电力取暖。

（3）宜为独立式庭院，四周设有围墙，有固定出入口。有条件的，可在出入口设置保卫人员。

（4）办公、生活用房筑面积和场地面积应满足办公和生活需要。

（5）办公区、生活区及车辆、机具停放区等布局应科学合理，分区管理，合理规划人车路线，尽可能减少不同区域间的互相干扰。区内场地及主要道路应做硬化处理，排水设施完善，庭院适当绿化，环境优美整洁，生活、生产污水和垃圾集中收集处理。

三、硬件实施

（1）项目部通常设项目经理室（书记办公室）、项目总工程师办公室、项目副经理室办公室、各职能部门办公室、档案室、试验室、会议室等。

（2）项目部驻地办公用房面积应满足办公需要。

（3）驻地办公用房应实用、美观、隔热、通风、防潮，各室功能应满足以下要求：

1）办公室

①通风、照明良好，并设有防暑、降温、取暖设备。

②满足项目信息化管理要求，配备必要的信息化硬件设施，从而满足施工信息收集、整理、传送以及工程进度、质量、安全、计量、变更等信息化管理的要求。

2）会议室

①通风、照明良好，并设有防暑、降温、取暖设备。

②配备必要的会议桌、椅子、写字板、多媒体等常用会议设施。

3）档案室

①通风、照明良好，并设有防潮、防火、防盗等设施。

②所有档案资料由专人负责曾理，宜保存在专用档案柜或档案架，应分门别类，做好标志，归档的档案盒样式统一。

（4）驻地生活用房建设应体现以人为本的理念，应实用、美观、隔热、通风、防潮，施工工区生活用房建设的最低标准。生活用房应设宿舍、食堂、浴室、厕所等，具备条件的应设文体活动室、活动场地、医疗室等。

四、其他要求

（1）驻地内消防设施应符合《建设工程施工现场消防安全技术规范》的有关规定，在适当位置设置临时室外消防水池和消防砂池，配置相应的消防安全标志和消防安全器材，并经常检查、维护、保养。

（2）驻地内应设置消防通道，并保证消防车道的畅通，禁止在车道上堆物、堆料或挤占消防通道。

（3）驻地内使用的电气设备和临时用电应符合《施工现场临时用电安全技术规范》的规定。

（4）生活污水排放应进行规划设计，设置多级沉淀池，通过沉淀过滤达到排放标准。厕所污水应通过集中独立管道进入化粪池，封闭处理。

（5）驻地内应设置一个大型垃圾堆积池，容积不小于 3 m×2 m×1.5 m，将各种垃圾集中存放，定期按环保要求处置。

（6）驻地内应设有必要的防雷设施，在条件允许情况下驻地应设置报警装置和监控设施。

第二节　预制场地布设

一、预制梁场地布设

1. 场地选址

（1）以方便、合理、安全、经济及满足工期为原则，结合施工合同段所属预制梁板的尺寸、数量、架设要求以及运输条件等情况进行综合选址。

（2）应满足用地合法，周围无塌方、滑坡、落石、泥石流、洪涝等地质灾害。无高频、高压电源及其他污染源；离集中爆破区 500 m 以外；不得占用规划的取、弃土场。

（3）原则上不宜设在主线征地范围内。若确实存在用地困难等特殊情况需要将预制场设于主线征地范围内时，应报项目建设单位审批。

2. 场地布置形式

预制场的布置取决于现场的面积、地形、工程规模、安装方法、工期及机械设备情况等，条件不同，布置方法差异较大。

（1）路基外预制场

该类型预制场比较普遍，制梁区使用大型龙门吊，在路基一侧设置预制场；如，一般工程量不大，则不采用龙门吊，然而要有足够存放全部梁片的场地，必要时可在路基两侧制梁。

（2）路基上预制场

在其他地方设置预制场困难时可将预制场设在路基上。要求桥头引道上有较长的平坡，并且路基比较宽（一般应大于 24 m）。但此类预制场严重影响引道路基的施工。布置时首先要留足桥头架桥机的拼装场地，并偏向一侧设置梁区，以便留出道路。

（3）桥下预制场

在很多跨河桥下都有高出河面的场地，然而这些场地都比较窄长，不可能像河滩上那样大面积布置预制场。可根据场地情况，沿一孔垂直线路方向顺桥平行布置。

（4）桥上预制场

桥梁施工在市内时，现场没有预制场地，若在城外预制梁片，运梁十分困难，可考虑在桥墩之间拼装支架，制作安装 2 ~ 3 孔主梁，然后把施工完成的跨径部分作为预制场，并依次使预制场扩展出去。要求预制台座可活动，大梁安装采用跨墩龙门吊较方便。

（5）远距离预制场

远距离预制场可在与施工现场完全无关的条件下预制梁，有利于集中管理，场地面积不受限制，梁片数量大时尤为有利；但梁运输距离远，运输费用大。这种预制场通常适用于城市立交桥，其布置可因地制宜，充分利用现有机械，场地尽可能扩大，提前预制多片梁。

3. 场地建设

（1）场地建设前施工单位应将梁场布置方案报监理工程师审批，方案内容应包含各类型梁板的台座数量、模板数量、生产能力、存梁区布置及最大存梁能力等。

（2）宜采用封闭式管理，场地内应按办公区、生活区、构件加工区、制梁区和存梁区、废料处理区等科学合理设置，功能明确，标志清晰。生活区应与其他区隔开，生活用房按照驻地建设相关标准建设。

（3）各项目预制场应统筹设置，建设规模和设备配备应结合预制梁板的数量和预制工期相适应。

（4）场内路面宜做硬化处理，主要运输道路应采用不小于 20 cm 厚的 C20 混凝土硬化，基础不好的道路应增设碎石掺石屑垫层。场内不允许积水，四周设置砖砌排水沟，并采用 M7.5 砂浆抹面。

（5）预制梁场应尽量按照"工厂化、集约化、专业化"的要求规划、建设，每个预制梁场预制的梁板数量不宜少于 300 片。若个别受地形、运输条件限制的桥梁梁板需单独预制，规模可适当减小，但钢筋骨架定位胎膜、自动喷淋养护等设施仍应满足施工生产要求。

（6）预制梁场钢筋加工、混凝土拌和应尽量使用合同段既有的钢筋加工厂、拌和站。

（7）预制梁板钢筋骨架应统一采用定位胎膜进行加工，并设置高强度砂浆垫块确保钢筋保护层。

（8）设置自动喷淋养护设备，预制梁板采用土工布包裹喷淋养护（北方地区应根据气候情况采用蒸汽保湿养护），养护水应循环使用。

4. 预制梁板台座布设

（1）预制梁板的台座强度应满足张拉要求，台座尽量设置于地质较好的地基上，在不良地基路段，应先进行地基处理。为避免发生张拉台座不均匀沉降、开裂事故，影响预制梁板的质量，先张法施工的张拉台座不得采用重力式台座，应采用钢筋混凝土框架式台座。

（2）底模宜采用通长钢板，不得采用混凝土底模。推荐使用不锈钢底模板，钢板厚度不小于 6 mm，并确保钢板平整、光滑，防止黏结造成底模"蜂窝""麻面"，底模钢板应采取防止变形措施。

（3）存梁区台座混凝土强度等级不低于 C20，台座尺寸应满足使用要求。用于存梁的枕梁应设在离梁两端面各 50 ~ 80 m 处，且不影响梁片吊装，支垫材质应采用承载力足够的非刚性材料，且不污染梁底。

预制时间、张拉时间、施工单位、梁体编号、部位名称等。

（5）空心板、箱梁最多存放层数应符合设计文件和相关技术规范要求。设计文件无规定时，空心板叠层不得超过 3 层，小箱梁堆叠存放不超过 2 层。预制梁存放时（特别是叠层存放）应采取支撑等措施确保安全稳定。

5. 其他要求

（1）场站临时用电应符合《施工现场临时用电安全技术规范》的有关规定。

（2）场站消防设施应满足《建设工程施工现场消防安全技术规范》的有关规定，配置相应的消防安全标志和消防安全器材，并经常检查、维护、保养。

（3）施工机械设备产生的废水、废油及污水应经过处理后排放，不得直接排入河流、湖泊或其他水域中，不得排入饮用水源附近的土地中。

二、小型构件预制场布设

1. 场地选址

（1）小型构建预制场选址应以方便、合理、安全、经济及满足工期为原则，结合合同段工程量及运输条件综合选址。

（2）应满足用地合法，周围无塌方、滑坡、落石、泥石流、洪涝等地质灾害。无高频、高压电源及其他污染源；离集中爆破区 500 m 以外；不得占用规划的取、弃土场。

2. 场地建设

（1）宜采用封闭式管理，场地内应根据构件生产区、存放区、养护区、废料处理区等科学合理设置，功能明确，标志清晰。

（2）预制场的建设规模应结合小型构件预制数量和预制工期等参数来规划，场地面积一般不小于 2000 m²。

（3）场内路面宜做硬化处理，主要运输道路应采用不小于 20 cm 厚的 C20 混凝土硬化，基础不好的道路应增设碎石掺石屑垫层，场内不允许积水，四周宜设置砖砌排水沟，并采用 M7.5 砂浆抹面。

（4）生产区根据合同段设计图纸确定的预制构件的种类设置生产线，同时配备小型和站 1 座（尽可能利用既有拌和站）。

（5）养护区采用自动喷淋养护系统结合土工布覆盖对构件进行养护，确保构件处于湿润状态。

（6）成品按不同规格分层堆码，堆码高度应保证安全，预制件养护期不得堆码存放，以防损伤。运输过程中应采取措施避免缺边掉角。

3.其他要求

（1）小型构件预制应选用振动台振捣，振动台电机功率应经过现场试验，对振动台的性能进行分析与比选，确定振动台的电动机功率，一般为 1.2 ～ 1.5 kW，振动台数量根据预制构件生产数量确定。

（2）模板应使用钢模或高强度塑料模具，入模前应进行拼缝检查，对拼缝达不到要求的，辅以双面胶或泡沫剂，应选用优质脱模剂，确保混凝土外观。在周转间隙应有覆盖措施，防止雨淋、生锈、被污染。

第三节　拌和站设置

一、拌和站选址

（1）应满足用地合法，周围无塌方、滑坡、落石、泥石流、洪涝等地质灾害。无高频、高压电源及其他污染源；离集中爆破区 500 m 以外；不得占用规划的取、弃土场。

（2）拌和站选址应根据本合同段的主要构造物分布、运输、通电和通水条件等特点综合选址，尽量靠近主体工程施工部位，做到运输便利，经济合理；要远离生活区、居民区，尽量设在生活区、居民区的下风向。

二、场地建设

（1）拌和站应根据工程实际情况集中布置，宜采用封闭式管理，四周设置围墙，入口设置大门和值班室。

（2）拌和站建设应综合考虑施工生产情况，合理划分拌和作业区、材料计量区、材料库、运输车辆停放区、试验区、集体堆放区及生活区，内设洗车池（洗车台）、污水沉淀地和排水系统。生活区应与其他区隔离，生活用房依据"驻地建设"相关标准建设。

（3）拌和站场地面积、搅拌机组配置及产能应满足生产、施工需求和工程进度要求。

（4）场地（含堆料区、加工区）应做硬化处理，主要运输道路应采用不小于 20 cm 厚的 C20 混凝土硬化，基础不好的道路应增设碎石掺石屑垫层，场内排水宜根据中间高四周低的原则预设不小于 1.5% 的排水坡度，四周宜设置砖砌排水沟，并采用 M7.5 砂浆抹面。

（5）拌和站各罐体宜连接成整体，安装缆风绳和防雷设施，每一个罐体应喷涂成统一的颜色，并绘制项目名称及施工单位间称，两者竖向平行绘制。

三、原材料堆放要求

（1）凡用于工程的砂石料应按级配要求，不同粒径、不同品种分场存放，每区醒目位置设置材料标志牌，并采用不小于 30 cm 厚的混凝土或厚度不小于 60 cm 的浆砌片石隔墙等构造物分隔，隔墙高度应确保不串料（一般不小于 2.5 m），储料仓预留一定空间方便装载机上料。

（2）水泥混凝土、路面面层储料场应用混凝土进行硬化处理，路面基层储料场可用水稳材料进行硬化处理。料场底应高于外部地面，修筑成向外顺坡（不小于 3%），并在料场口设置排水沟，避免料场积水。

（3）水泥混凝土、路面面层储料场应搭设顶棚，防止太阳直接照晒或雨淋，顶棚宜采用轻型钢结构，高度应满足机械设备操作空间（一般不宜小于 7 m），并满足受力、防风、防雨、防雪等要求，路面基层、底基层储料场地中细集料堆放区宜搭设防雨大棚，防止石料雨淋。

（4）所有拌和机的集料仓应搭设防雨棚，并设置隔板，隔板高度不宜小于 100 cm，确保不串科。

四、拌和设备要求

（1）混凝土拌和应采用强制式拌和机，单机生产能力不宜低于 90 m³/h。拌和设备应采用质量法自动计量，水、外加剂计量应采用全自动电子称量法计量，禁止采用流量或人工计量方式，确保工作的连续性、自动性，且具备电脑控制及打印功能。减水剂罐体应加设循环搅拌水泵。

（2）应采用强制式拌和机，设备具备自动计量功能，通常设自动计量补水器加水。

（3）沥青混合料采用间歇式拌和机，配备计算机及打印设备。

（4）拌和站计量设备应通过当地有关部门标定后方可投入生产，使用过程中应不定期进行复检，确保计量准确。

（5）拌和站应根据拌和机的功率配备相应的备用发电机，确保拌和站有可靠的电源使用。

五、其他要求

（1）作业平台、储料仓、集料仓、水泥罐等涉及人身安全的部位均应设置安全防护装置，传动系统裸露的部位应有防护装置和安全检修保护装置。

（2）每次拌和作业完成后，及时清洗机具，清理现场，做到场地整洁。

（3）临近居民区施工产生的噪声应符合现行的《建筑施工场界环境噪声排放标准》

的规定。

（4）应根据需要设置机动车辆、设备冲洗设施、排水沟及沉淀池，施工污水处理达标后方可排入市政污水管网或河流。

（5）砂石料场底部、上料台、上料输送带下部废料应经常性清理并保持清洁，严禁装载机铲料时铲底。同时地面应定期洒水，对粉尘源进行覆盖遮挡。

（6）水泥、粉煤灰等材料进料时，应确保材料罐顶的密封性能，预留通气孔应设有降尘措施；当粉尘较大时，应暂时停止上料，待处理完后方可继续。

（7）沥青混合料拌和站推荐设置碎石加工除尘与石灰水循环水洗，确保细集料洁净无杂质。

（8）纤维材料、抗车辙剂、抗剥落剂等外加剂必须采用仓库存放，地面设置架空垫层，高度为离地面 30 cm，以免受潮。

参考文献

[1] 王小靖. 公路工程施工技术 [M]. 中国原子能出版社，2017.

[2] 张朝晖，闫超君. 公路工程施工组织设计 [M]. 北京：中国水利水电出版社，2017.

[3] 冯明硕，薛辉，赵杰. 公路桥梁工程施工技术 [M]. 延吉：延边大学出版社，2017.

[4] 赵之仲，王琨. 公路工程养护及改扩建施工技术 [M]. 徐州：中国矿业大学出版社，2017.

[5] 宋海涛，刘国祯. 公路交通安全及附属工程施工作业指导书 [M]. 成都：电子科技大学出版社，2017.

[6] 彭军龙. 公路工程设计施工总承包模式管理方法论 [M]. 北京：北京邮电大学出版社，2017.

[7] 韩作新，陈发明. 公路桥梁涵洞工程施工作业指导书 [M]. 成都：电子科技大学出版社，2017.

[8] 韩作新，冯子强. 公路路基路面工程施工作业指导书 [M]. 成都：电子科技大学出版社，2017.

[9] 孟旭峰. 公路工程施工安全风险辨控手册 [M]. 人民交通出版社股份有限公司，2017.

[10] 王义国，邹定南，李向春. 公路工程施工监理 [M]. 华中科技大学出版社，2017.

[11] 修林岩，徐小娜，孙文杰. 公路工程与桥梁施工 [M]. 天津：天津科学技术出版社，2018.

[12] 杨金翠，陈春宇，王佳. 公路工程与桥梁隧道施工 [M]. 海口：南方出版社，2018.

[13] 王天彪，安国庆，王龙. 公路桥梁工程施工与管理 [M]. 哈尔滨：东北林业大学出版社，2018.

[14] 何小波，贾文君，王静. 公路工程建设与隧道施工 [M]. 天津：天津科学技术出版社，2018.

[15] 王秀敏，葛宁. 公路工程施工组织与管理 [M]. 天津：天津大学出版社，2018.

[16] 公晋芳. 公路工程施工技术 [M]. 长春：吉林教育出版社，2018.

[17] 李晓龙. 公路工程施工安全管理 [M]. 西安：西北工业大学出版社，2018.

[18] 艾芃杉，邢敬林，刘秀. 公路工程施工技术与安全管理 [M]. 延吉：延边大学出版

社，2018.

[19] 刘高太，曹占波，夏勇.公路工程施工组织设计与施工技术相关研究 [M].长春：吉林大学出版社，2018.

[20] 王兆奎.公路工程施工项目精细化管理研究 [M].沈阳：沈阳出版社，2018.

[21] 王旻，张振和.图解公路工程施工技术 [M].北京：机械工业出版社，2020.

[22] 任传林，王轶君，薛飞.公路工程施工技术 [M].长春：吉林科学技术出版社，2019.

[23] 汪双杰，刘戈，纳启财.多年冻土区公路工程施工关键技术 [M].上海：上海科学技术出版社，2019.

[24] 郭伟.公路工程施工技术 [M].天津科学技术出版社，2019.

[25] 刘敏，张文之.公路工程与施工管理 [M].吉林教育出版社，2019.

[26] 郭伟.公路工程施工与管理 [M].天津科学技术出版社，2019.

[27] 冯卡，孔德成.公路工程施工测量 [M].北京：化学工业出版社，2019.

[28] 林淑强，周天茂.公路工程与施工技术研究 [M].延吉：延边大学出版社，2019.

[29] 艾建杰，罗清波.公路工程施工技术 [M].重庆：重庆大学出版社，2020.

[30] 杨飞.公路桥梁施工与隧道工程 [M].天津：天津科学技术出版社，2020.